U0361986

商业地产案例课

破局者说

北京睿意德商业股份有限公司 著

机械工业出版社
CHINA MACHINE PRESS

《商业地产案例课：破局者说》从定位、客流量、环境、招商、运营五个方面，系统归纳目前国内商业地产常见的问题与困境，并从作者近年的实践出发，通过对12个典型真实案例的剖析与解读，对这些问题进行了多角度、多层次的思考与探索。通过案例导读、案例解析和经验提炼，作者力求阐释成功的商业地产如何面对问题、化解困局，更着重揭示问题背后的底层逻辑与应对之道。

《商业地产案例课：破局者说》具有很强的系统性、操作性、工具性，有助于商业地产开发商和运营商了解市场、理解商业地产运营管理的基本规律和原则；也有助于相关从业者在从事商业地产运营管理活动中开阔视野，并为其答疑解惑。

图书在版编目（CIP）数据

商业地产案例课：破局者说 / 北京睿意德商业股份有限公司著.—
北京：机械工业出版社，2023.6
ISBN 978-7-111-73275-4

Ⅰ.①商…　Ⅱ.①北…　Ⅲ.①城市商业－房地产开发－案例－中国
Ⅳ.①F299.233

中国国家版本馆CIP数据核字（2023）第097336号

机械工业出版社（北京市百万庄大街22号　邮政编码100037）
策划编辑：曹雅君　　　　　责任编辑：曹雅君　刘林澍
责任校对：肖　琳　卢志坚　责任印制：单爱军
北京联兴盛业印刷股份有限公司印刷
2023年8月第1版第1次印刷
170mm×242mm·18.25印张·3插页·245千字
标准书号：ISBN 978-7-111-73275-4
定价：98.00元

电话服务　　　　　　　　网络服务
客服电话：010-88361066　机　工　官　网：www.cmpbook.com
　　　　　010-88379833　机　工　官　博：weibo.com/cmp1952
　　　　　010-68326294　金　书　网：www.golden-book.com
封底无防伪标均为盗版　机工教育服务网：www.cmpedu.com

寄 语

问题很少如表面所见，也很难被真正解决

突然感到一阵头痛，是昨晚睡眠不足？是早上游泳受风？还是思考用脑过度？真正的原因是什么？

昨天一场和老友的网球赛意外输掉，是大意所致还是因为体能状态不佳？是战术错误还是技术滑坡的征兆？

以上是人人都可能遇到的常见状况，而对于每件类似的事情，也都很容易被闭环到一个原因上，但这是不是真正的原因，需要用科学方法进行佐证的话，相信多数人都会变得含糊。

就像"1+1=2"这样一个极简单的问题，论证其为什么，就成为一个高难度命题一样。我们日常碰到的问题，虽然发生的频度很高，但要探求到背后的真正原因，很多也是相当困难的。

商场是一个由项目位置、消费者、品牌、场景、服务等系列要素组合成的复杂系统，每个要素的变化都可能会引发业绩的波动。准确找到业绩增长或者下降的真正原因并不容易，虽然人们往往笃定于自己的判断。

RET 睿意德累计已经服务了超过一千个商业项目，如北京 SKP、西安大唐不夜城、上海 K11 等诸多项目都已经成为行业标杆。这些为行业和区域消费带来引领的项目，让我们倍感荣誉，但如果说最能够激发成就感的，却是很多不太知名的项目——那些深陷困境且问题复杂，但通过有效方法及资源整合实现良好效益的购物中心。这些项目可能在行业并不被广泛知道，甚至可能是在一个弱二线城市的非主流位置，但其逆境再生的成果，每每想起都令人心潮澎湃。

对于高挑战项目和高难度问题，若追求理想目标的达成，首先要找到那个需解决的"真问题"，而这个"真问题"通常并不是如表面所见，而是隐

藏在深处，很难看到。

一个患者脸上起痘，可以被定义为皮肤问题，擦完消炎膏后痘痘会消失，但一个月后会再长出来；可能被定义为血液问题，吃完清毒药会转好，但半年后也会复发；也可以被定义为肝脏问题，用药调理后就不再复发。患者的目的是为了除痘，那么他的真问题是"体内肝火旺盛"，消炎和清毒都不是针对"真问题"，真正的问题也不可能被解决。不同深度上的问题界定，结果就完全不同，医者治病如此，解决商业地产问题亦是如此。

源于每年数以百计的高难度问题解决，RET睿意德获得了老客户80%以上的合作推荐，获得这份认可的背后，是团队对于探求真问题的不懈坚持。

RET睿意德商业地产书系中，这本书是继《商业地产案例课》之后的第二部。如果说上一部更多是以案例讲述租售策略及如何落地，那么这本书更突出了解决复杂问题的方法与思考。希望阅读者可以在高度还原的案例中，有真实的体会和收获。

Chanel品牌创始人有一句话业内皆知：时尚易逝，风格永存。1971年过世后，其品牌鲜明的风格仍在后续设计总监掌控下继续焕发光彩。Coco女士的卓越贡献，不是创造了多少款时装，而是为女性带来了简约、优雅、自由的风格，并与时代共同成长。

实体商业的发展变化节奏飞快，随之而来的新问题也层出不穷。如果一家专业服务商不仅解决了大量复杂问题，协助创造了升级城市消费的商业，又萃取出了在行业传递延续的方法，支持更多行业人和项目，那就是一种完美，也是睿意德团队在商业目标之上的追求。

时间如风，一切皆为流沙。任何璀璨创新都会归于平常，甚至落入暗淡；任何卓越方法也都有时代语境，亦会过时陈旧。专业顾问就像一个固执的小孩，不停努力地用双手堆建沙丘，对延绵路标、安全步道的美好画面永怀期待。

RET睿意德创办人

前　言

让地产归于居住属性，让商业回到服务与运营本身。

住宅回归民生属性，商业地产进入存量时代，"房住不炒"早已是政策主基调，高歌猛进的"地产大跃进"一去不还。在房地产行业整体趋势与走向发生根本变化的今天，商业地产也必然要剥去以往的"地产"外壳，回归"商业服务的载体"这一本质，从商业与城市、商业与人的关系出发，构建更宽广也更全面的系统化思维。

变化是艰难的，甚至要付出沉重的代价；变化令人迷茫，但也蕴含着真正的力量。数字化、产品线、轻资产、精细运营……潮流涌动，热点频出。在这个大变动的时代，用什么为商业地产把脉？如何打破僵局，突破瓶颈，真正拥抱创新，实现增长？脱离急速膨胀的地产游戏后，商业地产如何发掘属于行业本身的经验与价值？

面对这些问题，思考这些问题，便是《商业地产案例课：破局者说》的创作初衷。

是的，即使在所谓的"地产寒冬"中，依然有商业地产开发商和运营商获得了长足的发展；即使消费低迷，仍有一批商场探索创新，赢得了商家的信赖，也赢得了消费者的心。互联网从"威胁"变成"战友"；大数据从"尝鲜"变成"日常"；招商从"主力店优先"到"去主力店"……就在我们身边，无数人迈着坚实的脚步推动着行业的成长，这些努力应该被看见，更应该成为所有从业者的养料与阶梯。

混沌期的"破局"，需要解决复杂问题的能力。怎样的定位才能成为商业地产的准星？缺乏"流量"的实体商业如何立足？体量的"硬伤"可以弥补吗？既有项目如何通过定位调焦促进永续运营？区位不好的商场怎样招商？数字化如何成为精细化运营的抓手？……本书从定位、客流、环境、招商、运营五个方面，系统归纳目前国内商业地产常见的问题与困境，并从作者近年的实践出发，通过对 12 个典型真实案例的剖析与解读，对这些问题进行了多角度、多层次的思考与探索。通过案例导读、案例解析和经验提炼，作者力求阐释成功的商业地产如何面对问题、化解困局，更着重揭示问题背后的底层逻辑与应对之道。

《商业地产案例课：破局者说》具有很强的系统性、操作性、工具性，有助于商业地产开发商和运营商了解市场、理解商业地产运营管理的基本规律和原则；也有助于相关从业者在从事商业地产运营管理活动时开阔视野并为其答疑解惑。它也许能为读者提供许多答案，但我们更期待它启发您的思考，希望它成为更多探索的起点。

RET 睿意德作为国内领先的商业地产全生命周期服务商，希望持续为中国商业地产注入创新能量与实践引领，我们也希望通过《商业地产案例课：破局者说》等一系列专著沉淀经验，分享心得。希望与中国商业地产行业的所有探索者与开拓者同行，为行业的健康发展而努力。

目　录

前　言

第一章　破解定位乱局：精准定位支撑商业持续增长

一　章前导读：定位的"应该"和"更应该"/ 002

（一）定位要"因地制宜"，但更要"发现空白"/ 002

（二）定位要服务人群，更要"志存高远"/ 003

（三）定位要"定性"，更要"量化"/ 003

（四）定位要"先行"，更要"随行"/ 004

二　案例 / 005

（一）案例 1：大唐不夜城 | 体量大，位置偏，资金紧……靠精准定位也能成网红 / 007

（二）案例 2：重庆金辉铜元道 | 定位调整成就商业街光影活力 / 031

（三）案例 3：青岛万象城 | 定位调整伴随商业体生命全周期 / 048

三　辅助阅读 / 061

（一）生意角度下，商业定位的三个基本原理 / 061

（二）商铺租售的难题，从来不应该用营销思维解决 / 064

第二章　破解流量困局："陪伴"原则重建人与商业的关系

一　章前导读：一切引流的原则都是回到客户本身 / 070

（一）引流要"做加法"，更要"做减法"/ 070

（二）引流要"请得来"，更要"留得住"/ 071

（三）引流要满足需求，更要调动情绪 / 071

（四）引流要热度，更要温度 / 071

二　案例 / 072

（一）案例 1：金隅嘉品 Mall | 空间创新营造开放式的"家"/ 074

（二）案例 2：北京住总万科广场 | 全场景思维营造智慧商业体 / 095

（三）案例 3：大兴国际机场商业 | 国潮混搭黑科技，客流转化消费流 / 110

三　辅助阅读 / 125

（一）商业收入增长的密码，藏在顾客的情绪里 / 125

（二）流量转化率低，线下商业应该从线上借鉴哪些经验 / 129

第三章　破解环境迷局：从自身出发将特色发挥极致

一　章前导读：小有小的美，大有大的强 / 136

（一）小体量宜"纵深发展"，瞄准空白差异定位 / 136

（二）大体量需"变废为宝"，突出亮点"画龙点睛" / 137

（三）环境不利应因地制宜，遵循定位灵活变通 / 137

二　案例 / 138

（一）案例 1：前海·卓悦 INTOWN | 小体量，高竞争，做对什么才能赢 / 140

（二）案例 2：The Oval 一奥天地 | 地下商业空间如何巧妙"见招拆招" / 157

三　辅助阅读 / 174

（一）"开业爆红"的小体量商业，都难逃脱"门可罗雀"的境遇 / 174

（二）下线城市商业体量过大如何提升空间利用率 / 177

附录　大体量商业项目怎么做 / 182

第四章　破解招商僵局：定位统一与灵感飞驰

一　章前导读：招商要成功，眼光不能只盯着招商 / 186

（一）从"主力店优先"到"去主力店" / 186

（二）从"快时尚"到"新网红" / 187

（三）从"满足消费"到"破界体验" / 187

二　案例 / 188

（一）案例 1：北京世界园艺博览会 | 如何挖掘商业价值 / 190

（二）案例 2：北京住总万科广场 | 把握"自带流量"的好品牌 / 201

三　辅助阅读 / 216

（一）如何解决三四线城市商业的招商困局 / 216

（二）应对空置率的七个破局新思路 / 220

第五章　破解运营新局：数字化时代的运营之道

一　章前导读：商业运营到底做什么 / 228

　　（一）商业价值稳定与提升是运营的使命 / 228

　　（二）用户体验是商业运营的重心 / 229

　　（三）数字化是精细化运营的抓手 / 229

二　案例 / 230

　　（一）案例 1：郑州汇艺银河里 | 小体量租售综合体的网红之路 / 230

　　（二）案例 2：龙德广场：数字化应用到思维升华 / 245

三　辅助阅读 / 262

　　（一）一位资深产品经理眼中的购物中心运营 / 262

　　（二）购物中心数据分析如何设置关键指标 / 268

后　记　"新商业人"该长成什么样 / 276

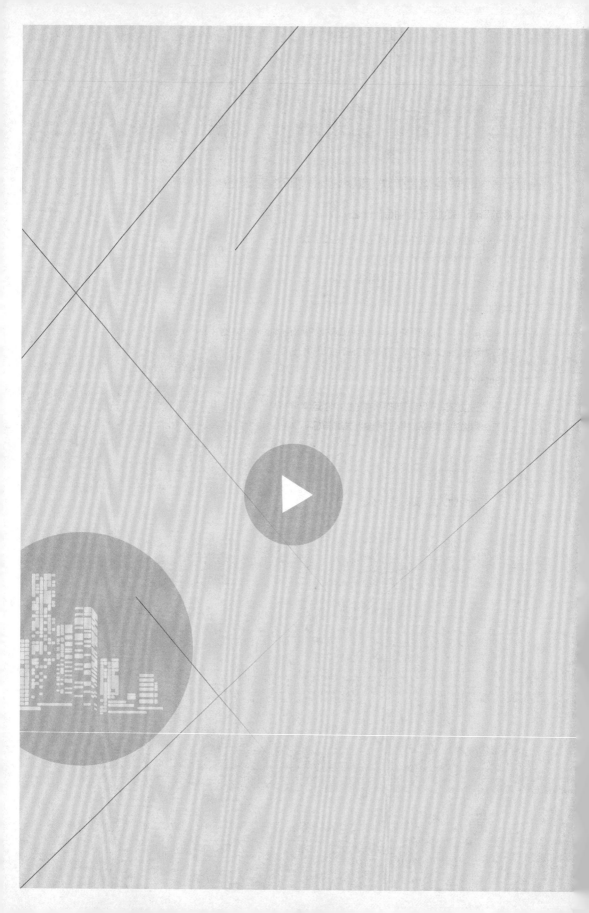

第一章

破解定位乱局：精
准定位支撑商业持
续增长

一 章前导读：定位的"应该"和"更应该" ◀

　　说起商业地产的定位，读者们也许会有点厌烦，觉得这都是老生常谈了。但我们在实际咨询工作中往往发现，商业项目的失败十有八九依然是因为定位的偏差。

　　究其根由，对于"定位"的理解，有必要进一步澄清与细化。基于多年咨询工作的实践经验，我们从中发掘出这样几个问题。对这些问题的解决，或能帮助我们深度理解商业地产的定位问题，进而指导现实操盘工作。

（一）定位要"因地制宜"，但更要"发现空白"

　　在今天，商业地产操盘者们恐怕不会再认为定位仅仅是"一拍脑门"。定位要因地制宜，定位要符合周边人群需求，定位要建立在大量的调研基础上，这也已经是老生常谈。

　　于是，在每个项目策划之初我们都会陷入大量的调研数据之中，交通状况、商圈分布、人群数量、消费水平……这当然是必要的，但我们要明白的是，大量的调研与分析，最关键的意义不是让项目变成一个"多数人似乎可以接受"的大盒子，而是找到市场的空白之处，让项目变成通往"空白"的一个渠道。

　　全球最具影响力的营销战略家 Al Ries 曾说："'定位'用一句话来总结就是寻找心智当中的空白格，然后再把这个信息传递出去。"

（二）定位要服务人群，更要"志存高远"

商业项目价值何在？在于服务消费者，满足消费者的种种需求；从另一个维度看，商业地产的价值也在于实现土地增值。

商业地产对人流有强聚集作用，能给所处地段和其他相邻物业带来增值——一个大商场开业可能会使周边地价升高，也会使临近商场的住宅获得增值。商业地产对外部物业赋能所创造的价值，很多时候都会高于其本体价值。

明白了这一点，在考虑商场定位的时候就不要局限于"满足消费"，历史文化、产业创新、城市发展、综合体功能……各个维度都可能为商业项目的安身立命找到合适的根基。

比如说，商业的本质是吸引流量形成变现，而文化的辐射力可能比单纯的商业更强。功能组合最强劲的商业项目，最多只能辐射一座城市；而一个古文化街区可能辐射到几百公里。西安的大唐不夜城已经吸引了全中国甚至全世界的目光，如果不是从文化属性上为项目定位，就不可能吸附这样规模的流量。

商业项目可以成为某种文化主题的代言，可以成为某类产业的载体，可以彰显城市发展的最新方向，可以最大化提升综合体的功能与价值……放宽视野，就会发现定位的广阔空间。

（三）定位要"定性"，更要"量化"

确定商业项目定位的过程是对多元因素的综合分析与博弈，需要对市场宏观层面、消费以及区域竞争情况进行深度解读；需要尊重业主意愿并考虑其短期、中期及长期收益；需要对项目自身的边界与局限进行整体的审视。在重重研究讨论之后，最终给出的定位更像是一个愿景方向的呈现，以描述性语言渲染出某种场景、情境或带给人的感受，比如，城市会客厅、体验式空间、人性场所、交互场景……

定位的"定性"只是第一步，而将其"定量"并贯穿到规划、设计、招商、运营的各个环节，才是定位的关键。"会客厅"到底应该具备哪些功能？"体验式空间"要为消费者提供哪些体验？具体到建筑设计上，"人性化场所"的空间感到底是怎样的？在招商领域，"中高档餐饮"客单价应该在哪个范围？……

这也正是定位的难点所在，我们的商业项目要实现这样一个方向和愿景，到底该是什么样子？多高？多宽？什么色调？什么主题？哪些品牌？什么价格？开业活动怎么做？后期如何维护用户黏性？**"定性"的项目定位只是树了一个靶子，所有的细节要牢牢钉在这个靶子上**，"定位"才是真正有效的。

（四）定位要"先行"，更要"随行"

项目落地之前，先得有定位作为蓝图；但即使商业策划团队再优秀，前期工作再细致，定位是否符合市场需求，也依然需要实践来检验。更何况，市场始终在急速的变化之中，项目开业前所做的定位，开业一段时间后很可能未必符合需求。不少项目在策划阶段概念前卫，场景包装炫酷，开业前期引爆全城，但一段时间后却人流稀少，陷入经营困局。也有一些项目红火一时，但在新的竞争对手面前，优势却逐渐消退。所以，定位不仅是项目操盘前必备的功课，更是贯穿商业项目生命全周期的一项常规任务。

在本章，我们甄选了一组睿意德操作的真实案例，其中有新开发项目的定位打造，也有存量项目的定位调整。希望能通过不同特征项目的操作实例，帮助读者了解"定位"工作在不同项目、不同阶段中呈现的不同特征和不同手法。

二 案例 ◀

（一）案例1：大唐不夜城｜体量大，位置偏，资金紧……靠精准定位也能成网红

1 案例导读：精准定位造就"网红城市"名片

2 案例概况

3 案例解析

（1）"网红不夜城"的前世今生：

  A 城市生长是商业繁荣的土壤

  B 特殊挑战的由来

  C 透过风险挖掘项目机遇

（2）怎样打造全国标杆文旅商业：定位决定高度

  A 站在未来看定位　　　　B 从竞争态势看定位

  C 从历史文脉看定位　　　　D 定位如何落入现实

（3）在最难点形成突破：解决融资瓶颈

  A "逐级接力，造势引人"

  B 大体量散售如何不影响后期运营？

（4）科学分区，合理规划，保障定位落地

  A 时尚唐风：提升整体形象

  B 多元化的餐饮业态

  C 通过分区聚集人气，形成业态组合的有效互动

  D 重新规划道路交通

（5）"光世界"主题打造唐文化商业奇观

（6）后期运营持续打造文化IP

4 案例启示

（二）案例 2：重庆金辉铜元道 | 定位调整成就商业街光影活力

1 案例导读：持续定位调焦是实体商业持续增长的必修课

2 案例概况

3 案例解析

（1）铜元道几番起伏

　　A 铜元道：重庆的第一盏电灯　　B 租售策略调整的后遗症

（2）大数据调正定位靶心

　　A 大数据摸底区域客群　　　　　B 商户和消费者的心声

　　C 从社区配套商业到区域目的型商业

（3）以定位为锚建立差异化竞争策略

　　A 定位调整实施策略

　　B 聚焦"一年计划"，实现快速提升

　　C 城市"夜生活"潮流为项目助力

4 案例启示

（三）案例 3：青岛万象城 | 定位调整伴随商业体生命全周期

1 案例导读：好商场是"调"出来的

2 案例概况

3 案例解析

（1）把握商业项目"由盛转衰"的危险信号

　　A 全国最大万象城　　　　　　　B 业绩波动释放危险信号

（2）"大数据"为精准定位服务

　　A 创新基因融合，新物种应运而生

　　B 一场大数据实践的盛宴

（3）定位调整贯穿商业项目生命全周期

　　A 主题街区——N 次方公园

　　B 女性生活方式体验空间——W 时区

4 案例启示

（一）案例 1：大唐不夜城 ｜ 体量大，位置偏，资金紧……靠精准定位也能成网红

1 案例导读：精准定位造就"网红城市"名片

近几年，西安已从千年古都变身网红城市。2020 年"网红城市百强榜"中，后起之秀西安稳居第七，而且关注度还在持续增长。

说起西安的"网红气质"，就不得不提到曲江新区"大唐不夜城"。自 2019 年起，每年"西安年最中国"活动的核心举办地都在大唐不夜城，其绚丽夺目的灯光秀让整座城市流光溢彩，带来令人震撼的盛唐气象。如今，这条商业步行街已成为领略西安大唐盛世景象的首选地，也是旅游者的必打卡 IP。

大唐不夜城夜景

以大雁塔和盛唐文化为灵魂，大唐不夜城从多方面对传统文化进行创新挖掘，为消费者提供顶级的旅行体验与消费体验。2020 年，大唐不夜城被评选为各城市最具人气的夜游产品第一名。

很难想象，火树银花、热闹非凡的大唐不夜城，在 18 年前只是一座落后的小村庄。

大唐不夜城这一全国标杆级大型文旅项目的成功，既得益于城市规划下曲江新区的腾飞，也得益于项目本身合理的商业定位与运营策划。如今，商业地产尤其是大型商业街区的打造常令人望而生畏，回顾大唐不夜城的经验，也许能带给我们新的启发。

2 案例概况

区域： 西安曲江开发区，紧邻大雁塔南端，北起大雁塔南广场，南到唐城墙遗址，东到大唐不夜城东路，西到大唐不夜城西路。

名称： 大唐不夜城

体量： 大唐不夜城占地面积 967 亩，建筑面积 65 万平方米。

开发商： 西安曲江大唐不夜城文化商业公司

项目定位： 大唐不夜城是曲江管委会提出的以"大唐圣境"品牌整合曲江文化资源，以 200 亿元资金，30 个重点项目打造新曲江战略的第一项目，以体验盛唐都市文化为基点，全面整合曲江商业和文化资源，打造西部第一商业文化 MALL。

3 案例解析

大唐不夜城，近年来在这座 13 朝古都刮起了一阵又一阵社交媒体上的"超级旋风"，成了互联网时代的旅游打卡胜地。与南京一起举办的"双城灯展"、大雁塔区域"出圈"的灯光布置，还有火爆全网的"不倒翁小姐姐"、网红书店"曲江书城"，都成了西安城的亮丽名片，也从各个侧面证明了大唐不夜城规划开发与运营的成功。

2019 年，大唐不夜城线下客流量约 7 900 万人次/年，线上（抖音）点击量在全国旅游地里排名第一，累计约 23 亿次。

（1）"网红不夜城"的前世今生

> **A 城市生长是商业繁荣的土壤**

18 年前，大唐不夜城所处地块却是相当冷清。彼时的西安人休闲更倾向去环城公园和兴庆宫公园，城市最热闹的地方是东大街和钟楼。一个落后的小村发生如此翻天覆地的变化，其根本原因，要从城市的发展说起。

2002 年，西安市政府决定采取"腾笼换鸟，八马拉车"的城市发展战略。所谓"腾笼换鸟"，就是将一部分古城人口和城市功能向外疏导，降低古城的人口密度；同时，用体验旅游的思路和眼光，梳理、整合老城的文化资源，重新规划，尽可能地恢复古城风貌，把曲江新区打造成西安未来最有活力、最现代化的新城市中心区。

而"八马拉车"是指用若干个产业引擎启动曲江新区。西安市政府选择凭借曲江丰厚的旅游文化资源，依托较为成熟的大雁塔北广场、大唐芙蓉园等景点，大力发展旅游业与第三产业。如图 1-1 所示。

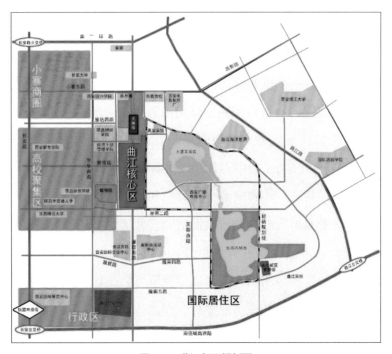

图1-1　曲江新区规划图

在此背景下，大唐不夜城项目的重要性以及对于当地的意义被一下子拔高了。作为曲江新区最重要的商业项目之一，大唐不夜城的规划与开发被寄予了非常高的期待。

2006 年，随着当地政府推动城市规划工作，大唐不夜城项目开始招标。西安市政府给出的项目目标是：建设一个饱含盛唐风韵的 MALL，以唐文化作为引擎，撬动曲江旅游产业的杠杆，建设新的商业中心。

大唐不夜城正是诞生在这样的城市发展进程之中。虽然在今天，快速的城市化已接近尾声，但经济依然在发展，城市永远在变化向前，真正有实力的商业项目也一定会找到丰厚的土壤。

B 特殊挑战的由来

当年，大唐不夜城的打造也是充满难度的，其难度主要有以下几点：

第一，周边区域竞争激烈。

大唐不夜城所在地块周围区域内直接竞争的项目非常多，在周围两公里内聚集了多个商业地产项目，如雁塔新天地、秦汉唐、芙蓉坊、北京华联购物中心等，这些商业项目同质化严重。

尤其是距离只有一公里的小寨商圈可能对项目形成直接的竞争。小寨商圈是西安第二大商圈，小寨位于西安城南的教科文大区，附近有 30 多所高等院校、科研机构以及多家大中型商场，具有良好的商业环境和旺盛的人气，被称为仅次于钟楼的"副中心"和"次商圈"。

作为西安新兴商圈，小寨商圈传统百货和流行百货聚集，商圈辐射区域力极强，除由于受到城内的交通限制而对西安北部区域辐射力有限外，基本可以辐射西安市区，甚至辐射周边市县。早年，凭借着时尚、低廉的服装业，小寨商圈发展得相当成熟，人流以年轻群体为主，主要来自城南周边的各大专院校、附近居民区和企事业单位，每天人流量达 30 万至 50 万人次，如表 1-1 所示。

表 1-1 小寨商圈主要商场和街铺情况

主要商家	类型	面积（万平方米）
金鹰百货	百货	2.6
百盛	百货	3.1

（续）

主要商家	类型	面积（万平方米）
潮流街区（小寨开米广场）	服装市场	0.24
飞旋时尚地下购物广场	服装市场	0.44
军人服务社	百货	2
雁塔文化新天地	购物中心	15

所以，大唐不夜城在人气方面很难短期内赶超小寨商圈，而且在小寨商圈的商业吸引力下，大唐不夜城能从小寨商圈争夺的客户资源也十分有限。

第二，项目体量过大导致种种困难。

大唐不夜城总建筑面积约 60 万平方米，其规模之大在 2006 年的国内十分少见。当时，项目团队遇到的 50% 以上的实际问题，都是其巨大的体量导致的。

项目建成需要大量的资金，投资压力巨大，客户方亟须外部资金注入，庞大的项目体量不但增加了项目管理成本和工作任务，还延长了项目的开发进度和资金回收周期，影响了未来中小型投资者的信心。

同时，60 万平方米的面积，即使 1/3 建成商业区，也有近 20 万平方米，在一定程度上很难避免业态之间的重复，很有可能造成过强的内部竞争，不利于未来招商和商家经营。

第三，政府方面提出特殊需求。

大唐不夜城是一个政府项目，政府方面对这个项目具有很高的期待，该项目建设后，希望以大唐不夜城等为龙头，对西安的对外开放和旅游业发展产生极大的推动作用。项目本身为平地兴建，政府已经投资巨大，所以，项目需要在建设的过程中完成引资任务，为后期工程找到资金。

商业项目散售是回笼资金的较快方式，委托方虽认可散售的方式，但是要求后期必须能够统一规划管理，既不能影响市容市貌，又必须盘活项目，这也为项目操作增加了难度。

第四，唐风建筑对现代商业造成影响。

西安作为历史名城，政府在规划建筑设计方面将很多的唐文化元素安排到建筑中。这种设计在整体效果上较好，反映出了西安整体的唐文化特点，例如西大街上的新建项目基本上都是以唐风建筑为主。

但从零售商的角度来看，过多的唐风设计对未来商户的经营使用并不一定有利。一方面唐风建筑使商业项目从外观看缺乏唯一性；另一方面，从零售商的反馈中可以看出许多零售商对唐风建筑设计后商业的使用率、展示面、实用性等问题尤为担心。此外，唐风建筑在规划上也对商业产生了较大的影响，例如，西大街上的百盛购物中心，由于是唐风的建筑，整体格局成"回"字型，使得商场内部的商业布局较乱，消费者很容易在其中迷路。

从商业发展的角度来看，国内和国外的一些优质的商业地产项目不仅有符合市场需求的定位和匹配商户组合，更要有与之相符合的现代建筑形态，能让消费者感受到这是一个现代化的购物中心而不仅仅是一个旅游场所。现代化设计不仅能够提升项目档次和形象，更能成为吸引消费者的重要因素。

C　透过风险挖掘项目机遇

也正是因为这些困难，许多商业顾问团队都采取了保留态度。睿意德的项目团队敢于迎难而上，不仅是因为对自己的能力有充分的信心，也是因为我们透过表面的风险，挖掘出了与挑战并存的项目机遇。

第一，项目属地具备唯一性、权威性、排他性的独特人文优势。

西安拥有极其丰富、独特、稀缺的历史人文旅游资源。项目旁的大雁塔由唐玄奘在取经归来后主持修建，是现存最早、规模最大的唐代四方楼阁式砖塔，是第一批全国重点文物保护单位。

依托于此，大唐不夜城与毗邻的雁塔广场、大唐芙蓉园三园拱卫，在文化体系上交相辉映，浑然一体，共同构筑令"国人震撼，世界惊奇"的"大唐圣境"。如此看来，项目具备唯一性、权威性、排他性的独特人文优势，为其成功准备了得天独厚的土壤。

第二，西安城市商业发展前景良好。

我们对于项目的信心，还来自对西安城市商业发展的信心。西安是中国西北部政治、经济、文化的中心，是国务院批准的计划单列市和内陆开放城市，享受沿海开放城市的优惠政策。曲江新区是西北唯一的旅游度假区，得到西安市委、市政府、雁塔区委、区政府的大力支持。有望催生"西部第一文化品牌"。

当时，虽然项目周边商业气氛不足，但整个城市商业发展趋势良好，新兴的商业正在开始向城市边缘地带蔓延，因此我们判断项目存在很大的成功机会。

第三，项目位置上佳，发展价值很高。

大唐不夜城位于西安市著名风景点大雁塔南侧，占据曲江新区最核心位置，周边紧临西安最密集的高校区、曲江行政区、小寨商圈，每天有大量的人流，商业价值高，极具发展潜力。

从交通位置看，大唐不夜城位于城市主干道雁塔南路，往南可以方便到达绕城高速公路；在项目内部，有多条纵横交错的道路相连，方便消费者驾车前来消费，也有利于未来商家经营。

（2）怎样打造全国标杆文旅商业：定位决定高度

A 站在未来看定位

低起点、大体量、高规格，这样一个项目如何打造？结合政府规划与实地研究，我们围绕核心问题分阶段部署，提出了关于定位的专业建议：曲江项目不能只做零售商业，而是要打造一个泛商业圈——集商业、商务、旅游、休闲、娱乐于一体的"中国西部第一文化商业MALL"，更名为"曲江核心区—大唐不夜城"。

当时，项目属地还是一片荒凉的乡村景象，但这样一个定位，就要求不能被环境限制，而要放开眼光、甚至"天马行空"地去设想。

站在未来看现在，是商业地产的重要定位原则之一。如此大体量的文旅项目，不能仅以西安市的消费者为客群，也不能只考虑辐射西北地区，更要站在未来，站在全国旅游业的发展角度去看待项目，要将项目打造成吸引全国旅游者的目的地。

因此，大唐不夜城这个项目的定位超越了普通商业项目的范围，而是要以盛世唐文化的引擎撬动曲江文化旅游产业的杠杆，建成世界首席唐文化体验消费之都，带动曲江新区的发展和繁荣，推动西安走向全球。

"曲江核心区—大唐不夜城"这样一个命名，也代表着项目团队的期待。期望曲江新区能像浦东之于上海，国贸之于北京，成为西安新城市的中心，千年古都"孔雀东南飞"的下一个落脚点，同时展现政府对其未来发展的美好愿景，提振投资者的投资信心。

同时，如果单纯依赖外来的旅客客流，如此大体量的文旅项目在当时的国内很少有做成功的。所以，在地客群同样是属地文化的重要消费者，大唐不夜城不仅要吸引外地旅游者，本地人也要常逛常新，乐于消费。这对项目定位、规划及运营都提出了更高的要求。

B 从竞争态势看定位

在项目周边，已有几个比较成熟的商圈，项目本身的商业体量又很大。只有确定科学合理的定位，才能为项目找到差异化竞争的蓝海。

根据我们对当时西安商业市场情况的分析，西安市 5 000 平方米以上的大型商场近 50 个，其中大型综合超市 24 个；零售企业中年销售额过亿元的商场有 15 家。大型商圈共有三个，分别为钟楼商圈、小寨商圈以及高新商圈。

钟楼商圈是西安最繁华的商圈，当时正在进行商业街改造，其商业氛围受到了一定的影响。主要商业集中在东大街和南大街上，未来改造后会有较多大体量的商业综合体出现。小寨商圈是最活跃的，主要的消费人群为周边的大学生，年轻时尚是小寨商圈最大的特点。高新商圈发展时间较晚，主要面向的是高新区消费者，是区域型商圈。

总体上，西安商业主要集中在老城内和发展速度较快的南部城区，从商业布局来看，新兴的商业已经逐步脱离了传统的鼓楼商圈，开始向城市边缘地带蔓延，形成多区域型的商业中心，这给了曲江新区和大唐不夜城非常好的发展机会。

当时，大唐不夜城处于曲江开发区最成熟地域的中心地带，项目周围新的住宅区、旅游文化区已经形成，但该地带的商业基本上属于空白。所以，大唐不夜城就承担了该地区商业中心的角色，构成了西安市另外一个新商圈。

站在西安整个城市的角度，当时缺少一个中高档的集购物、休闲、娱乐、餐饮为一体的综合性商圈。大唐不夜城的出现，正填补了这一空白。

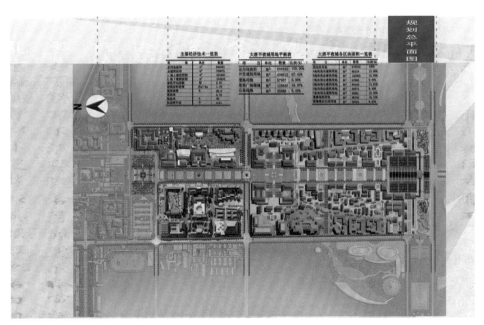

大唐不夜城游览图

C　从历史文脉看定位

唐朝是中国历史上最强盛的时期，西安是唐朝的首都，汉唐文化是构成西安历史文化底蕴的主流。

曲江是唐朝的皇家园林，也是当时文人骚客吟风颂月、赏景聚会之地；这里的大雁塔是西安保留最完整的唐代建筑，也是中国佛教文化的象征。皇家的恢宏气象，浪漫的文化传承，佛教的信仰之光，这片土地具备了唐文化的多重底蕴，生长在这块土地上的大唐不夜城，其定位也需扎根在城市历史文脉之中。以文化为切入点，音乐厅、美术馆、剧场以及影城规划于区域中心，将文化作为撬动曲江全面发展和繁荣的经济引擎，是为曲江积聚"人气、商气和财气"的催化剂。

在此基础上，我们将大唐不夜城定位为曲江的文化商业名片，以历史文化为背景，以现代商业为内容，连接历史与现代、文化与商业，把深厚的历史文化底蕴与现代中高端商业业态相融合，形成西安、西北甚至全国的文旅商业标杆项目。

D 定位如何落入现实

"高大上"的定位最忌"不接地气"，项目的定位如何有效实操，"差异化"路线如何切实履行？有一个比较简单的方法，就是与自己的竞争对手相比，发现对手的长处与不足，有针对性地调整自己的策略。

在实际落地时，我们选择了临近的小寨商圈作为参照系。

小寨商圈是西安第二大商圈，位于西安城南的教科文大区，以小寨十字为中心，北到南二环，南到电视塔，东连曲江新区，西接高新，小寨商圈附近有 30 多所高等院校、科研中心和大中型商场，具有良好的商业环境和稳定的客流。为满足周边居民和师生就近购物的需求，中低档价位的休闲时尚商品组合（服饰、电子产品等）成为其最大特点。

年轻时尚、富有活力是小寨商圈的优点，但与此同时，它也存在很多问题：

第一，经营档次较低，硬件配套落后。

小寨商圈建设较早，缺乏统一引导，业态也一直在延续和重复原有的商业结构，局部商业改造未能促使商圈真正的升级和改善。表现在缺少公共休闲空间、交通人流混乱、停车设施不足。

第二，核心区域租金过高。

小寨商圈除百货外，主要以租金及买断经营权方式经营，价位在每平方米 225 元至 550 元每月。以小寨好又多和百盛为中心，租金向四周逐步降低。

综上，我们决定在接下来的工作中，在规划阶段，为大唐不夜城设置特色主题并改善交通条件；在租售阶段，不断地提振投资者信心，形成良性的资金链；在招商阶段，增加更多种类的业态，将消费档次多样化。

（3）在最难点形成突破：解决融资瓶颈

Ⓐ "逐级接力，造势引人"

大唐不夜城体量巨大，也因而带来巨大的开发成本问题，如何引入巨量资本持续地供给项目成了一切规划能否落实的前提。同时，曲江政府既希望能够引入充足资金，又不希望因为散售导致项目后期产生运营问题，或者因难以规范而带来市容市貌问题。与此同时，大唐不夜城项目由于体量过大，地理位置偏僻，很多投资公司犹豫不决，仍然处于观望的状态。

面对客户的需求，我们经过大量研讨之后，选择了"逐级接力，造势引人"的策略。通过分区、分块规划将投资门槛降低，引入包括游逛、购物、办公、娱乐、酒店等多要素的泛商业形态，保证项目快速解决资金紧张这一急迫问题。图 1-2 是大唐不夜城的建设过程。

将项目的资金需求合理地分为多个阶段；先与大型投资者洽谈，用项目的未来前景及较为优惠的条件吸引他们加入；之后，再通过大型投资者的影响力，陆续吸引中小型投资者。

2006年	2008年	2009年	2010年	2018年	2019年
·战略启动 ·招商及引资	·华平私募基金收购大唐不夜城A区	·新乐汇开业	·新乐汇转让给海航旗下民生百货 ·开元广场开放，商业街全线完成	·银泰B馆开业，代表步行街所有商业入驻 ·"西安年最中国"活动主场	·国内首批11条步行街改造提升试点之一

图1-2 大唐不夜城建设过程

项目首先启动的 A 地块被规划为集中商业，先期主打家庭生活类，一方面弥补区域商业匮乏，同时第一时间吸纳周边人群。通过先期商业的示范，拉动人气，形成品牌商业价值去影响其他地块的商用投资者。

经过严谨、专业的评估与测算之后，我们为 A 地块找到了老牌私募股权投资公司美国华平基金，并以中国的商业地产正处于快速增值的红利期为核心资产亮点，引入了华平的加盟。

国际投资者的引入提升了区域整体价值，也提升了投资机构的投资信心。在华平加入之后，其他投资公司也陆续入场，其中包括龙湖、豪享来和其他陕北投资者。通过"逐级接力，造势引人"的策略，为客户解决了资金不足的问题，形成了良性、完整的资金链，保证了平稳充足的资本支持。

当时，国内大部分文旅项目的失败原因，往往是短期投资与长期投资目标难以统一，导致项目投资压力过大，不得不中途放弃。为了避免重蹈覆辙，我们在项目早期就锁定美国最大的私募基金华平参与融资，确保首发产品成为投资接力中的动力引擎，能够对其他投资者释放正面的信号。同时帮助实现文化 MALL 多层次产品分解，使政府将更多财力投入文化公共产品中。这成为大唐不夜城取得今日成功的关键。

B 大体量散售与后期运营如何"两全其美"

散售也是商业项目回笼资金的常见途径，大唐不夜城也是如此，对项目尾盘进行散售。这么大体量的项目，如果散售开来，那么如何控制其日后的业态组合？如何保证其运营的规范？既要把铺卖出去，又要最大限度地防止重复业态，并保证业态组合的合理性。这是一个非常令人头疼的问题，而大唐不夜城巨大的体量，导致问题的难度呈几何级数地上升。图1-3列出了大唐不夜城项目业态的比例分布。

基于此，我们采取了三个策略：

第一，在招商时，尽可能地卖大铺，一方面变相筛选了买方的资金实力，另一方面在提高销售效率的同时，降低了招商的难度。

第二，尽量卖给用家，一方面大大地提高了商户的生存效率，降低了掉铺率，另一方面为日后的运营管理缩短了沟通链条。

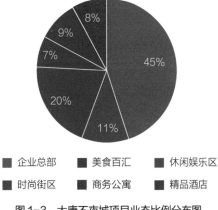

图1-3　大唐不夜城项目业态比例分布图

第三，在切割商铺时，尽量切割成街铺，并尽可能地在一楼留出入口，确保商户受相邻关系影响较小。

此外，在商铺散售时，尽可能选择不影响步行街主展示面的背侧或边沿地带；独栋或大面积商业尽可能引入机构投资者，更有利于商业形象，同时通过导入主力商户帮助投资者减少前期培育市场。

如此，尽管项目体量巨大，我们依然通过散售为客户争取到了足够多的资金，为项目规划找到了最佳的招商实践路径。同时在散售的前提下，仍然能够结合当地的人文风貌，做到了使区域与区域有机地结合在一起，达成了相得益彰的效果。在今天看来，这样的规划既满足了游客的消费需求，又满足了在地客群的消费需求，才有了抖音上的人声鼎沸与盛唐气象。

（4）科学分区，合理规划，保障定位落地

大唐不夜城由一条景观大道、三大文化广场、四大公共文化场馆和六大商业组团构成。在六大商业组团中，A区定位为唐文化时尚街区，并细分为时尚唐风、味道江湖、食空大道、休闲港湾、生活空间、购物天堂六个商业分区，A4地块规划为精品酒店。图1-4详细标示了大唐不夜城的地块规划。

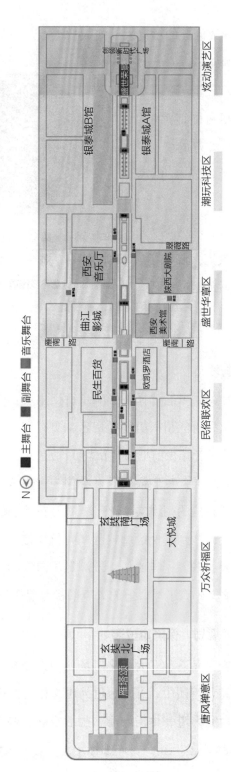

图1-4 大唐不夜城地块规划

商业的定位一定要落实到商业面积的规划以及业态的组合上，具体到大唐不夜城 A 区，我们根据项目现有的建筑硬件条件、地块的位置以及周边的交通环境情况，并充分考虑到各个地块主体之间的相互关联性，最大限度地使它们有机地结合在一起，部分具体说明如下：

Ⓐ 时尚唐风：提升整体形象

项目 A1 区是距离大雁塔南广场最近的区域，位置相对独立，三面临街，展示效果最佳。A1 地块是整个 A 区的顶端，也是商业步行街的起点，其商业形象会对整体商业有很大的影响，所以在最终规划方案里，我们主要选择了一些具有较高承租能力的、更具活力的业态，旨在通过 A1 地块带动整个 A 地块的商业氛围，如表 1-2 所示。

表1-2 大唐不夜城 A1 地块商业内容

区域	主题	经营内容	面积（平方米）（套内建筑面积）	品牌
A1	时尚唐风	时尚流行服饰	2 969	玄色衣裳、上海徐、上海滩、格格、木真了、ONLY、JACKJONES
		运动休闲服饰	1 029	NIKE、New Balances、阿迪达斯、李宁
		精品服装	1 584	哥弟、艾格、七匹狼、与狼共舞
		旅游文化用品	1 039	本地文化旅游用品品牌
		休闲 / 咖啡 / 快餐	572	麦当劳、KFC、吉野家、真锅

在建筑硬件条件上，A1 多为 1 层拖 2 层的临街店铺，面积相对较大，适合安排一些精品服装专卖店，同时它的西南侧有一个小型广场，旅游人口丰富，适于安排一些与唐文化相关的旅游文化以吸引游客。

同时，唐文化作为曲江项目最重要的传播符号，我们在整个项目中以唐风为核心元素创造设计了建筑风格、文化设施、公共广场以及步行街，令文化内容的渗透力直击消费者。

B 多元化的餐饮业态

餐饮业态是商业项目中不可或缺的一部分，我们当时对西安当地的餐饮业展开了调研，发现西安餐饮业的零售额远高于其他业态的零售额，在全国七个餐饮业零售额超过百亿元的城市里面，西安以120亿元排在第五；餐饮业零售额占社会消费品总额36%，位居全国首位。如图1-5所示。

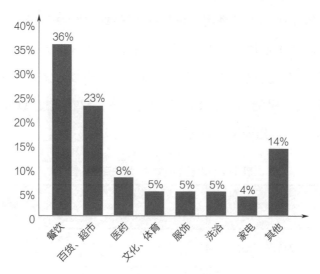

图1-5 西安商业销售额分析

西安餐饮市场大致可以分为两类：一类是以商务活动、公关应酬为主的高端消费，主要集中于各大酒店和大型高档餐饮专业店；另一类是以朋友聚会、家庭就餐为主的中档消费。大唐不夜城投入建设时，西安当地各种休闲餐厅和特色酒楼不断发展，并陆续有国内知名连

夜晚的大唐不夜城步行街

锁品牌进入，但仍然存在中档消费的连锁餐饮数量缺乏且特色不足的问题。

通过对西安本土餐饮习惯和现状的调研，我们在 A 区分出了较大的面积
（A2、A3）来满足人们对多样的、特色的餐饮文化的追求。

第一，A2 地块"味道江湖"主打目的性较强的特色餐饮。

A2 区在 A1 区的南侧，位于 A 区的内部，展示面相对较少，需要更具
目的性的业态来吸引消费者。A2 地块为 2 层平台型，紧邻大雁塔，适合目
的性较强的特色餐饮业态。在大雁塔下仿古建筑的餐厅中，引入一些具有西
安民间特色的小吃，能够带动 A2 地块热闹氛围，让更多消费者进入 A 地块
内部，促进 A 地块中其他部分地块的商业价值。A2 地块的经营内容，可从
表 1-3 有更清楚的认识。

表 1-3　"味道江湖"商业内容

区域	主题	经营内容	面积（平方米） （套内建筑面积）	品牌
A2	味道 江湖	民间风味餐饮街	2 146	老孙家泡馍、贾三灌汤包子等民间小吃
		咖啡休闲茶座	898	一茶一坐、SPR 咖啡、欧邑咖啡
		传统偏正餐	959	宗江老川菜馆、汉城川艺园酒楼
		国际饕餮美食	3 802	六本木怀石料理、巴克斯西餐厅

第二，A3 地块"食空大道"选择高档餐饮。

A3 区在 A2 区的南侧，只有东侧临街，商业展示效果一般。但该区域西
侧为大面积的绿化和水系，其环境相对温馨宁静，适合安排一些对环境要求
较高或能与地块文化融合的业态。我们选择了一些高档餐饮进入，这可以使
A2 区、A3 区有机地结合在一起。A3 区较好的生态环境可以有效地提升餐饮
的品质和档次。

C 通过分区聚集人气，形成业态组合的有效互动

对于大体量的商业项目，分区规划时一定要注意各个板块的特点及相互
关系，使之相互形成有效互动，更好地吸聚人气、共享客流而不是"抢客"。

第一，A5地块"休闲港湾"引入休闲娱乐业态。

A5区位于大雁塔的正南侧，两面临街，包括三栋独立的建筑体，且建筑面积较大，因此在业态的选择上造成了一些局限。

A5区与A1区、A2区共同享有A区的中心广场，而A1区、A2区分别以服装、餐饮为主，所以，我们计划在A5区引进一些特色的休闲娱乐业态，使A区广场更好地发挥其聚集人气的作用。

最后，在临近雁塔南路的一栋建筑安排成了休闲精品店，最大化其地理位置的优越性；靠近北侧的一栋楼安排了休闲餐饮和快餐，与A2区形成互动；南侧的一栋由于面积较大，且没有临街面，所以在这里安排了KTV等目的性很强的休闲业态来吸引消费者，如表1-4所示。

表1-4 休闲港湾商业内容

区域	主题	经营内容	面积（平方米）（套内建筑面积）	品牌
A5	休闲港湾	休闲精品店	1 827	本地休闲用品品牌
		传统正餐	1 924	东海龙船海鲜火锅、舟山群岛海鲜火锅
		量贩式KTV	2 802	钱柜、好乐迪、麦乐迪

第二，A6地块"生活空间"安排超市。

A6区是A地块中面积最大的一个，超市被安排在此处。根据我们的建议，将A6区的B1层规划为散售商铺，可以充分借助超市的带动力提高商铺的价格，从而获得更高的收益。同时，A6区和A7区遥相呼应，一个是超市、一个是百货，可相互促进，有效地聚集人气。

A6区已经深入A区的内部，交通情况并不理想，对于消费者如何到达，超市货品配送如何解决，我们也给出了备选方案：将A6区规划为潮流服饰和时尚快餐。理由是A区与高校距离很近，有大量学生消费，年轻人更喜欢休闲服装、时尚服饰。同时，在A6区安排部分流行餐饮，如KFC、吉野家等，与A7区的精品百货形成互补，有利于共享人流，形成集中购物。

表 1-5 列举了生活空间的商业内容。

表 1-5 生活空间商业内容

区域	主题	经营内容	面积（平方米）（套内建筑面积）	品牌
A6	生活空间	超市主力店	17 450	沃尔玛、家乐福、乐购、家世界
		生活空间街区	13 210	本地生活品牌
		配套商业	1 780	花店、洗衣店、药店
		健身中心	1 342	GOGO 健身中心、美格菲健身中心
		网吧	481	盛唐网吧、辉煌数字娱乐世界

第三，A7 地块"购物天堂"引入百货。

A7 区位于 A6 区的正南部，是 A 地块的南部边缘地区，南侧临街，交通环境良好。建筑形态上，为三层平层结构，总面积达 37 472 平方米，适合引入一个中档百货商场。这样的规划，与 A6 区的超市业态都具备了较强的聚客能力。

整体来说，基于以上业态规划，商业面积总共为 104 476 平方米，其中百货面积 37 472 平方米，占到总面积的 36%，是项目 A 地块中的核心店。服装、服饰面积 19 989 平方米，占总面积的 19%；餐饮业态的面积为 18 280 平方米，占总面积的 17%；超市面积为 19 450 平方米，占总面积的 19%；休闲娱乐类业态总面积 9 285 平方米，占总面积的 9%。

D 重新规划道路交通

完成 A 区的规划后，我们发现周围的交通条件，无论是客运还是货运，都无法满足上述假设的要求，所以需要对周围道路进行再改善、再规划。

如图 1-6 所示，A 区的主要停车出入口均位于西侧，分别在 A1 区与 A2 区之间，A2 区与 A3 区之间，A3 区与 A4 区之间，其中 A2 区与 A3 区之间出入口只能出车，不能进车。在周边的交通上，A 地块东侧的道路为向北的单行路，南侧的雁南一路为双向车道，雁塔南路为车辆禁行路。

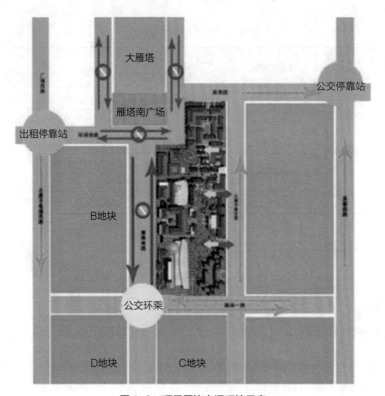

图1-6 项目周边交通环境示意

　　总体上看，项目A区周边的交通环境较差，最近的落客点都与项目有一定的距离，且周边车辆禁行道路和单行道较多，对车流有较大的影响，无论是游客自驾车、出租车还是货物的配送车都很难到达A区，这更会导致A6超市区和A7百货区的招商困难，最终我们向客户提出要对A区的交通进行重新规划：

　　第一，增加出租车和公交车停靠站。

　　现有的出租车和公交车停靠站都距离A区较远，所以我们认为应在南北两端增加停靠站数量。在项目南北两侧设立停靠站，能够更有效地将消费者送到A区的边缘，再加上A区不同区域业态对消费者的吸引，可以更好地将消费者吸引到A区内部，从而促进其商业价值的实现。

此外，项目的南侧为百货和超市两个主力店集中的区域，这两个业态最能够聚集人气，所以其周边的出租车和公交车停靠站的作用最为明显，无论对商家还是消费者，都能带来方便。

第二，开通 A 地块内部的地面交通流。

A6 超市区和 A7 百货区都需要自己的独立的货物运动线，如果直接将其货运全部转到地下，存在两个问题：①货运车的体量较大，高度较高，一般停车场的入口很难满足其通行的要求，而且车道内部会有较多的转弯，大型货车行动不便。②货车和自驾车在地下停车场混行，存在安全隐患。

最终，我们在 A 区内部专门开设一条货车专用道路，让通往 A6 区、A7 区的货车可以在其中通过。

第三，在步行街设置步行梯。

大唐不夜城的步行街长度达 1 500 米，顾客在游览时会产生疲劳感，从而导致许多商业的人流无法共享。所以在规划阶段，设置了宽步行梯，和机场的无障碍设施一样，每 200 米一段，共七段，打造"亚洲最长的宽步行梯"，有利于满足顾客轻松地完成购物中心消费，同时大唐不夜城区域的办公楼的员工也更容易到达各个商铺，形成区域消费互动，激活区域消费活力。

（5）"光世界"主题打造唐文化商业奇观

根据大唐不夜城的定位，它将是传统文化与现代商业的完美交汇，是体验唐风唐韵的中国第一商业文化 MALL。如何体现大唐气象？我们建议借助"光世界"主题，将项目演绎为西安最具国际气质的标志性唐文化商业奇观。

"光世界"，即利用领先的高科技光电手段，使唐式建筑和环境有机融合，令项目更加绚烂夺目，既维持传统又体现国际化新景观。通过光元素的有效运用，将不同功能的物业紧密结合，创造出令人耳目一新的视觉体验，使项目本身成为西安乃至中国最独特的风景，吸引更多人流。

"光世界"依据项目现场景观特性与主题氛围营造需求，以跨界融合的多元艺术光影营造手法，呈现不拘一格、丰富多彩的创新夜景效果。分别以唐风建筑为夜景背景，以文化景观为夜景节点，以光艺装置为互动细节，并辅以多姿多彩、灵动细腻的舞台光束灯、图案投影、光艺装置、灯光小品、创意景亭等，呈现全景式、动静相宜的璀璨夜景效果，达到了超乎想象的沉浸式光影观感与艺术氛围体验。

"光世界"创新夜景效果

根据物业功能的不同，对光的需求和属性也不尽相同，比如办公区域优雅，酒店区富丽堂皇，商业区繁荣浪漫，公寓区安静舒适。夜晚不同时间段灯光效果不同，项目建筑表面呈现不断变换的各种色彩，营造出不同的气氛及多重的意境，使项目具有强大的艺术冲击力。整个夜晚，大唐不夜城犹如天上宫阙一般群星闪耀，从而大大延长了顾客和游客的停留时间，也拉长了商家的经营时间，有利于提高商家的收益。同时由于营业时间拉长，商户的投资回报率提高，投资者的投资信心也得以提振。

（6）后期运营持续打造文化 IP

2019 年，一段牵手视频让大唐不夜城的不倒翁小姐姐"皮卡晨"红遍全网。对于游客来说，这位不倒翁小姐姐每一次倾倒都像是从古老的唐朝穿越到自己眼前一样，非常惊艳。不少人驱车数小时前来，只为和她握手的那几秒钟。

人物 IP 的打造是大唐不夜城一直坚持运作的，除了不倒翁小姐姐，还有不倒翁小哥哥、奋斗小哥哥、悬浮兵马俑、石头人、唐代仕女武士巡逻队等，这些文化 IP 让大唐不夜城在一众步行街中拥有了自己的品牌形象。

角色扮演与现场活动的结合，能带给游客趣味感与亲和力。大唐不夜城的象棋对弈行为艺术，以象棋图样设计者唐代牛僧孺为人物原型创作；每日19:00 至 23:00 设置四大江湖残局，邀请游客前来挑战破局，演员与游客进行现场对弈。游客也成了这大唐画卷的一部分。

还要看到，西安市委市政府在有意识地打造以旅游为导向的城市文化品牌活动。大唐不夜城也借着这股势头，以唐文化为底色，突出了自己以光影、演艺、互动小品、小商业为主调的盛唐氛围的优势，融合现代时尚文化和国际潮流元素，逐渐吸引了一系列国际化的文化旅游活动在大唐不夜城举办，比如中国华服日、丝绸之路国际电影节等。

而大唐不夜城最为成功的文化 IP，就是"夜游长安 IP"。在一条近 2 公里长的步行街上，围绕唐文化，设置层出不穷的景观节点和文化节点，加入多姿多彩的互动体验活动，借助绚丽辉煌的灯光，打造一条高潮迭起、令人眼花缭乱的沉浸式夜游路线，不仅对大唐不夜城的文化附加值起了助推作用，还进一步提高了游人的旅游体验。不得不说，在文化品牌营销方面，大唐不夜城抓住了先机。而这一切，正是与其商业街区的定位分不开的。

4　案例启示

（1）一定要梳理项目的"第一目标"

一个项目可能承载多个目标，但必须要对目标进行重要度排序，且一定要理出一个"第一目标"。比如很多项目既要回款既要实现高档次形象，可能第一目标就是"回款"，因为没有这个目标的支持，项目都无法建设成形，更谈不上在经营上的高档次形象了。大唐不夜城的投资方为政府管委会，土地转让销售是第一目标，基于此，就决定了本项目的首要问题绝不是以零售商视角去做业态规划，而是从地产投资商角度进行土地价值发掘。

（2）小面积追求"单一专注"，大体量追求"生态延展"

在思考商业项目定位时，面积越小越要在功能上追求"单一专注"，形成细分锐利的定位；面积越大越要在功能上实现"生态延展"。以大唐不夜城 60 万平方米的大体量规模，当时市场上的业态供给很难实现对此面积的消化，因此项目在核心商业功能基础上进行相关多功能延伸、涵括"游娱购"的休憩性商业生态组合就成为主要论证方向，并最终用系统化的研究验证了这一设想。

（3）洞察消费者的需求排序，确定吸引人流的策略

随着收入和年龄的变化，消费者对同一事物的需求价值排序会动态变化，任何商业的定位都是对消费需求变化的率先感知的结果。在大唐不夜城建设阶段，消费者的消费选择正处在"从购买到休闲"的进阶早期，人们对一个商业场所的"休闲功能"需求权重快速提升。项目团队基于对此的洞察，确立了"以特色场所而非业态"来吸引人流的策略方向，再经过深入对标、分析与创意，确立了"中国第一光主题文化区"的场所主题，让项目实现了场所带人、"商户转化"的目标，这对非中心商业和项目亦有普遍的借鉴意义。

（4）文化项目吸引力的核心不在于"看"，而在于"感"

大唐不夜城在场所营造上植入了大量的诗词内容、叙事雕塑和互动灯光、喷泉等，在后期运营中亦围绕着"感"融入了诸多文化节目，成就了今日西安的代言名片。对比看国内的诸多文化街，用力主要在建筑、景观、雕塑等"看"的层面上，没能为顾客创造更多的情感触发，限制了体验深度，

对停留时长亦有影响。

（5）后期运营中大量的文化活动是项目保持活力的前提

网红人物不倒翁小姐姐的视频在抖音点击量上亿次，极大传播了项目形象与气质。同时步行街也安排了许多互动性极强的文化场景活动，建立与消费者友好互动，为线上传播增加了更多活动内容，从而帮助项目实现了线上与线下的流量转换。

（二）案例2：重庆金辉铜元道 ｜ 定位调整成就商业街光影活力

1 案例导读：持续定位调焦是实体商业持续增长的必修课

重庆金辉铜元道全景

营销策略大师艾·里斯（AL Ries）在《定位》一书中对定位给出这样的定义："所谓定位，是在对本产品和竞争产品进行深入分析，对消费者的需求进行准确判断的基础上，确定产品与众不同的优势及与此相联系的在消费者心中的独特地位，并将它们传达给目标消费者的动态过程。"

对于商业项目而言，定位是否精准直接关系成败。定位并非来自雄心壮志或一厢情愿，而是源于对区域的全面理解和对消费需求的准确判断。没有这些，商业项目想要在市场竞争中生存就难比登天。

定位也并非一劳永逸。如今，市场环境变化速度加剧，区域的更新、客群的变化、消费需求的演进，竞争对手的改变……不断进行定位调焦已成为实体商业持续增长的必修课。

重庆金辉铜元道便是这样一个项目。开业近一年，定位偏差导致经营未达预期效果。商业气氛不足，缺乏对消费者的吸引力，定位转型迫在眉睫。

如何才能准确判断定位方向？明确定位之后又该如何制定短期和长期调整策略？希望金辉铜元道项目能为众多定位调整项目的落地执行提供参考。

2 案例概况

区域： 重庆铜元局地区北部临江地块，北临南滨路。

名称： 金辉铜元道

体量： 商业建筑面积共 7.5 万平方米

开发商： 金辉集团

项目定位： 原定位为社区生活配套商业，改造后定位为区域目的性商业、光影主题特色夜生活商业街。

3 案例解析

商业项目的成败，定位是关键。从铜元道项目的几番起伏，可以清楚地看到这一点。

（1）铜元道几番起伏

A 铜元道：重庆的第一盏电灯

2000 年，来自福建的金辉集团迈出了其在西部发展的第一步，强势进入重庆地产市场，在南岸区铜元局地区投资建设重庆首个高端生态大盘"金辉城"。

在 1905 年之前，重庆铜元局地块只是苏家坝临江的一部分。清末光绪时期，川汉铁路公司为募集资金修建铁路，用当时筹到的股本金投资建立了铜元局铸造铜元。直至 1930 年，铜元局改为子弹厂，从此不再铸币，不过"铜元局"的名字保留了下来。

在这里，亮起了重庆的第一盏电灯。当时铜元局的工人上夜班只能用煤油灯和蜡烛，不仅消耗巨大，还容易引起火灾。为了解决这一问题，铜元局引进了一台 5 000 瓦煤油发电机，为铜元局工人提供夜间照明。在 20 世纪初，铜元局代表了重庆最先进的生产水平。新中国成立后，子弹厂改为长江电工厂。20 世纪 80 年代，电工厂职工已经用上了无烟无味的天然气做饭。

金辉集团入驻铜元局，为这片土地带来了又一次蜕变。整个项目占地近 1 500 亩，是以住宅为主的城市综合体项目。如今，铜元局还保留着部分老重庆风貌，但大部分地区已成为以生态、环保、健康为主题的现代人居典范。

经过 17 年的发展，金辉集团推动了铜元局地区的发展。2017 年 5 月，金辉铜元道商业项目正式开业，联合南侧金辉广场等商业项目，吸引了许多品牌商家和生活服务入驻，进一步完善了区域的商业生态，共同带动了整个区域的更新。

B 租售策略调整的后遗症

金辉铜元道项目属于街区型商业，位于铜元局地区北部临江一片东西狭长的地块，北临南滨路，有 400 米的临江景观，另三面皆规划为住宅区。建设之初，金辉铜元道项目以社区商业配套为定位，以全部销售为目标。

由于种种原因，金辉铜元道项目销售未达预期，金辉集团迅速调整策略，改为自持运营，并开启招商洽谈等工作。凭借当地良好的品牌形象，以及项目周边大量的居住区，金辉铜元道项目迅速吸引了 50 多家商户入驻，项目开业时招商率已达 90% 左右。

然而，经过近一年的营业，项目的客流量和营业数据遭遇了瓶颈。究其根源，有这样一些因素。

首先，前期以销售为主导的思路给项目业态规划和功能设置带来了不小的局限。

其次，南滨路快速路被阻断，导致现有商业街区设计没有充分利用江景视野和亲水设施，与滨江资源互动性低。

同时，市场竞争、交通动线和业态布局三方面的问题也逐渐显现。

在市场竞争方面，金辉铜元道项目东侧 3 公里左右为重庆主城区三大核心商圈之一的南坪商圈，包含五大步行街、重庆万达广场、协信星光时代、上海百联等大型商业综合体，是重庆近年来发展最快的地区之一；南侧 1 公里左右为金辉广场，为 12.5 万平方米的综合体项目，同样定位在社区配套商业。与两边的商业项目相比，在体量、品牌数量以及项目成熟度上金辉铜元道都处于劣势。

交通动线分为公共交通和人流动线两部分。项目附近的公共交通仅有一条环岛巴士线，与公交站相距约 300 米，距离最近的地铁站铜元局站步行约 1.3 公里，公共交通通达性较差。另外，周边居住区北侧与项目相邻，却因高度差和保护私密性的考虑无法直接连通。项目主入口设置在南侧，与周边小区步行距离在 300~600 米，且人流方向与项目"背道而驰"。

在业态布局方面，项目在规划时设置了一条内街，以增加沿街商铺的面积，提高商铺的均好性。然而招商时没有顾全内外街、高低层商业之间的联系。外街设置了大面积的餐饮店铺，内街则划分为小铺。品牌之间的关联性与互动性较弱，没有发挥商业聚集效应，导致内街与高层商户的客流量和经营状况较差。

在这种情况下，项目要改善经营状况，提升整体势能，调整定位势在必行。但怎样确定调整方案，调整后的方案又该如何落地呢？

（2）大数据调正定位靶心

商业定位的制定或调整，绝不是哪一个负责人"一拍脑门"能决定的。位置、区域、交通、客群、品牌优势、竞争对手……只有在充分了解这些的基础上，定位调整才能达到预期的目标。今天，飞速发展的各种先进科技手段，为我们获取多方面信息提供了便利。

Ⓐ　大数据摸底区域客群

商业销售业绩的好坏取决于对消费需求的满足程度和独特价值的创造能力。说到满足消费需求，随之而来的是一个问题——满足谁的消费需求，多少人？他们都在哪儿？他们都有什么样的需求？简而言之，你的消费客群到底是谁？

金辉铜元道项目周边都是住宅区，按照我们的惯性思维，应该不缺基础客群。但是真的如此吗？我们凭借直觉做出的判断并不见得符合事实。为了精准定位消费者需求，充分挖掘项目的商业价值，我们的项目团队结合区域内客群基础特征和消费偏好实施了大数据分析，以期从中找到项目的独特优势和发展机会。

客群大数据分析发现在金辉铜元道项目周边 3 公里范围内居住人口约 17万人，但主要集中在南部海峡路、南滨路区域，日常消费表现出就近特点，主要以南坪商圈和金辉广场为主。要让他们放弃已经形成的就近消费习惯，更换到金辉铜元道购物，是比较困难的。项目周边 3 公里内现有住宅小区体量分布如图 1-7 所示。

当时，金辉铜元道的主要辐射范围在项目南侧 2 公里以内。大数据分析的结果是，此区域居民会来金辉铜元道消费，但日常消费频次相对较少。这说明金辉铜元道并未很好地满足区域消费者的需求，消费者整体到访率还有很大的提升空间。项目周边 3 公里现有住宅小区距离项目远近情况如图 1-8 所示。

消费者怎样来到金辉铜元道呢？因为公共交通通达性的限制，乘坐公共交通的只有 10% 左右，多数到访消费者是自驾前往，只有不到 1% 的消费者是步行前往。如图 1-9 所示。

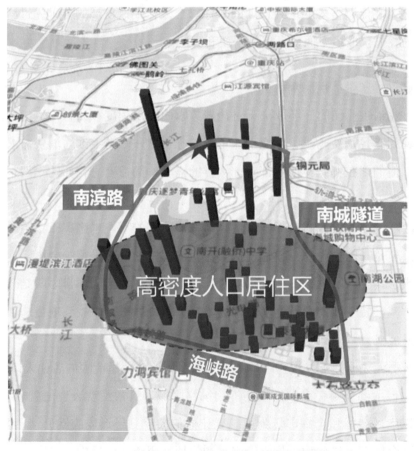

图 1-7　项目周边 3 公里内现有住宅小区体量分布情况

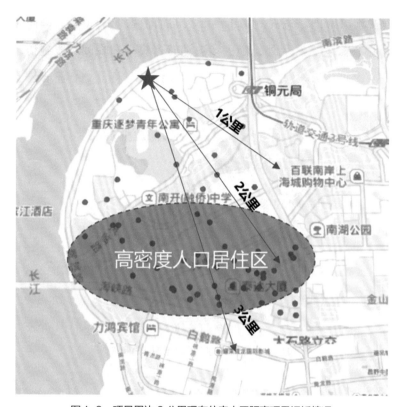

图1-8　项目周边3公里现有住宅小区距离项目远近情况

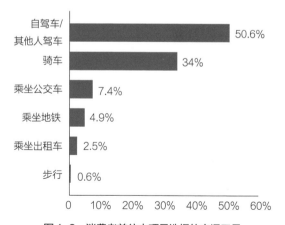

图1-9　消费者前往本项目选择的交通工具

在消费频次方面，每月到访 1 至 2 次的消费者约占 40%，每周消费 3 次以上的仅占 10% 左右。另外，绝大多数消费者集中在晚间时段到访，其中餐饮业态最受欢迎，休闲娱乐业态其次。如图 1-10、图 1-11 所示。

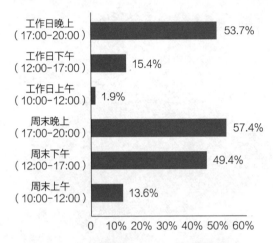

图 1-10　消费者前往本项目消费时间段

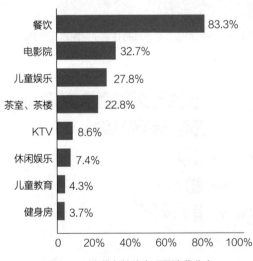

图 1-11　消费者前往本项目消费业态

餐饮业态在金辉铜元道项目占比超过 50%，是业态分析的主要目标。重庆市整体的餐饮在区域分布和品类偏好上都相对集中，项目辐射范围内也表现出相同的特点。区域内餐饮业态集中分布于南坪商圈。结合全市与区域餐饮人气数据，项目在创意菜、日餐和其他品类上有一定的发展空间。

超市业态作为日常高频消费的主要业态，在区域内分布较为均匀，以生活超市为主，其次为大型超市和本地连锁超市，在精品超市和新零售超市方面有空缺。

另外，区域内消费者以三口之家为主，有一定的亲子消费需求。区域内的儿童零售和儿童教育较多，但整体亲子娱乐业态较少，项目可以适当以休闲娱乐活动和品牌吸引周边客群。

B　商户和消费者的心声

在大数据分析客群信息的同时，项目团队也进行了实地的消费者和商户访谈，深入挖掘潜在的未被满足的消费需求。

从受访消费者的反馈可以发现，仅有一半的受访消费者表示对项目较满意。消费者认为，金辉铜元道主要的不足之处有：生活和休闲类业态缺失、现有业态丰富度较低和交通不便等。

餐饮业态虽然吸引了许多消费者到访，但仅有半数消费者表示满意，需要改进的主要有品类丰富度、价格合理性和整体环境等方面。如图 1-12、图 1-13 所示。

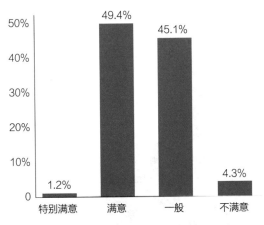

图 1-12　对本项目餐饮业态满意程度调查

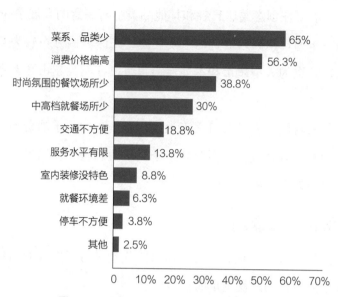

图1-13 消费者提出的本项目餐饮业态不足之处

团队还进行了一项有针对性的调研：处在项目辐射范围内、却又从未到访金辉铜元道的客群，他们的想法是怎样的？他们对项目可能存在的需求是什么？

调研结果发现：近70%的未到访的客群表示没有听说过金辉铜元道项目。缺少自身特色，是导致金辉铜元道项目知名度低的根本原因。如图1-14所示。

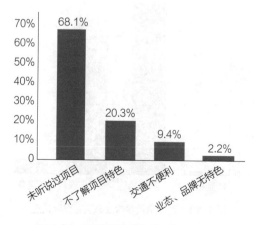

图1-14 消费者未前往本项目原因调查

居住在金辉铜元道项目辐射圈内，但未曾前往该项目消费的这部分客群，其基础性生活消费主要集中在南坪商圈，如图 1-15 所示。

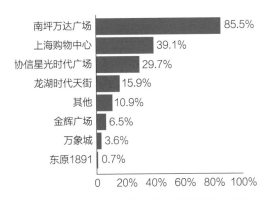

图 1-15　未到访本项目的消费者对消费场所的偏好

在初步了解项目后，有超过 60% 的受访者表示愿意到访项目的餐饮业态。还有，南坪商圈的主题娱乐业态无法满足他们的消费需求。从受访者反馈结果可以得出，餐饮业态可以为金辉铜元道项目吸引更多客流，休闲娱乐业态同样有发展机会。如图 1-16 所示。

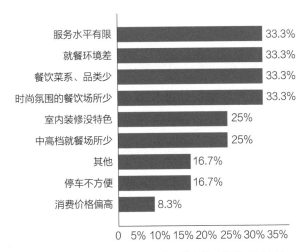

图 1-16　消费者眼中的南坪商圈的餐饮市场的不足之处

除了对项目客群进行调研之外，项目团队还对近 80% 的入驻商户进行了调研访谈，希望从商户视角了解项目需要改善的问题。参与访谈的多数商户表示，选择入驻项目的原因是金辉品牌效应以及周边大量的居住人口，而实际经营效果低于预期。商户认为原因主要在于项目自身特色不突出且知名度低，导致项目整体客流量少，而硬件条件不足，如停车位、导视系统等同样也被频繁提及。

一些受访的商户表示，项目到访客群集中在夜间目的性的餐饮消费，但餐饮业态本身品牌的影响力有限且特色不足，很难提高消费者的到访频次。而且，由于餐饮业态与其他业态的定位错位，餐饮业态的客群与场内其他业态之间转化率低，没有发挥餐饮业态的带动作用。

以项目主力店红星太平洋影城为例，受访工作人员表示，项目整体娱乐氛围不足，客流量较少且业态单一。由于影城定位与其他业态存在差异，无法实现客群共享。影城负责人表示："你觉得那些和哥们一起来这里光着膀子撸串的人，还能顺便上来看个电影吗？"

通过对各方反馈的分析，团队总结出项目需要与周边项目形成差异化优势，以打破当前运营瓶颈，其中主题化休闲娱乐业态更符合目标客群需求。另外，金辉铜元道项目的餐饮特色较突出且符合当地消费需求，可以在现有基础上继续优化；项目的餐饮业态与其他业态明显脱节，关联性亟待提高。

Ｃ 从社区配套商业到区域目的性商业

在与业主、入驻商户、储备品牌和消费客群的沟通过程中，绝大多数受访者对项目的印象都是以社区配套商业为定位。从项目现有的招商策略与运营方式来看，也是按照社区配套商业的思路进行的。然而项目团队在对实地考察和用户调研的情况进行总结分析后发现，金辉铜元道项目不应该定位为社区配套商业。

其中，便利性不足是制约项目定位为社区配套商业的主要因素。金辉铜元道项目受区位和交通因素影响，内向性明显，不具备发展社区配套商业需要的日常、便利、高频的特点。与竞品项目对比，金辉铜元道项目在内外部交通上处于劣势，如果还与竞品一样，定位于社区配套，很难取得理想的效果。而现有客群的消费行为也同样印证了这一观点。

　　金辉铜元道项目的现有客群绝大多数为夜间餐饮消费者，许多未到访客群也表示愿意到访项目的餐饮品牌。餐饮作为目的性消费，整体营业效益高于场内其他业态。结合前期分析的客群消费行为和项目现有优势和限制，将项目定位于区域目的性商业更加合理。

餐饮业态是金辉铜元道的特色

　　周边客群普遍反映现有商业的休闲娱乐消费功能不足，没有形成差异化特色，这为金辉铜元道项目未来运营重点指明了方向。项目可以重点发展主题娱乐，以填补区域消费需求的空白，提高与周边商业项目竞争的能力。

　　以此为突破口，团队将金辉铜元道项目重新定位为区域目的性商业，通过业态整合和街区场景化打造主题街区，建立项目强标签，并在内街、外广场和高层实现分区主题化；在入口和动线节点处，以活动和导视标识等方法吸引客流到访，活化内街的商业氛围；同时在现有餐饮业态的基础上优化和丰富餐饮的品类结构，强化餐饮特色。

　　定位的转换规避了金辉铜元道项目的短板，同时抓住项目现有的优势和区域内现有商业的不足。事实上，定位偏差的问题不仅在商业地产项目中很常见，在其他行业的产品、服务甚至企业当中也很常见，而精准定位的重要性也已被越来越多的人所关注。

（3）以定位为锚建立差异化竞争策略

以建立区域目的性特色商业为目标，项目团队思考定位调整的具体实施方案的关键是：确立项目独特的标签，为之后的资源导入和招商调整找准方向。

A 定位调整实施策略

与社区配套商业不同，区域目的性商业的辐射范围更广，覆盖人群也更加丰富多元。结合当地消费特点和区域文化积淀，团队提出了"悦坊食界、时光里巷、甜蜜爱情"三个主题标签，对整体业态进行梳理，提高整体的互动性和场景体验感，并在内街入口处设置快闪广场以吸引人流。

根据调整目标，团队制定了定位调整的实施策略，共分为业态调整、场景打造和品牌储备三个方向。

业态调整主要聚焦于餐饮业态。餐饮本就是项目现有业态中最具人气的一部分，现有餐饮以重庆江湖菜为主，趋于单调。结合餐饮市场的大数据分析，区域内消费者在西餐、日料、东南亚餐饮等国际餐饮上消费意愿较强，且区域内此类供应较少。由此，在保留经营良好的店铺的基础上，适当引入其他风味美食，以品类的多元化和丰富性强化餐饮业态的优势，可增强项目的辐射力。

在场景打造方面，团队与国内首家商业地产运营增长服务商云猫智管合作，参考国内外已落地的顶尖案例，优选了一系列适合场地的内容方案和供应商。并针对内街、节点广场、高层空间等分别制定了不同的主题，以内街场景为核心，实现人流导入和内街商业氛围的活化。

品牌储备则是考虑到项目开业仅一年，许多商铺合同期为三年或五年，短期内无法调整的限制。运营团队可以根据业态分组，对目前空置和经营较差的品牌有计划地进行替换。团队将调整建议根据合同期限分为三年、五年和十年调整期，循序渐进地实现项目整体的迭代升级。

然而在与业主反复沟通的过程中，团队一致认为解决短期经营效益的问题更加迫切。因为当下一些客流量较差的店铺短时间内会有退租的状况出现，过高的空置率会对项目短期的资金链造成很大压力，而三年甚至十年的调整计划无法解决迫在眉睫的问题。

Ⓑ 聚焦"一年计划"，实现快速提升

为解决业主短期需求，团队立即重新调整了实施策略，将主要精力和资源集中在了一年以内的计划，争取用最小的投入、最高的效率创造最好的效果。为了在短时间内实现调整效果最优，不仅需要找出影响经营效益的核心问题，同时还要聚焦到整个项目的某一区域，以短期内可落地的方案，迅速带动项目整体活力的提升。

根据前期的分析，金辉铜元道由于定位偏差，项目自身的特色不足，导致客流量低于预期。而项目内街受业态分布影响，整体客流量低于外街，商业氛围较差，因此解决内街客流量不足的问题更加紧迫。

将调整目标聚焦到解决内街客流量不足的问题后，团队提出了打造主题场景、调整商户品牌、优化场内设施、加强活动推广和建立社群会员五个思路，并根据效果预期和实施周期制定了详细的调整时间表。其中打造主题场景，进而建立项目特色标签成为整体实施策略的重中之重。

项目以"光影"概念为主题，打造重庆两江四岸光影特色主题商业街，围绕金辉铜元道项目丰富多元的餐饮品类，着重提升项目晚间时段的消费体验。光影效果有极强的感染力和传播性，有利于在消费者心中快速建立项目的独特性。团队没有局限于常见的 LED 屏幕和灯饰，而是选取了有高互动性和展示性的光影装置，集中布置在项目内街的各个出入口，并向内街延伸，将客流引入内街。同时根据场内不同的主题搭建针对不同类型消费人群的场景，吸引周边及更远的市民到访"打卡"，同时扩大金辉铜元道项目的辐射范围和知名度。

场内设施优化主要集中在场内导视系统的提升，借助项目内街动线、垂

直动线以及停车场、洗手间等明确的导视标识系统，改善消费者的游逛体验，同时促进外街、内街和高区的客流联动。活动推广和社群运营的主要目标在于激活周边居民的消费活力，希望通过日常和节日的主题活动，建立消费黏性，提高消费频次。

受租期时间的影响，短期内的商户调整集中在少量内街的空铺以及项目地下一层约 3 000 平方米未出租的空间。考虑到地下一层面积大且受硬件条件限制，不宜采用单一主力店的租赁模式。团队以打造主题场馆＋街区组合的模式，将光影主题延伸至地下，建立主题体验馆并定期举办活动，以提高租金溢价水平，同时带动周边商业的客流量。首层的内街沿街小铺则引入小食、水吧等业态，作为餐饮业态的补充，满足消费者休闲餐饮的需求。

以光影为主题，辅以多元的餐饮体系，特色鲜明的标签为金辉铜元道建立了区别于其他商业项目的差异化竞争优势。对于光影特色在白天展示效果较差的问题，项目团队同样进行了权衡与取舍。重庆属亚热带气候，冬暖夏热，夏季平均气温高于 37℃，是中国四大火炉之一。因此白天气温较高的时段，街区型商业整体舒适度低，消费者的游逛意愿低；瞄准夜晚时段舒适的气温和旺盛的消费需求，着力发展夜间消费能够创造更大的收益，也符合重庆居民的消费习惯。

C 城市"夜生活"潮流为项目助力

以一年计划为主的分段调整计划得到了业主的高度认可，调整策略的可落地性也让金辉铜元道项目的运营团队很快就开始了资源的调配与整合。

重庆是中国夜生活最丰富多彩的城市之一，近年，重庆市着力打造"不夜重庆"的城市品牌，在市政府、市文旅委和主城各区县政府的培育下，夜间经济、夜间文化不断创新升级发展，重庆的夜生活形态越来越丰富：夜游、夜市、夜玩、夜味……精彩纷呈，让人目不暇接。

金辉铜元道所邻的南滨路也是城市主要夜生活聚集区之一，拥有"国家级夜间文化和旅游消费集聚区"和"南滨路夜间经济核心区"两块"金字招牌"。

在政府提倡、多方协力的环境下，金辉铜元道的"光影"主题商业街得到了充分的发展空间。2018 年 9 月 28 日晚，金辉铜元道光影艺术节开幕。开幕仪式上，金辉铜元道也正式挂牌升级为重庆"市级特色夜市街区"，餐饮商家纷纷推出优惠活动。当晚，光波泡泡球、七彩跳跳板、荧光跷跷板、流光瀑布、彩色拼图、七彩时光隧道、3D 激光矩阵、镜花迷宫等光影互动装置首次亮相，吸引了周边市民的参与。

改造后的金辉铜元道进一步获得了消费者与商户的认可，品牌知名度与影响力得到了极大提升。如今，金辉铜元道持续释放魅力，让不夜生活的氛围感充盈在大街小巷。

4 案例启示

（1）精准定位是商业项目立足的根本

定位一词最初用于广告传播策略，很快衍生出品牌定位、市场定位、产品定位等概念，而其中始终不变的精髓在于关注自身在消费者心中的认知以及建立认知的过程。消费者在定位中占据着重要位置，只有准确把握消费者的需求，找到自身优势的同时让消费者感受到优势所带来的效果，才能抓住机会，找到在市场中的立足点。

（2）根据动态变化及时纠偏

随着消费需求更新和区域发展，商业地产项目所处的大环境在不断变化，项目的定位也应随之不断调整。运营团队可以通过鼓励商户和客群积极反馈，以及场内活动的实时分析等方法，及时获取消费市场的变化趋势，并以此为依据调整项目的运营方向，从而保持项目的长期竞争力。

（3）短期利益与长期利益兼顾

商业地产项目前期投入高，运营难度大，因此在短期收益与长期收益间很难找到平衡。无论全部自持或出售，还是租售结合的模式，最重要的是制定清晰的目标，以未来的视角确定项目所处的位置，同时关注当下所处环境的优劣。不因缺乏长期规划而错过未来发展升值的机会，也不因好高骛远而忽视眼前出现的问题。

（三）案例3：青岛万象城 | 定位调整伴随商业体生命全周期

1 案例导读：好商场是"调"出来的

青岛华润万象城全景

青岛华润万象城是全国第九座万象城，建筑面积达45万平方米，是集购物、餐饮、娱乐、休闲、文化为一体的一站式购物体验中心，也是全国规模最大、店铺数量最多、业态组合最丰富的万象城。2015年4月，青岛万象城购物中心开业4天的客流量就突破60万人次，营业额突破5 000万元，创造了青岛商业新纪录。开业首个季度，青岛万象城购物中心吸引了来自国内外60万余人次体验消费、参观游览，累计营业额4.8亿元。

开业至今，青岛万象城依然欣欣向荣。但少有人知道，在开业一年后，青岛万象城自身的客流量和销售额发展均遇到了瓶颈，海信、百丽等商业项目也给万象城带来了强大的竞争。

在商业地产方面拥有丰富经验的华润运营团队及时发现了潜在的风险，与中商数据联合，创新了大数据在商业地产的应用，躬行实践，共同开启基于大数据进行存量市场调改的新时代。基于此轮大数据精准研究和运营优化，青岛万象城 2017 年的年租金收益同比增幅高达 40%。

事实上，每座购物中心在其生命周期的各个阶段都会面临多次定位调焦的过程，需要不断检验提供的服务和产品是否匹配当地消费者的特征、需求和偏好。第一次定位调焦是在项目动工前的策划阶段，第二次定位调焦则是项目开业后半年到一年间，运营者们要提前做好预案，切莫在问题出现后再寻找解决方案。对于规划阶段和刚刚开业的商业地产运营者而言，青岛万象城的案例带来了诸多思考。

2　案例概况

区域：青岛市香港中路商圈

名称：青岛万象城购物中心

体量：45 万平方米

开发商：华润置地

定位：目前全国最大、店铺数量最多、业态品类最齐全的万象城

3　案例解析

"万象城"品牌在国内商业地产领域的影响力相当高，青岛万象城开业伊始，也是万人瞩目、惊艳登场。但即使这样一个在市场竞争中占有优势地位的项目，依然会面临各种各样的困境。这也提示商业地产的运营管理者，始终要保持对市场的敬畏之心与警醒之心。要安然化解危机，首先就要对危机有着清醒的预警系统，及时发现危险所在。

（1）把握商业项目危险信号

A 全国最大的万象城

2011 年，华润置地有限公司旗下的万象城产品正式进驻青岛。作为中国购物中心行业的领跑者，万象城产品线在倡导国际化消费理念、彰显时尚品位与优雅格调的同时，力推"一站式"消费和"体验式"购物理念。万象城所到之处，皆推动了城市的商业发展，乃至改变了城市的商业格局。

体量达 45 万平方米的华润青岛万象城购物中心（简称"万象城"）位于市南区中央核心政务、商务区，东临交通主干道山东路。地铁 2 号线与 3 号线交汇于此，相距不足 1 公里的著名旅游景点五四广场、奥帆中心更是拉动了该地段的商业价值。良好的区位优势及硬件条件也让青岛万象城成了"包罗万象的城中之城"。

青岛万象城是全国第九座万象城，也是目前全国最大、店铺数量最多、业态品类最齐全的万象城。

青岛万象城内部空间

在传承万象城"主力店＋半主力店""零售＋餐饮＋娱乐"业态组合的理念基础上，青岛万象城由以往的四大主力店升级至八大主力店，其中三分之一的品牌是首次进驻青岛，如表1-6所示。

表1-6　青岛万象城八大主力店

主力店	店铺简介
百盛百货	首个国内旗舰店
Ole'精品超市	首进青岛的国际高端精品超市
冰纷万象滑冰场	占地1 800平方米的青岛首家奥林匹克真冰场
CGV国际影城	华北旗舰店，拥有IMAX、4DX、GOLD CLASS、SphereX四种特效的国际化影城
方所艺术书店	北方区域首店，集书店、美学生活、咖啡、展览空间与服饰时尚为一体的复合型经营书店
Family Box儿童教育成长中心	英国亲子教育专家，首次进入华东区域
JOYPOLIS世嘉都市乐园	继进入日本、迪拜后进入中国的室内主题乐园
四海一家	山东首店，汇聚世界食尚的海鲜自助

此外，为增强消费者的体验性和互动性，青岛万象城对餐饮、娱乐、儿童、快时尚等业态做了相应加强。在餐饮板块，万象城荟萃60余家餐饮品牌，半数以上是首进青岛，如外婆家、小南国、太兴餐厅、望湘园、辽河渡、安南、MangoTree、亚洲土地、王品台塑牛排、芭斯罗缤、满记甜品、四海一家等，还有很多众人熟知的品牌如星巴克、肯德基、西贝莜面村、禾绿回转寿司、船歌鱼水饺等，舌尖诱惑不断，为顾客带来前所未有的美食体验，如表1-7所示。

表1-7　青岛万象城餐饮品牌

万象城一期
B2层：
味千拉面、沪小二（牛蛙锅）、和府捞面、廖记棒棒鸡、弄堂小笼包……
N次方公园内：虾小士＆鱼小士、旺角车站泰餐、一捧饭团、万和春、小谷村、甘食记、第一佳大鸡排、西树泡芙、热卤时光、沃洛格达、降龙爪爪、阿甘锅盔、锦馔……

（续）

万象城一期
B1层：
必胜客、船歌鱼水饺、白石深夜食堂、麦当劳、太兴港式餐厅……
LG层：
舞心日料、王品台塑牛排、LA MODA、兰巴赫、TSINS TAO 1903……
L4层：
本家、开海、茅庐、甄御、Le Living（乐姿生活）、肯德基、野牛打边炉……
L5层：
铭家点心、太二酸菜鱼、炉鱼、外婆家、西贝莜面村、旺池、锦官小釜、莆田、乾山日本料理、袍公馆、哥老官、渔荷食町、太食獸……
食通天美食广场内：争鲜（回转寿司）、果哚哚（鲜榨果汁），叻哥士多（香港小食）、老潼关肉夹馍、掂档潮汕牛肉火锅、武汉码头（热干面）、麻辣爆肚、煎饼风云、岛城水饺、小蹄大作、手工酸辣粉、港点食肆（港式烤鸡、叉烧）、韩式拌饭、秦晋面庄、麻辣烫串串香、傲翔麻辣香锅、干锅鱼庄、蟹黄汤包、淮南牛肉汤、蒸好吃（蒸菜）、滋滋铁板、锡纸花甲粉、王姐烧烤、古稻小火锅、拉面天神……
L6层：
吕氏疙瘩汤光速厨房、东阿阿胶驴肉火锅、辽河渡口、南京大排档、北疆饭店、姜虎东白丁烤肉、鳗享屋、牛水煮、牛道、THE DINER（丹拿）、霸吗拉面、安东鸡（韩料）……
万象城二期
LG丽达超市：
小时咖喱、喻记南派（麻辣烫）……
CL3层：
云海肴（云南菜）、鱼酷、剪花娘子、大碗丼（烧肉饭）、南门金峰辣子鸡、JOYBOX盒里（轻食）、捞王猪肚鸡火锅、提雅新疆菜……

注：该表体现的是青岛万象城彼时初步优化后的情况，后续又持续调整，与现今品牌组合存在差异。

儿童休闲品类方面，万象城共引进30余家亲子互动、儿童娱乐教育品牌，以满足不同年龄阶段及家庭层级的需求，包括FamilyBox（家盒子）、反斗乐园、玩具反斗城、小小运动馆、jnby by JNBY、Kingkow、Lollipop、力高芘熊、Petit Bateau等。

零售方面，青岛万象城更是整合了不同风格的服饰、配饰，如Nannini、Rehome、YVVY、UR、HOLA特力和乐、FCUK、UGG、CHOCOOLATE、

A BATHING APE、AAPE BY A BATHING APE、i.t 集合店、Massimo Dutti 等，全力打造华北地区的顶尖时尚聚集地。

此外，万象城拥有丰富的娱乐体验业态。冰纷万象滑冰场是青岛首家奥林匹克标准的商业真冰滑冰场；韩国 CGV 影院拥有超大规模的跨层影厅，带来 4D 观影体验；SEGA 主题乐园为全国首家，是全球顶尖的室内主题乐园，包括大型室内过山车、野外探险飞行、世嘉头文字 D 等项目。

此外，万象城引入海洋创意，打造大型概念艺术装置。在万象城一层主中庭的大型概念艺术景观装置——"海底丛林"，体现出商业环境与艺术相辅相成、文化与创造力巧妙嫁接，试图通过敏锐的艺术触觉与全新概念展现商场的创意趣味，打造一个吃玩乐购与艺术体验兼备的欢乐聚集地。

在 2015 年 4 月 30 日，集结了 300 多个店铺的华润青岛万象城正式开业。凭借优越的地理位置，独特的建筑风格，超大体量下丰富的业态组合以及顾客体验等方面的创新，青岛万象城连续打破了青岛商业的多项纪录。开业仅 4 天，青岛万象城的客流便超过 60 万人次，营业额突破 5 000 万元。

Ⓑ　业绩波动释放危险信号

通常情况下，购物中心开业后都会面临市场环境变化带来的经营调整压力。原有配置的业态、品牌商户自身的运营调整、消费者偏好和需求的变化以及时尚潮流的更迭等因素都会对购物中心产生影响。

开业一年之际，运营团队敏锐地洞察到青岛万象城的营业数据出现略微下滑。凭借丰富的运营经验，青岛万象城对微妙的数据变化十分警觉，开展了紧锣密鼓的摸排研究。通过区域市场营业情况摸底及场内台账分析，青岛万象城发现了以下几个现象。

首先，客流量和业绩出现波动。与开业初期的人流涌动相比，当前的青岛万象城客流量开始出现波动。万象城公众号的每篇文章均达到上万的阅读量，但文章的转发量和客流转化率较低。一些活动可以吸引年轻客群到访，但其消费力相比项目初始定位的中高端客群略显不足。

其次，首层至三层相对冷清，租售比场内最高。由于调整在华发展战略，原定开店的奢侈品牌在开业前突然撤场。为了避免空置铺位造成的收益损失，青岛万象城迅速敲定了多个轻奢品牌将空铺填满。然而，缺乏首层主力奢侈品的带动，依然对商场带来不利影响。

最后，快时尚品类销售额屈居青岛次席。无论从体量、业态丰富度，还是快时尚品类的数量，青岛万象城都明显强于青岛百丽广场。然而，直线距离不足2公里的百丽广场却常年占据青岛快时尚品类销售额的榜首。仅凭借经验和传统诊断方法无法确保决策的精准性，万象城开始跳出青岛市场，在全国范围内尝试寻找最新的商业思维和诊断工具，以期揭秘现象背后的根本问题。

（2）"大数据"为精准定位服务

从商场经营实况中敏锐地发现危险信号，这是第一步；如何对信号进行分析，找出关键症结所在，这一步更加重要。

以往，仅靠人力调研去搜集信息，烦琐而没有效率，难以抓住要点。如今，数字基础设施和采集设备的完善，使得数据丰富度有了长足的发展，大数据在各领域的应用均取得重大进展。以数据和算法为基础的大数据技术的逐渐成熟，让具备创新基因的商业地产人看到了大数据应用的新场景。在青岛万象城的定位调整中，恰恰是创新性的大数据找到了突破口。

A 创新基因融合，新物种应运而生

其实，青岛万象城很早便意识到了大数据所蕴含的价值。开业初期，青岛万象城便与百度旗下商业地理智能数据平台——百度慧眼尝试大数据合作。此时，中商数据在商业地产领域取得累累成果，青岛万象城便与中商数据联合，展开新一轮对大数据应用的实践。

中商数据成立于2015年9月，是中国首家商业地产大数据服务商。作为中国商业地产大数据联盟的发起者，中商数据携手百度、阿里、高德地图

等多家大数据服务商，首次将大数据应用引入商业地产行业。中商数据的异军突起源于其特有的创新基因。

首先，"商业 + 互联网"优于"互联网 + 商业"。商业地产可以说是一门复杂度较高的系统科学，对它的理解需要多年的业界经验和研究沉淀。不少公司希望在互联网业务中引入商业地产元素，但往往难以获得好的效果。反之，对于密切关注新兴技术的商业地产人而言，汲取新技术在其他领域的应用经验，将其嫁接到商业地产领域，难度相对较低，效果往往更好。中商数据核心团队来自专业商业地产服务商，对于商业地产的策划、设计、开发、运营有着丰富的经验，大数据应用更为其提供了便利高效的手段。

其次，数字化基因在中商数据的快速复制。中商数据的兄弟公司乐铺网在 2014 年便尝试互联网平台业务的探索。经过多年沉淀，乐铺网摸索出了精准定义底层数字标签的方法，并迅速推广到各个兄弟公司，其中的受益者便有中商数据。因此，中商数据在开展业务之前，就已经沉淀了有效的方法论，并不断进化出更优质的产品和服务。

最后，秉持小步快跑，迅速迭代的原则。单点切入，小步快跑，迅速迭代是互联网公司创新基因的直观体现。中商数据在成立伊始与商业地产咨询顾问公司睿意德深度合作，在无数个项目中不断锤炼，一个模块打磨成熟后再展开下一个模块的数字化应用实践。因此，在推出成套商业地产咨询服务之前，中商数据的产品模块已经相当成熟。

青岛万象城也是具有独特的创新基因的企业，在事件营销、引流活动、业态布局方面均打造出独特、新颖的内容和产品。青岛万象城与中商数据创新基因的深度融合，使"数字化万象城"这个新物种应运而生。

Ｂ　一场大数据实践的盛宴

"我们现在有些疲于奔命，虽然每天有很多创意，但是这些创意是不是我们客群需要的呢？我们主力客群应该在 25 岁至 40 岁之间，但这些人在哪，怎么影响这些人，我们并不清楚。"第一次沟通时，万象城向中商数据吐露了内心的疑惑。

更令人费解的是，开业之前青岛万象城官方微博的粉丝量已经破万，公众号粉丝量也是青岛购物中心第一，但是到场人流却低于预期。一些营销活动可以吸引大量客流，但场内的消费转化率却明显不足。针对种种现象，中商数据的初步预判是：万象城提供的服务并未匹配本地消费者的特性、需求和偏好。

中商数据首先通过手机捕捉人们的行为轨迹数据，从而反向推导出消费者的居住地、工作地分布，以及锁定到访客群的住宅小区，了解其消费目的地分布情况，从而精准描述了客群特征，并重新定义了青岛商业的竞争关系。进一步对到访客群进行高频和低频的标签处理，分别针对强联系的忠诚客群和低频客群提供了充足的数据支持。

通过整合青岛居民、消费相关的各维度数据，以及场内的数据监控和抓取，中商数据从内外两个层面拆解问题，系统地对万象城进行了大数据分析。

针对餐饮业态，中商数据调取了超过 11 000 多家餐饮店铺的线上数据，基于数据标签中的时间段、口感、品类、工作餐和周末餐等维度全面分析了青岛居民的消费偏好和餐饮品类分布情况。进一步对场内和竞品的餐饮业态进行对比分析发现，在青岛市民最喜欢的小吃快餐品类方面，万象城场内店铺明显少于竞品。同样受青岛市民偏爱的海鲜和地方特产小食，万象城竟出现了品类缺失。针对以上问题，中商数据建议增加海鲜类正餐店及小面积的快餐小食。

快时尚方面，万象城的品牌店铺总量虽然排名青岛第一，但店铺却分布在四个楼层。45 万平方米的超大体量导致同类品牌一旦分散，便会造成有实际购买意愿的消费者在场内无效游逛的现象。通过场内大数据分析发现，快时尚品牌间缺乏互动交流，因快时尚货品的消费需求而来的用户的转化效率较低。

百丽广场的快时尚品类则具有诸多优势，Zara 的销量几乎是万象城的两倍。业态集中度方面，百丽广场的业态相对集中。品牌定价方面，百丽广场品牌档次也相对较低，价格区间较为合理。货品风格方面，百丽广场主要以少淑风格为主，而万象城则无明显风格特色。图 1-17 对百丽广场和万象城的快时尚货品风格进行了比较。

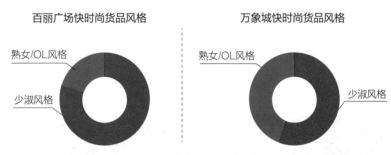

图 1-17 百丽广场与万象城快时尚货品风格比较

通过青岛消费者的手机大数据分析发现，百丽广场的客流主要来自奥帆中心和海信广场。奥帆中心游客对提供货品价格较低的百丽广场形成了消费转化。海信广场也会为一路之隔的百丽广场带来大批客流。

2008 年开业的青岛海信广场始终是青岛高端客群的首选购物消费场所。2015 年 5 月 1 日完成二期的扩建，海信广场给开业仅一天的万象城造成了巨大的压力。与海信广场定位高端正好相反，仅一路之隔的百丽广场定位中档，分别占据了区域生态系统的两大利基市场，形成了互利共生的关系。

中商数据带着这些问题同期展开了宏观层面的大数据分析，发现青岛居民的消费和收入呈现哑铃型结构，即消费能力中等的人群较少，大部分消费者的消费能力处于高低两端。而海信广场占领了高端消费者心智，年轻客群则选择百丽，万象城定位的中高端消费者就失去了客群基础。

从青岛消费者的年龄结构和消费能力的大数据分析结果来看，"70 后"对消费贡献度逐步下降，"80 后"与"90 后"对消费贡献度则持续上升。而在实际消费能力上，"70 后"的经济基础最雄厚，更注重品牌和品质的追求。"80

后"和"90后"是消费升级的主力，更关注个性化和定制化的消费体验。青岛万象城到访客群集中在"90后"客群，与中高端定位的客群消费能力还有一定差距。

（3）针对性调整迅速提高效益

A 主题街区——N次方公园

大数据分析的结果为青岛万象城的定位调整提供了方向。基于中商数据对青岛居民的休闲活动的大数据研究，万象城重新调整定位，并迅速打造出知名主题街区——N次方公园。

N次方公园

通过调研发现，青岛属于"哑铃型"城市，真正的商务办公人群占比并不高；但青岛居民有一个显著特征，无论男女老少，在休闲运动的消费上都比较活跃。经过大数据分析，在保证"万象城"品质的基础上，希望通过品类和品牌的调整更贴合青岛人的消费习惯。因此，我们建议青岛万象城在B1、B2层集中打造"N次方公园"，加强运动品牌及相关类别。

"想运动来N次方公园""买限量版球鞋来N次方公园"。在运动力场区域，配备Nike、Adidas全国双层限量旗舰店、山东首家Reebok运动健身店、Asics跑步概念旗舰店、青岛首家可发售限量产品的Converse白色形象Focus

店等，十余家顶尖运动品牌齐齐亮相。明星潮人同款服饰、新晋时尚精品、运动品牌限量款等，将这里汇集成了街头潮流文化聚集地。标准的 3V3 篮球场地，可以举办小型篮球比赛，也可以开展高水准滑板表演，还可以举办明星见面会、时装发布展，让这里成为青岛万象城的时尚策源地。

N 次方公园还引入了 10 余家网红小吃店，如乌云冰淇淋、牛排杯、日式便当蛋糕、港式小吃等，以延长客群的停留时间，增加消费者触点，提升消费转化。N 次方公园不仅为青岛的年轻潮人提供了发挥艺术才智的平台，也为浸泡在钢筋水泥的城市人提供了简单有质感的生活方式。

B 女性生活方式体验空间——W 时区

2017 年百盛百货撤柜。之后，青岛万象城根据大数据调研结果，结合当下女性经济的市场规模及消费趋势，对这一区域的定位进行了重新论证和规划，期望以全新的模式在此打造一个女性生活体验空间。

这就是"W 时区"的诞生。

"W 时区"又名 WOMENT，取自 Women 和 Moment 两个英文单词，意在与女性分享每个美好时刻。改造前，这一专属女性的主题区域以灰黑色调为主，线条僵硬刻板，满溢着浓浓的工业风、高冷风，丝毫没有温柔热情的女性特征。

改造后，区域将玫粉、粉红、紫粉、浅湖蓝、宝石蓝等色彩定为重点色彩，这种色彩战略符合了当下女性消费者的个性化心理需求，也进一步丰富了商业空间色彩，使 W 时区品牌形象更加年轻化、个性化，更贴近少淑客群的心理定位。

此外，在空间规划、软装设计、导视系统、DP 点设置、橱窗展示、货品组合等方面也进行调整，增添时尚潮流元素、视觉记忆焦点、女性符号元素。通过这一系列软性提升，增加了消费者的记忆点，让商场更具可逛性，更有商业氛围和新鲜感。

此外，商场还引入更多新奇的体验式消费品牌，如新能源汽车、科技创新等，这对激发青岛年轻人的消费带来了直接的推动作用，为商场注入了极大的活力。

在大数据的精准决策和运营团队的业务创新下，青岛万象城租金收益由2016年的2.72亿元增长至2017年的3.81亿元，增幅高达40%，成为华润置业旗下年收入增幅最快的购物中心。N次方公园开业之后，青岛万象城在很长一段时间内，保持着日客流量增长过万的佳绩。

4 案例启示

（1）新开商业项目都需要二次定位调焦

通常情况下，购物中心开业后都会面临市场环境变化带来的经营调整压力。购物中心需要二次定位调焦，以确保提供的服务和产品能够应对消费者偏好和需求的变化，以及时尚潮流的更迭等因素产生的影响。

（2）前瞻性和勇于创新是突破桎梏的前提条件

青岛万象城从培育期到成长期，稳扎稳打的同时一直寻求创新与突破。在消费升级的趋势下，万物互联、数据科学和算力的增强推动着智能商业的持续演化。中商数据整合数据资源，不断优化算法，持续为存量商业赋能，实现了商业地产的精准决策。

此外，青岛万象城保持对新技术的好奇心，持续关注新技术在各个领域的应用，不断尝试低成本与新技术结合的可能。

（3）单点切入、小步快跑、迅速迭代

找到用户最"痛"的点，满足用户最强烈的需求，以最低的成本试错并快速迭代产品，是创新业务成功的基础。

（4）专注"商业地产+"

商业地产运营是一门复杂的系统科学，基于行业纵深的跨领域协同的有效性和准确性要强于对"唯技术论"的盲目崇拜。

三　辅助阅读 ◀

（一）生意角度下，商业定位的三个基本原理

定位是"占据消费者心智中的空白"。几乎人人都说定位最重要。可到底定位为什么重要呢？商业地产做定位的原因是什么呢？

从经营逻辑、商业空间、消费资源三个角度来看，我们能更加清晰地认识到定位的底层逻辑：

生意角度：追求以最小成本聚焦需求，实现最大供给；

空间角度：价值基于地段，增值在于比较；

资源角度：消费机会稀缺，必须释放可识别信号。

1 商业地产就是要寻找"以小博大"的窄门

商业地产，本质上也是一门生意。这门生意提供的是空间与内容的结合，以吸引流量消费；获得的是租金或经营收入。想要生意获利，根本就在于找寻"供小于求"的价值区间——需求大量，供给有限，我们才能吸引充分的流量。如何以最小的成本针对需求实现最大的供给，是商业地产的商业模式是否成功的重要标准之一。

因此，在生意的逻辑中，往往是在寻找那扇"窄门"，而不是广阔大道。

那么，在商业地产中，什么是通向成功的"窄门"？当下而言，这就需要找到针对细分需求的细分领域，只有这样才能实现以最小化的成本投入，实现聚焦需求下的最大供给。

餐饮业从早先的"一站式"的大酒楼品牌，发展到细分功能、细分菜系的餐饮功能品牌，如海底捞只针对火锅，西贝莜面村只做西北菜。如今，餐饮业进一步细分到单一菜品的专业餐饮品牌，如太二酸菜鱼，正是通过

细分实现成本最小化的同时，撬动细分领域内的最大供给。今天，我们能看到许多菜单越来越薄、菜品越来越少、服务人员越来越少的专业餐饮品牌，却往往成为"网红"，推动了远距离客群的"打卡"，也实现了小投入、大产出。

商业地产作为生意"以小博大"的本质，就要求缩窄边界、聚焦需求，而这恰恰是定位的核心工作。"占据消费者心智中的空白"的核心目的也是要通过细分出"第一"，实现单位需求内的最大供给，从而攫取最大营收利益。例如东京新宿的 NEWoMan，细分"东京新女性"这一核心客群，以首店为标准搭建生态体系，实现了 7 600 平方米的体量下年销售额 1 兆日元的业绩。

2 商业项目的价值基于地段，增值于比较优势

商业项目价值的先天因素，最核心的就是地段，地段所处的交通价值、人口价值、商圈价值等构成了单一商业项目的先天价值体系，这也使得商业项目在建筑设计方面，最核心的就是建立空间价值链接体系。

日本大阪的很多商业建筑如同八爪鱼一般，将项目置身于城市体系之中，不遗余力地与城市建立多重链接，自然地导入人流：链接交通枢纽，链接人口聚集社区，甚至链接竞争对手，为项目的客流导入奠定先天条件。商业项目将自己先天的价值发挥到最大，这是走向成功的第一步。

但在"先天价值"之外，一个商业项目运营增值的实现还取决于自身在市场中的"比较优势"。

在一个商圈中，如果每个项目都把有限的资源，包括时间和精力，只用来供给对他们来说机会成本较低的内容与业态，然后跟别人交换，这样整个商圈的总价值就能达到最大，而且每一个项目的价值都能得到最大的发挥。因此，商圈的价值源于各个项目均有比较优势，从而达到完美的价值和谐。

这种比较优势的获得，就需要相互区别，从而实现彼此的差异化与"交换价值"，这恰恰就是定位工作中要实施 SWOT 分析、市场竞品分析等比较分析的方法的原因，通过综合比较发现并构建自身的比较优势，才能实现持续运营的增值。

3 消费机会是稀缺资源，区别对待方能赢得青睐

在经济学的视野中，资源永远具备稀缺性，这也是需要以小博大、建立比较优势的根本原因。对于商业项目而言，消费者的消费机会更是一种稀缺资源。在单位时间里，消费者来了这一家商场，就意味着牺牲了到访其他商场的机会。

如何赢得稀缺的消费机会？一方面可通过差异化的比较优势，建立消费者可轻易识别、不用解释的"信号"，从而付诸行动。诸如，大阪的 Hep Five 视觉上整体项目以"红色"作为 VI 主视觉，彰显"Z 世代"的张扬个性和热情，通过色彩这一感官信号与年轻的学生群体建立直接联系。

另一方面，因为商业项目面对的消费机会是稀缺资源，所以每一个项目都面临着选择，选择业态、选择品牌……所有这些选择，都必须建立在对项目客群类型和客群需求类型的定位上。只有真正理解"这一个"群体的需求与喜好，才能满足他们的期待，目标客群才能感知到"价值观的一致"，从而实现物以类聚，以赢得消费者青睐和稀缺的消费机会。

同样以 Hep Five 为例，在年轻客群中，它又进行了细分，把着眼点放在了"Z 世代"，围绕着"Z 世代"的学生客群做足了文章。商场以漫画主题 IP 为主力业态，关注"Z 世代"客群的幻想生活方式，因而成为"Z 世代"群体娱乐消费的天堂。

消费机会是稀缺的，选择机会同样稀缺。商业项目不可能满足所有人的所有需求，我们必须有所取舍。而最核心的"取舍"便是对客群的区别选择。只有做出这种区别性的选择，才能赢得对应消费者的专注到访。

这也是为什么商业项目的定位的核心工作就是客群定位，客群定位要实现的就是通过大数据、问卷、座谈会等多元手段，实现客群的选择、区别和聚焦，从而围绕细分客群实现对应业态、品牌、运营内容、场景等多元的价值体系，从而实现低成本的最大供给，进而获得最大利益。

4 小结

定位的技术方法为其表，实现主观评估价值为根本。

商业项目的定位工作中，往往会强调各种研究的方法，却忽略了商业项目在运营场景中力图达到的根本目标。这种根本目标就是前文所论述的"最小成本博取最大供给"的最大价值。

在消费者心中，单一项目的价值往往取决于其"个人估值"；什么是"个人估值"呢？在经济学的定义中，个人估值是一个人为得到一件商品或一种体验愿意支付的其他商品或体验的最高数量，这种个人估值是主观的，以体验、口碑传播为基准。

也就是说，商业项目在消费者心中的价值是主观价值。我们的定位工作，恰恰是要通过选择区别性的客群、聚焦需求，通过对业态、品牌、内容等一系列因素的打造，构建项目的比较优势，极力提高消费者对于项目的主观估值，实现消费者个人的主观价值与项目的实际价值的差额，即估值剩余，从而获得项目在整体市场上的溢价。这也是为什么定位就是要做到第一，第二毫无价值的原因，这也是独特性往往是衡量一个项目定位是否成功的首要标准的原因所在。

（二）商铺租售的难题，从来不应该用营销思维解决

在地产行业，谈到如何提振销售时，大家的期待都是"有什么营销高招"，但其实说到这方面，我们也没什么高价值的观点。因为在睿意德的方法认知中，营销只是顺势而为的事情，营销并不决定一个项目的成败，产品

的优劣才是根本。而且越是在艰难的市场环境中，越要回归本质关注产品。所以，谈商铺的销售，核心是要研究清楚项目产品本身。

商铺作为一种需要得到投资者认同的高价值产品，本质上是一个"满足各方需求的经营计划"——投资者期待从这个计划中获得安全的高收益，入驻商家期待从这个计划中获得经营利润，开发商期待借助这个经营计划激活商铺价值。

1 深度挖掘地块价值，以项目唯一性身份奠定最大势能

地产的策划，核心价值在于"地"，而不是"产"。"地"相当于人的身世背景即身份，"产"相当于人的相貌外表。地产策划首先要找到"地"的价值。如果"地"的价值没有梳理明白，打造"地"上的细节内容是低效的。

比如包头乔家金街，我们接触这个项目时，各方都十分担忧。这个位于城市最落后区域的郊外项目，未来真会有商户敢入驻吗？

我们介入项目后，从深入挖掘"地"的价值属性入手，锁定地块作为"老包头发源地"和"晋商乔氏家族中兴地"的珍贵属性，将项目与西北贸易、晋商和西口文化紧密结合，定位为"西北第一体验式文化商街，呼包鄂旅游线路上的明珠"，与乔家后裔联手复原了当时的商街古建，并命名为"乔家金街"，配合做出一系列文旅体验业态规划，极大地提升了项目势能，保障了租售的成功实现。

临汾新东城是睿意德服务的另一个实现逆转的项目。该项目位于临汾城市端头，总建筑80万平方米，其中临街底商12万平方米，项目一期销售完成后即陷入滞销。我们分析看到，因为项目所在区域属城市落后片区，且距中心较远，因此整体上市民并不认可此地段的价值，一期去化的主力基本都是附近的拆迁户，此部分客户消化后便没有新的客户来源。我们首先解决的是投资者对"地"的价值认知不足问题，针对城市居民"商业即中心"的地段认知理念，将12万平方米街区统合规划为一条商业街，并赋予了其临汾"第二商圈"的独特身份。持续引入大型品牌超市美特好等主力店商家，

不断强化和夯实其"第二商圈"的身份，让商业成为综合体家族中的明星成员。拉升了项目作为城市新中心的地段价值，在底层上为整体项目强劲赋能，使项目获得了巨大成功。

2 构建高感知的定位及业态布局，提升项目经营价值

所谓定位，就是让品牌在消费者的心智中占据最有利的位置，使品牌成为某个类别或某种特性的代表。这样当消费者产生相关需求时，便会将定位品牌作为首选，也就是说这个品牌占据了这个定位。所以身份明确后，更要能与投资客户产生强烈的共鸣和认同感，成为志同道合的朋友。

商铺产品作为一项大宗交易产品，同样符合大宗产品交易的基本逻辑。即其具备投资属性，需要有明确的独到价值及增长驱动，并能够让投资者清晰理解内在逻辑。例如，快速填补和拉升新区价值洼地获得投资收益，或者是抓住消费升级机会形成新流量中心赢得价值增长。而商铺投资者通常具备相当的社会认知高度和消费能力，对各类商业业态的消费也经历了从大众向中高端品质、新兴消费转变的过程。而项目定位与功能的构建，也必须要基于他们的价值判断和理解。通常，选取高价值感、代表将来趋势、有成功回报案例的定位与业态，都是值得考虑的做法。

当下消费者消费频次降低、活动区域缩小、经济增速放缓、集中商业场所经营不稳定等现状对传统商业带来了较大冲击，但也带来了新型消费的兴起，而商铺的投资者大部分也正是这些新型消费者。有如下一些新趋势：

（1）补偿性消费升级

在客群降低消费频次的同时，自然会对单次消费有更加具体的要求，表现在对新鲜感、体验感、仪式感等方面的追求。这促成了对高端个性化的消费场所的需求，比如以各地黑珍珠餐厅为代表的高客单消费兴起，以及在多数城市出现的社交和文化体验型餐饮街区。

（2）新派文化体验兴起

跨区域远距离消费受限，促使本地城区范围内各类文化体验类消费的兴起。一是在地文化，以北京宴、文和友为代表。二是过去各城市的异国特色餐饮也基本被更加具象的场景体验替代，如露营风、度假风、废墟风等。三是文化融合，包含新中式茶馆、日茶夜酒、禅文化和欧美饮食结合等。

（3）个人生活社交取代商务社交

随着更加年轻生活化的社交形式开始占据主导，代表了轻松随意和私密社交的洋酒微醺、更加重视聊天氛围的 brunch 融合餐厅、和闺蜜社交结合的买手店等已经在逐渐蚕食传统正餐社交场所。

3 以完备的经营计划与招商活动，保障销售转化与持续旺销

商铺的销售核心，是向投资者售卖这个商铺所承载的经营计划。以往传统的商铺营销方法，是简单地将商铺卖给经营者或依靠引入主力店带动销售，但这样的做法都类似"权宜之计"，难以解决大规模商铺和持续热销的问题。基于"经营计划"的销售更加讲究以可发展的新运营模式来形成营销故事线，提升产品设计的运营价值，拉升项目的公共功能和势能。

招商运营是与商家一起为实现共同收益努力的过程，本质更是向商铺投资者郑重承诺和交付委托的过程，更多的了解才会产生更多的信任。设计商铺营销机制时，应参照金融产品的"投资路演"来做设计，就定位、优势、经营计划、资源配备、保障措施等做充分的构建与传达，给予投资者务实、专业且充满仪式感的体验。具体要点提示如下：

（1）销售真实的运营场景

商铺销售项目通常都是城市和区域的核心重点物业，即使是住宅底商也承载着基础的消费功能，也就是天生具备了流量基础。最终销售行为的结果是流量价值变现的体现，流量的变现体现要从一开始就重点展示。这也是我们越来越强调商业销售展示区的作用。如同过往的住宅展示区和营销动线，

商铺物业的展示动线也已经发展到诠释定位调性的主题场景、知名连锁品牌或快闪店的进驻、定期实体运营活动等多种组合的阶段。重点是前期通过工程、招商、运营等部门的配合，保障部分商家和运营资源的提前开业。

（2）创造可拓展的价值空间

将销售型项目尽可能规划为街区项目，这对于产品增值至关重要，比如露台、外摆、庭院。消费者更青睐开放室外空间，既增加了商户的经营面积、提升了坪效，又提供了独特的休闲空间打卡功能，能有这样的外摆、庭院空间的商铺会是难得的少数稀缺品。

另外就是独特大尺度空间对于特色商家的吸引力。比如室内挑空、天井等空间，往往可以为商户提供更多的场景打造的可能性，比如加建夹层、旋转楼梯等。

（3）以招商持续促动销售

商铺作为投资品，其价值的兑现有赖于商家的租赁入驻，而商家的租赁入驻及支付租金的水准，均有赖于整体商业区招商的品质与进展，所以对于观望的投资者而言，最能够打动他们的是看到有优质商家入驻项目，整体项目在朝向预定的目标发展。我们看到很多商铺销售项目的销售过程带有很强的"住宅营销"痕迹——忽略了住宅卖"生活方式"而商铺卖"经营计划"的差异，在推广中持续反复强调商铺物理条件的优势，结果造成大量的营销浪费。

4 小结

商铺和住宅常常在地产项目中相伴开发，但其实这两种产品的属性截然不同，而当下市场上滞销的商铺项目，多是因为没有区分住宅与商铺的差异，直接将住宅的运作逻辑用在了商铺项目上。如果能够放下住宅经验进行思考，就自然会问：产品的客户是谁？他们对产品的核心诉求是什么？如何建立他们对产品的信任？这就会把我们导向正确的路径。做好产品，是最高效的营销，做好产品定义，就能赢在起跑线上。

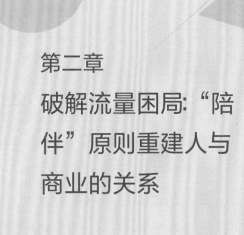

第二章

破解流量困局:"陪伴"原则重建人与商业的关系

一 章前导读：一切引流的原则都是回到客户本身 ◀

说到提升流量，许多商业项目会叫苦不迭。近年，
国内居民消费增长渐缓，商业地产存量面积趋近饱和，线
上经济争抢地盘，再加上一些难以预测的"黑天鹅"事
件，商业地产在多重因素掣肘之下，已是一片红海。但即
使如此，优质商业地产依然有着巨大的成长空间。

商业地产破解流量困局，其核心是内容的吸引力和
空间的诱惑力。从内容上看，商业项目业态是否丰富，品
牌是否有吸引，服务是否到位，促销活力是否足够让人
心动……都构成"引流"的动力；从空间上看，商业项目
的标识是否鲜明，周边交通是否顺畅，空间的调性如何，
设施是否人性化……种种细节都对"引流"起着大大小小
的作用。如何让商业项目人气更高、更有吸引力，这是个
说不完的话题。

（一）引流要"做加法"，更要"做减法"

"做加法"就是给自己的商业项目增加更多内容：多元业态、丰富品牌、
空间的巧妙设计，乃至色彩、标识……这些当然都是必要的。但值得注意的
是，所有的"加法"都要在"减法"的基础上做，也就是认准自己的定位和
客群。弱水三千，只取一瓢。做好这道"减法"题，所有的"加法"才能发
挥最大功效。

（二）引流要"请得来"，更要"留得住"

商业项目一定要善于"拉人"：地铁通道里一个单独的入口，从地铁乘客流中拉人；十字路口一座天桥，从过往行人处引流；鲜明亮丽的广告牌，吸引好奇者的目光，门前漂亮的"网红打卡点"，吸引人们街拍顺道逛店。没有这些方法，项目的运营就很难成功。

引进人流是第一步，接下来，还要让人们能在此留驻、消费。所以，即使项目的规模小，也要主动"留白"，舒适的环境、宽阔的中庭、令人放松的休憩区、互动社交的空间设置都能提升购物体验感，创造人与人之间互动和交流的平台，带来可持续的消费力。

（三）引流要满足需求，更要调动情绪

理性让人信服，情绪让人行动。商业空间应该提供种种"值得买"的商品和服务，也应该顺应客户潜意识情绪和情感的需求，激发客户的"峰终"情绪。

我们对开心往事的回忆，绝大多数集中在短短几分钟的精彩瞬间。这种现象，在心理学上称为"峰终定律"。人在商业中的欢快、激动、美学触动等正向情绪创造了鲜明的记忆，而也正是对这一时刻的记忆促进了人们再次到访，提升了商业黏性（复购率）。

（四）引流要热度，更要温度

一时的热度容易实现，大幅度的折扣优惠足以吸引大量人群，但持续的温度难以保持。什么样的商业项目能持续引流成功？我们考察各种城市商业地标，不难发现它们的共同特征是打造了极具特色的场所，从不同维度极大满足了用户的精神需求。对于区域性购物中心而言，在符合市场需求之外，更应在"陪伴"原则上重建人与商业的关系。商业空间不仅可以提供"柴米油盐"，更是人们触手可及的"诗和远方"。

二 案例 ◀

（一）案例1　金隅嘉品 Mall｜空间创新营造开放式的"家"

1　案例导读：社区购物中心是"家"的延伸

2　案例概况

3　案例解析

（1）未来视角看区位

　　A　沉寂的东坝板块

　　B　价值洼地亟待发掘

（2）精准描绘客群画像

　　A　全方位刻画客群肖像

　　B　业态规划契合客群需求

（3）空间创新统一艺术与商业

　　A　空中花园：视野无边界

　　B　下沉广场：触达无极限

　　C　动线：如何吸引消费者深度游逛？

　　D　垂直动线：如何通过跨层设计拉长动线？

4　案例启示

（二）案例2　北京住总万科广场｜全场景思维营造智慧商业体

1　案例导读：什么是购物中心的"全场景化"？

2　案例概况

3　案例解析

（1）商业规划与区域主题

　　A　旧宫谋求新生

　　B　与亦庄联动承接产业人口

　　C　低碳助力旧宫新形象

（2）万科入局共启旧宫商业新纪元

    A　步履维艰的起步

    B　信心来自未来潜力

（3）社区商业的本质是陪伴

    A　社交化、数据化、场景化

（4）如何打造全场景购物中心

    A　家庭亲子的快乐空间

    B　集合店吸引"淘客"

    C　场景融合低碳主题

4　案例启示

（三）案例3：大兴国际机场商业 | 国潮混搭黑科技，客流转化消费流

1　案例导读：大兴国际机场树立全球机场商业新标杆

2　案例概况

3　案例解析

（1）"新国门"呈现国家形象

    A　老字号与国际大牌

    B　机场席卷"国潮""文创"风

    C　文化景观呈现中华魅力文化景观

（2）多重设计侧重体验，延长机场"欢乐时光"

    A　设计营造良好的体验

    B　餐饮消费尽享美味时光

    C　家庭亲子共度欢乐时光

（3）科技深度应用，为商业数字化运营提供场景

4　案例启示

（一）案例 1：金隅嘉品 Mall ｜ 空间创新营造开放式的"家"

金隅嘉品 Mall 全景

1 案例导读：社区购物中心是"家"的延伸

社区购物中心以社区居民多方面的消费需求为依据，多元业态、多种功能、同场经营，形成了一站式服务的经营模式。它有效地降低了顾客选择和享受各种消费的时间成本、交通成本。社区购物中心尽管有自己的目标顾客，但并不限定顾客的层次。它充分尊重各类消费者的选择权，面向社区大多数消费群体，使尽可能多的消费者以各种目的聚集到社区购物中心。这是社区购物中心具有强大聚客能力的根本原因。

其实，与其说社区购物中心是一个消费场所，不如说它是作为地理上最接近"家"的第三空间。既为消费者提供了繁忙工作后放松身心的场所，也成为家庭客厅的延伸，满足了社区居民的亲子互动、社交聚会的需求。

金隅嘉品 Mall 对于东坝区域居民来说便是这样一个存在。开放式的空间设计拓展了第三空间的边界，加深了人与自然的联系，更易于与消费者建立情感链接。空中花园的主题定位使其自然融入城市，为消费者提供宽松、自由、便利的环境，奉献最美的城市理想。

2　案例概况

区域： 北京市朝阳区东坝商圈

名称： 金隅嘉品 Mall

体量： 98 000 平方米

开发商： 金隅嘉业集团

定位： 基于周边人群环境，金隅嘉品 Mall 提出"以家庭为单位"的社区型购物中心定位，以开放和更高参与度的姿态融入社区居民的生活中。

3　案例解析

2015 年 9 月 20 日，历经 6 年规划的金隅嘉品 Mall 正式开业，吸引客流超 8 万人次，东坝区域的客群到场率超过 50%。

紧接着，满月庆典活动于 10 月 31 日盛大举行，两大主力品牌——保利影院、优衣库同步开业，当天客流量超过 10 万人，销售额达 400 多万元。作为东坝区域首家大型综合商业中心，金隅嘉品 Mall 以多元化业态构成、人性化空间设计、体验式消费理念，一站式满足本区域客群全方位购物休闲娱乐需求，率先定格东坝商圈繁盛新貌。

（1）未来视角看区位

其实，金隅嘉品 Mall 开始建设时，所在地块还处于待开发状态，居住人口较少，客流量不足。有许多开发商和品牌商并不看好其未来的发展。

人流量是决定商业地产成败的关键，繁荣稠密、人流量大的市区中心"寸土寸金"，一铺难求；郊区项目则较难吸引商家。但区域也好、流量也罢，都并不是一成不变的。金隅嘉品 Mall 的成长历程，正说明了这一点。

沉寂的东坝板块

金隅嘉品 Mall 坐落于北京市朝阳区东北部的东坝板块，如图 2-1 所示。

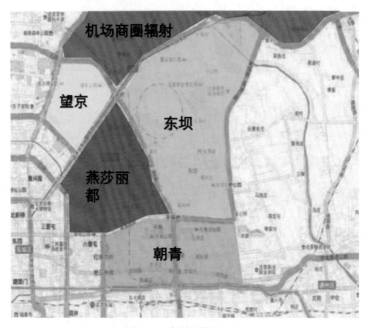

图 2-1　东坝板块位置图

　　整体上看，东坝板块东临机场第二高速公路，西接望京、燕莎丽都板块，南连新兴的朝青板块，北受首都机场商圈的辐射。其中，燕莎丽都是北京最为知名的国际化商圈之一，整体商业氛围浓厚；望京随着大量跨国企业与商业项目的进驻，逐渐形成开放式、多元化、国际化的区域氛围；而朝青作为新兴板块，定位为 CBD 中央商务区的生活区，拥有大量高档住宅，商业开发也逐渐成为热点。相比之下，东坝板块的发展尚处起步阶段，大型商业设施匮乏，商业气氛欠佳。

　　与此同时，东坝地处五环外，交通较为不便。本项目虽临近区域主干道（东坝中路），但与城市主干道及环路均不直接连通，而且连接项目与主干道及环路的道路较少，路况也欠佳。

　　此外，项目周边公交路线只有 6 条，离项目所在位置仍有一段距离，公共交通可达性有待提升。因此，对外交通节点较少成为项目可达的瓶颈问题。

人口方面，截至 2009 年年底，整个东坝区域人口数量只有 10 余万，这个基数是比较小的。金隅嘉品 Mall 周围住宅林立，但是已入驻的客群规模还较小，人口密度较低，整体消费规模有待培育，或影响项目初期的消费承载力。

B　价值洼地亟待发掘

在 2009 年，东坝板块无论是人口、交通还是商业氛围，都不尽人意。然而，凭借敏锐的商业嗅觉，金隅集团洞察到了这片土地所蕴藏的价值。

首先，从区域整体来看，朝阳区经济规模及零售市场规模在北京各城区中均位于前列，发展态势良好；而未来在朝阳区其他区域发展相对饱和的情况下，东坝区域将进入快速发展阶段。

其次，目前东坝区商业氛围不足，社区内集中商业的空缺使得首进购物中心具有较强的先发优势。

最后，未来东坝与核心城区有绿化相隔，客群外溢障碍较多，商业需求更多的是在内部消耗，相对竞争优势明显的购物中心引流能力较强。

作为朝阳区最后一个可大面积开发的组团，东坝商圈未来的延展性、可开发性和可预见性优势明显。

更重要的是，东坝板块具有非常好的发展前景。按照北京市规划定位，东坝将被打造成以高端商业娱乐、总部商务办公和国际交流服务三大功能为主的"城市综合功能发展区"。

在高端商业娱乐方面，将打造富有现代化城市特征，集大型购物、娱乐文化、商务酒店于一体的商业娱乐中心、特色商品街区，汇集世界顶级品牌的国际名品集散中心、各类酒店等；国际交流服务方面，将依托第四使馆区的功能优势，发展国际文化交流和国际生活服务产业，打造具有特色的国际会议中心、中外文化交流中心等；总部商务办公方面，将重点吸引和发展对

"国际—国内—城市"交通网络有依赖性的航空公司总部、航空服务机构、国际国内公司总部、特色企业及与国际交往、外事服务密切相关的办公机构、国际组织等。

按照朝阳区对东坝的整体规划，东坝以坝河为界，分为南北两大主要功能区。东坝北区占地面积 6.2 平方公里，是集高端商业娱乐、总部商务办公、会展和国际交流服务功能于一体的高端商务区。东坝南区则为 8 平方公里的住宅区，这里将成为北京高端项目聚集的新样本，主要规划为低密度、生态型高端住宅区。值得一提的是，东坝还规划了北京继建国门、东直门、三里屯地区之后的"第四使馆区"。作为使馆区的职能将衍生各种配套功能，一旦区域地铁等交通完善，将会成为以国际交往功能为核心的中央活动区和以健康乐活为方向的优质生活区。

在"高大上"的规划加持之下，2013 年，区域土地供应量大幅提升，以首开、保利、龙湖为代表的一线开发商开始进入东坝。东坝楼市自此迎来了新的发展时期。多个大型住宅项目先后亮相东坝，令东坝楼市"异军突起"。医院、学校、商场等配套也随着新项目的落成而逐渐完善。就政府规划来看，东坝未来人口规模将达到 20 万，且人口重心恰好处于金隅嘉品 Mall 所在的南区，将为金隅嘉品 Mall 的持续发展奠定坚实基础。

在交通方面，到 2020 年，东坝地区将有三条地铁线路通过，分别是地铁 3 号线、地铁 12 号线、地铁平谷线。而根据早期东坝南区控规，地铁 3 号线将穿过本地块，并在西南角设有站点，将为此地带来巨大流量。

纵观全局，当前本项目的辐射能力和消费能力都有限，但未来面临着经济崛起、人口增长和交通顺畅的良好契机。金隅集团由此将开发购物中心的想法付诸现实。

（2）精准描绘客群画像

商业的本质是为满足人的需求而创造和获取价值的过程。因此对于特定商业项目来说，对"人"的精准定位必不可少。瞄准目标客群，然后提供其所需的产品、服务与体验，才能达到人、货、场三者的统一和协调，从而发挥最大商业价值。

金隅嘉品 Mall 内部

其实，一个商业体是否成功，要看其是否真正找到消费者喜欢的生活方式，投其所好，对于社区购物中心尤其如此。某种意义上，金隅嘉品 Mall 不是在做购物中心，而是在造一个"家"。

A　全方位了解客户

为了精准了解客群，项目团队进行了大量实地调研和访谈，以期从社会、人文、行为、心理等方面全方位描绘客群肖像。

从受访人年龄及家庭构成来看，此次调研受访者均为北京常住居民，且都为在东坝地区工作或居住的人群，受访客群年龄分布以消费实力及消费欲望较强的中青年客群为主，辐射部分中老年客群；受访者家庭构成以三口之家为主。详见图 2-2、图 2-3。

根据调查，区域消费者的职业以公司职员为主，占总调查人数的 50%。家庭主妇、自由职业者、离退休人员和私营企业主亦占有一定比例，详见图 2-4。

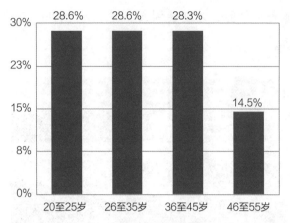

图 2-2 东坝区域受访者年龄

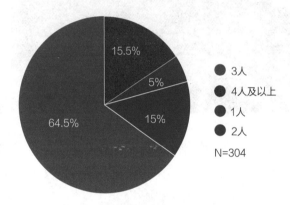

图 2-3 东坝地区家庭人员结构

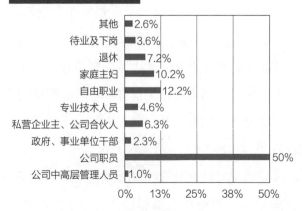

图 2-4 区域消费者职业构成

不仅如此，区域消费者受教育程度普遍较高，这也从一个侧面提示，区域消费力是有一定支撑的，详见图 2-5。

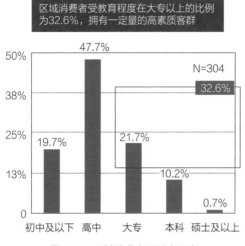

图 2-5　区域消费者受教育程度

从消费能力来看，区域客群档次集中于中档水平，26~35 岁中青年人群消费能力最强。在 2010 年，东坝区域消费者家庭收入在 3 001~6 000 元区间内的比例最大，接近一半；其次是 6 001~8 000 元，占 22.4%。观察各个年龄段的家庭收入结构，26~35 岁年龄段的中高收入人群比例最高，为 56.3%，其次是 46~55 岁年龄段，比例最低的是 20~25 岁年龄段。如图 2-6 所示。

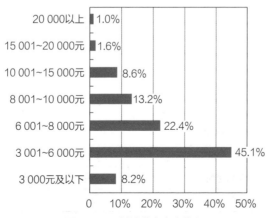

图 2-6　区域消费者家庭收入

消费行为方面，区域消费者仍以目的性消费为主，并以超市为日常消费的主要场所。由表 2-1 可见，过去三个月中，区域消费者常去的商业项目以京客隆、家乐福等超市为主。

表 2-1 区域消费者经常光顾的购物场所

过去三个月常去商业项目	百分比	过去三个月常去商业项目	百分比
京客隆	30.38%	万客隆	1.52%
家乐福	25.06%	沃尔玛	1.52%
华堂	6.33%	东五环市场	1.01%
物美	5.32%	五环市场	0.89%
华联	4.18%	东方奥特莱斯	0.76%
西单	4.18%	旺市百利	0.63%
乐天玛特	3.29%	五环商场	0.63%
美廉美	2.02%	华普	0.25%
蓝岛	1.90%	其他	8.61%
易初莲花	1.52%		

从调查中了解到，影响消费者选择商场的主要因素依次是：交通方便，品种齐全，质量好等，详见表 2-2。

表 2-2 区域消费者选择商场影响因素

选择商场的影响因素	百分比
离家近 / 交通方便 / 位置好	30.43%
商品种类齐全 / 选择多	26.48%
商品质量放心	23.52%
价格合理	8.06%
休闲 / 购物 / 娱乐 / 餐饮一体化	7.07%
有喜欢的品牌	4.11%
场所环境好 / 配套设施齐全	0.17%
停车便利	0.17%
总计	100%

N=304

区域消费者每月消费金额在 501~1 500 元，处于中档消费水平，如图 2-7 所示。

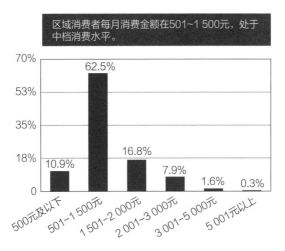

图 2-7　区域消费者每月消费金额

我们还通过调查得知，区域消费者希望增加的商业品类为购物及餐饮，比例分别达 52.6%、20.7%，如图 2-8 所示。

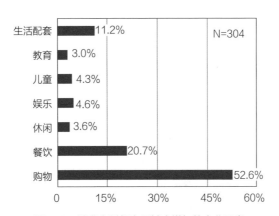

图 2-8　消费者希望在区域内增加的商业品类

消费心理方面，由于区域内父母加子女的"2+1"式家庭结构占 60% 以上的比例，消费者家庭消费需求较大，以适度消费、理性消费为原则，受品牌影响较小。另外，消费者也具有一定的社交消费需求，对场景消费和体验消费有较强的需求。

值得一提的是，东坝客群画像变化速度也是很快的。作为潜力商圈的代表之一，东坝人口基数快速增加，人口层次不断提高，并呈现与核心商圈望京类似的客群画像，复合型、国际化趋势表现得更为明显，人群消费档次、消费需求也有了很大提升。嘉品 Mall 也随之改造升级，引入了与客群消费习惯、消费层次更匹配的业态与品牌。

B 业态规划契合客群需求

基于对于东坝地区消费客群的精准分析，消费者的画像也跃然眼前。在此基础上，针对本区域消费者期望中的项目是什么样子，团队进行了更为细致的调研与分析。

经过调查统计，区域消费者期望本项目可以定位于中档，以超市、服装及餐饮业态为主的一站式购物中心为最佳。图 2-9、图 2-10 对消费者期望的商业项目形态、档次进行了解读。

不同年龄段的客群都希望本项目新增购物、餐饮、生活配套业态。

其中购物、教育及生活配套类业态对 46~55 岁客群最具吸引力，娱乐、休闲及儿童类业态对 26~35 岁客群最具吸引力，而餐饮业态对于 20~25 岁客群最具吸引力，如表 2-3、表 2-4 所示。

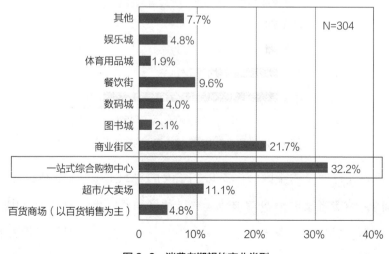

图2-9 消费者期望的商业类型

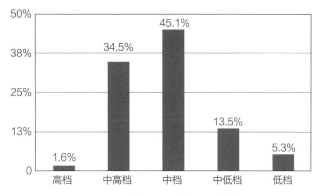

图 2-10　消费者期望的商场消费档次

表 2-3　不同年龄段消费者对商场业态的不同需求

	20~25 岁	26~35 岁	36~45 岁	46~55 岁
购物	63.2%	39.1%	61.6%	40.9%
生活配套	5.7%	12.6%	11.6%	18.2%
餐饮	25.3%	20.7%	15.1%	22.7%
娱乐	1.1%	10.3%	4.7%	0
休闲	1.1%	5.7%	3.5%	4.5%
儿童	1.1%	9.2%	1.2%	6.8%
教育	2.3%	2.3%	2.3%	6.8%

表 2-4　不同年龄段消费者对商场业态的不同需求

N=304	20~25岁	26~35岁	36~45岁	46~55岁
1	购物	购物	购物	购物
2	餐饮	餐饮	餐饮	餐饮
3	生活配套	生活配套	生活配套	生活配套
4	教育	娱乐	娱乐	教育
5	娱乐	儿童	休闲	儿童
6	儿童	休闲	教育	休闲
7	休闲	教育	儿童	—

选择商业项目的主要影响因素是什么？经过调查，全客群消费者都最为看重交通和距离，而后是价格、质量以及商品种类，如表 2-5 所示。

表 2-5　消费者选择商业项目主要影响因素

影响因素	20~25（岁）	26~35（岁）	36~45（岁）	46~55（岁）
离家近 / 交通方便 / 位置好	39.10%	35.26%	21.50%	21.59%
商品种类齐全 / 选择多	9.20%	11.57%	21.50%	22.74%
有喜欢的品牌	0.55%	2.31%	5.80%	4.55%
商品质量放心	15.50%	16.75%	9.90%	13.64%
价格合理	28.75%	21.98%	25.00%	14.74%
休闲 / 购物 / 娱乐 / 餐饮一体化	6.90%	11.57%	16.30%	22.74%
场所环境好 / 配套设施齐全	0	0.55%	0	0

N=304

由此，项目确立了"社区型、服务性、家庭化、生活圈"的核心功能定位，项目档次最初定位于中档，在前期为项目集聚人气。最终，项目团队确定以大型超市和品质影院为主力业态，同时引入零售、餐饮、儿童业态，满足区域居民的多元化消费需求，以提供品质生活为导向，竭力打造东坝区域首家"一站式家庭购物中心"。

作为区域一站式生活消费平台，大型超市、影院是必不可少的。当时东坝的生活配套相对薄弱，居民日常购物、娱乐多有不便。金隅嘉品 Mall 引入超市、影院作为主力店，给商场带来大量目标性消费群，在开业之初便造就了旺场的气氛。随着东坝的快速发展，金隅嘉品 Mall 不断调整升级，如引入新零售"网红"盒马鲜生等主力租户，带动区域的新型生活体验，吸引了中高端消费群体的关注。

考虑到区域内强烈的家庭消费需求，项目着力打造儿童业态，以期成为项目的流量发动机，紧紧抓住儿童来带动周边家庭型消费的客流。

金隅嘉品 Mall 引入 20 多个儿童业态品牌。其中"嘉剧场"更是首个购物中心里的儿童剧场，让东坝的小朋友们养成了周末必来金隅嘉品 Mall 的习惯。不同于以往小朋友只能在电视里看动画片，在这里，不仅可以周周看儿童剧，与经典卡通形象现场互动，更独创性地打造了儿童剧小课堂，培养了孩子们的独立自信和勇于表达的能力，在玩耍的同时积累课外知识，寓教于乐。

有的消费者做出这样的评价："每周盯着金隅嘉品 Mall 的微信公众号，就为了给孩子抢到周末儿童剧场的门票，稍微晚一点，门票就被抢空了。只有几百个座位，竞争还是很激烈的，不过孩子每个周末都吵着要来金隅嘉品 Mall，多了个交朋友的地方，孩子也更开朗了。"

随着二孩、三孩政策的放开和消费升级，儿童消费规模以及消费模式也发生了极大的变化。针对这一现象，金隅嘉品 Mall 不仅仅致力于儿童业态的完善，更着力于不断提升满足家庭亲子的消费需求，为家庭亲子创造更丰富精彩的生活空间。

此外，商场餐饮业态占 30%，几乎层层配置，改变了商圈内长期缺少品质餐饮品牌的窘境，典型品牌包括呷哺呷哺、阿香米线、星巴克、东来顺等。

（3）空间创新统一艺术与商业

商业模式的验证是项目与外部环境的适配，向内则是土地本身的价值提升。然而，金隅项目虽然占地 1.76 万平方米，但存在建筑密度不超过 35% 和控高 30 米的规划限制，体量不足将扼制团队的想象空间。

原有设计是地上 9 层，层高约 3.3 米，但很快被团队否定了。因为 3.3 米的层高属较低水平，一方面会影响消费者的体验感，另一方面会由于无法达到某些商户的要求而影响后期招商。经调整后，最终形成地上 5 层、地下 4 层（包括 2 层商业和 2 层车库）的整体设计方案。然而，新的问题又浮现出来，地上可逛空间的缩小是否会影响消费体验？又如何保证地下 2 层商铺的可触达性？

商业项目建筑规划的基本要求是功能的完备性，既满足消费者的游逛体验需求，又保证店铺的可视、可达。在此基础上，增添美观性则起到画龙点睛的作用。对于开发商来说，值得思考的是如何通过设计规划来达到美观性和功能性的统一，即艺术与商业的统一。

A　空中花园：视野无边界

为应对地上空间不足带来的无聊感、枯燥感，规划团队大胆地提出：借力场外风景，打破传统购物中心的封闭式盒子构造，在建筑外立面设置开放露台，为消费者营造良好的观赏氛围。

本项目处于两条道路交汇处，道路西侧地块的未来规划恰为公园绿地，所以可利用其景观优势，拓宽项目对望的可视性。消费者矗立高层便可眺望公园美景，加之项目自身绿色元素的使用，宛如身在空中花园。

退台式的造型加上层层外部扶梯，消费者可从外部登高至二、三层，旋即进入商场内部。这一设计加深了场内外的互动，满足了消费者体验的多样化和丰富性，也能为中高层商铺带去更多人流，增加了项目整体经济效益。

空中花园的主题定位令金隅嘉品 Mall 独树一帜，商业价值得到有效提升，也使其成为东坝区域居民的第三生活空间。社会公共属性的增强，既为项目集聚人气，也通过增强消费者黏性大幅提高了营运效益。

B　下沉广场：触达无极限

金隅项目总建筑面积 9.77 万平方米，地上只有 4.41 万平方米，而地下 4 层却达到了 5.36 万平方米。一般来说，近十万平方米的商业项目地上建筑面积都会有七八万平方米，而对于本项目来说，地上面积的不足需要靠地下来补充，这在当时也是一个重大突破。

为了保证流量能方便触达地下，团队设计了一个外置的下沉广场直通 B1、B2 层。消费者不必进入商场内再坐电梯下去，进出的便捷使地下店铺的可达性不再是问题。另外，站在圆形广场的周围往下望就能看到多家地下店铺，很大程度上提高了店铺可视性。

地上建筑在面向下沉广场的一面采用流线型的设计造型，与广场的圆弧完美相融，层次分明又浑然天成。广场在通过空间错层提升整体美感的同时，也为消费者提供更加良好的游逛、休憩等欢乐体验。

不过，下沉广场除了能触达地下 2 层外，更重要的是能触达地铁。地铁 3 号线的规划由来已久，虽然当时还未开通，但是团队凭借超前的思路，决定在 B2 层为地铁预留出入口通道。可以想象，地铁的开通将会为项目解决交通方面的瓶颈问题，扩大辐射范围，带来更多可能的商机。

打通内外，建筑充满通透感

整体上看，空中花园与下沉广场相辅相成，由里到外、自上而下全面联动、形成闭环，使项目自成一隅。

C　动线：如何吸引消费者深度游逛？

动线一直以来都是空间规划方面的难点。不少商业项目因为前期动线设计不当，场内出现人迹稀少的“冷区”，造成区域坪效低下，整体租金水平难以提高。如果说购物中心是一个生态系统，那么人流对于系统内的商铺来说便是支撑其存活的养分，而动线则扮演着养分输送通道的角色。通道的形态并不是唯一的，应当依据外部系统的独有特征进行针对性设计。

大型商场的动线按空间关系可分为水平动线和垂直动线。其中，水平动线又包括线形、环形、枝形三种类型。

线形动线

线形动线有单通道动线和双通道动线之分。单通道动线一般用于狭长地块，导向性较好，通过店铺效率较高，但是单方向容易造成枯燥感，人流回游性也不足，一般消费者走到底后便不会再返回。双通道动线是指两侧店铺中间有中庭隔开，从而形成两条相对的通道。因此，对于双通道动线来说，消费者可逛面积更为宽敞，可视范围更大，回游性也较好；而中庭的设置也能很大程度上缓解枯燥感，增强游逛性。

环形动线

环形动线包括矩形动线、圆环形动线等，通常用于用地条件较宽松、地块进深较大的商业项目。顾客进入商场后，沿着设计好的通道即可环游所有店铺，因此店铺可达性较好，人流回游性也不错。而且相比于线形动线，环形动线更不易产生呆板感。

枝形动线

枝形动线如 T 字形、井字形等，在如今购物中心规划中已较少采用。因为分枝即意味着分流，将直接影响商铺的均好性，容易出现盲点、死角。分枝较多时，整体脉络不够清晰，易给消费者造成混乱的感觉；分枝较长时，人流回游性便大打折扣。

从金隅项目来看，地块面积的限制注定使它无法采用环形动线。虽然处于一块较为方正的地块之上，但建筑本身并不是方正的，因此将内部动线贴合建筑走向，设计为线形动线。两侧商铺前各有一条独享通道，中间是中庭和垂直扶梯下的挑空，属于双通道形式。

相比于直线动线，本项目的弧形动线设计能扩大消费者视野的延伸度，使店铺展示面更全，从而拥有更多销售机会。此外，弧线更富有变化，能引领消费者一步步深入探索，达到移步换景的效果，提升消费的游逛感和趣味性。

最初，团队设计了三版动线方案。

第一种动线方案如图 2-11 所示。

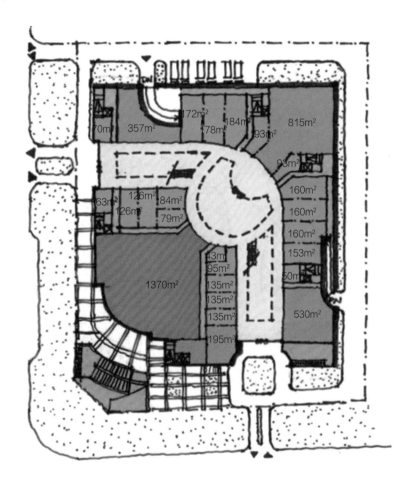

图 2-11 第一种动线方案

这一方案的优点是：项目动线较长，店铺展示效果好；次主力店展示效果好。

第二种动线方案如图 2-12 所示。

这一设计方案的动线较长，店铺展示效果好，能给更多品牌较好的展示面，从而降低招商难度；与地下商业互动较好。

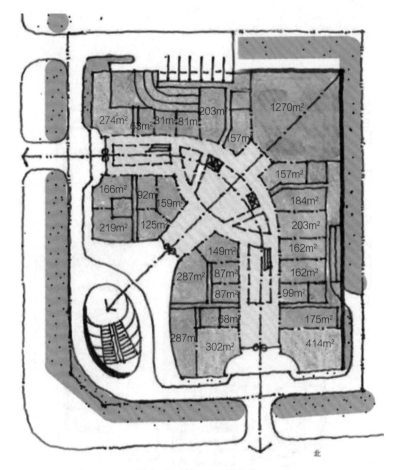

图 2-12　第二种动线方案

第三种动线方案如图 2-13 所示。

这一方案的动线规划较短且过于简单呆板，店铺展示性、游逛性均较差，主力店占比过大。

最终选择了第二种方案作为项目动线设计。以丰富变化的主动线优化消费者的游逛体验；主力店超市、影院放置在动线交汇中心，可有效将更多客群引入商场内部；与地下商业形成良好的互动，也为未来开通的地铁预留了位置。

图 2-13 第三种动线方案

从项目的西南入口进去便是中庭，贯穿五层的大挑空瞬间提升了空间的通透感，树立了项目的整体形象。当然，中庭的设计目的并不只是美观，在项目进入运营期后，它还可以作为活动推广的场地，吸引更多到访人流。因此，中庭的面积大小也需谨慎斟酌，过小则承担不了形象提升、活动推广的任务，过大则会造成效果低下、运营效益减弱等问题。

除空间规划外，主力店的安置对于平面内的人流走向也有较大影响。本项目将主力店置于东北角，正好是动线的中点处，将分别吸引从三个入口进来的人流，充分发挥主力店的引流器作用；将次主力店置于动线两端，有助于吸引消费者走完全程，游览更多店铺。

D 垂直动线：如何通过跨层设计拉长动线？

水平动线的设计保证了同一楼层内店铺的均衡可达性，而垂直动线则要关注如何保证不同楼层间客流的均衡。在为地下楼层开辟下沉广场的入口之后，团队便把重点放在如何通过垂直动线的设计为高楼层创造有效的流量抵达上。如图 2-14 所示。

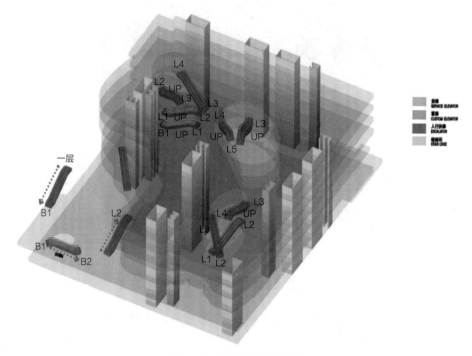

图2-14 垂直动线设计方案

自动扶梯是购物中心常用的纵向交通设施。本项目将各层的单向自动扶梯分散置于不同位置，利用其所具有的强指向性，将客流引导向各个商铺，尤其是位置不理想的商铺，以此改善购物中心的客流均匀度，提升店铺的商业价值。

跨层扶梯作为自动扶梯的延伸模式也被本项目加以利用，设于一层中庭的显赫位置，将发挥其高效输送消费者至三层的能力。三层是本项目的儿童业态所在楼层，跨层扶梯的引入正好吸引了孩子们的兴趣和关注，便于将他们带到相应楼层。

从不同维度布置的自动扶梯其实也有观光的功能，为高耸的中庭和环绕的店铺提供了更多被观赏的机会。更值得一提的是，中央所有扶梯都贴合中庭的弧度而建，一点也不突兀，反而与中庭融合成为一道独有的风景。

与水平动线设计中主力店的设置原则一致，本项目在地上最高层设置电影院，吸引大量观影人群上行；在地下最低层安置大型超市，吸引绝大部分家庭消费者下行。在空间上从纵横两个维度的考虑，使项目整体空间规划更趋科学和合理，为后期运营打下良好基础。

金隅嘉品 Mall 作为东坝地区第一个购物中心项目，在开业之际便让人充满期待。此后，金隅嘉品 Mall 逐步兑现承诺，从金隅首个商业项目发展为社区商业标杆，也为东坝居民带来了更加丰富多彩的生活元素。

4　案例启示

（1）纵向思维与横向思维

从空间规划角度看，横向和纵向的拆分组建十分重要，将全方位地构织出购物中心的场景内容。思维的多向性意味着考虑问题的全面性，发散的同时又形成闭环，更大程度地赋能城市商业。

（2）如何在价值洼地创造超预期收益

价值的衡量是相对而言的，随着时间维度的改变而不同。彼时的价值洼地从未来视角看可能是价值高地。对于开发商来说，着眼于未来，抓住时代的前沿机遇，才有可能创造超预期的商业价值。

（二）案例 2：北京住总万科广场｜全场景思维营造智慧商业体

1　案例导读：什么是购物中心的"全场景化"？

自 2017 年起，商业地产步入调整期。购物中心运营商之间同质化竞争日益加剧，消费者偏好则逐步转向体验式消费。场景思维似乎是个双赢的破局方法，能通过创造沉浸式的消费体验，让消费体验实现质的飞跃。

北京住总万科
广场全景

当然，实现购物中心"全场景化"的过程困难重重，而更大的难题是如何将项目准确地嵌入区域协同关系、城市目标甚至全球发展趋势，以保证购物中心发展的可持续性。

住总万科广场被业内誉为"北京首家全场景购物中心""北京首家无霾商场"。在经济崛起之前，大部分品牌商都低估了这片土地的商业价值。凭借前瞻性的区域规划经验，基于深刻理解社区商业的全场景打造，住总万科广场开业当天实现了招商签约率100%，开业率98%，区域到访率近60%的佳绩。社区商业的本质是什么？如何打造全场景商业？如何以未来视角看待区域的发展？

2 案例概况

区域： 北京大兴区旧宫板块

名称： 北京住总万科广场

体量：6.3 万平方米

开发商：万科集团

定位：全场景化社区购物中心

3 案例解析

近些年，"场景化"是商场的发展方向之一。通过艺术手法和个性化强烈的场景，将商场想要表达的主题和吸引人的内容传递给顾客，以引导消费者的情绪，真正理解消费者的需求，通过场景达成营销目的。"北京首家全场景购物中心"住总万科广场，以主题场景的沉浸式塑造，诠释了社区性商业的本质，与区域人群找到了更多的情感联系与价值共鸣。

2016 年 5 月 1 日，经过了区域整体的规划升级和社区商业中心的创新性思考，历时近 7 年，由睿意德团队参与规划和招商，位于大兴区旧宫镇的住总万科广场隆重开业。当日客流量达 13.6 万人次，旧宫到访率近 60%，首日营业额突破 600 万元，累计会员数量突破 18 000 人，招商签约率 100%，开业率 98%，开业店铺 141 家。住总万科广场以其开业当天杰出的成绩，成为周边社区高品质生活的提供者以及区域商业发展新的里程碑，为未来同类项目的开发提供了启迪。

（1）商业规划与区域主题

位于北京大兴区的旧宫区域同大多数的南城区域一样，在过去 30 年城市快速发展的过程中较为落后。但是随着城市更新脚步的加快，交通的升级改善，近几年区域面貌有了翻天覆地的变化。在这一背景之下，整个区域的商业配套升级需求也愈发凸显出来。

Ａ　旧宫谋求新生

旧宫位于北京南四环与五环之间，因"旧衙门行宫"得名，明代修建，为海子提督衙署，乾隆年间重修为清帝射猎避暑休憩的行宫。1983 年设为南郊农场分场，1990 年改为镇。镇域面积为 29.4 平方公里，下辖 19 个行政村。据 2010 年第六次人口普查统计，镇域内居住人口 20.7 万人，其中户籍人口 1.4 万人，外来人口高达 13.2 万余人，人口数量少且流动性高。

南城是北京发展相对滞后的区域，旧宫镇更是在朝阳、丰台和大兴交界处，地处市区南部边缘的城郊结合处，城乡居民混杂。无论与北部中心城区相比，还是与南部紧邻的亦庄新城相比，旧宫镇的产业发展都相对滞后，工业总产值仅为同期亦庄新城的 1/8。

旧宫镇相对独立，与外界经济的互动较少，一直处于自我发展的较封闭状态，区域发展亟待破局。区域内产业、居民素质、居住环境等相对落后，导致旧宫的潜力被长期低估。

然而，旧宫镇政府和睿意德团队看到了这片土地蕴含的潜力，希望重新制定区域战略，通过产业的全面升级和环境的持续改善，提升旧宫的整体形象，从而实现区域价值短期和长期的持续提升。

B 与亦庄联动承接产业人口

旧宫地处北京城区和亦庄新城中间，产业、商业、人才等优质资源都向周边倾斜。旧宫想要获得新的发展，需要在北京城区和亦庄新城中寻找新的市场利基。

无论从城市规划还是地理位置上来看，亦庄与旧宫的联系都更加紧密。而亦庄新城也处在高速发展建设中。因此，在制定旧宫的整体规划前，需要先分析对比亦庄的各方面情况，以期实现区域的协同发展。

产业结构方面，旧宫产业尚未成规模，而亦庄新城自 1992 年开始建设，在政府和企业的共同努力下，已经建立了稳固的高新技术产业发展优势。但在另一方面，亦庄受早期规划时"产城分离"的思想影响，域内产业用地比例较大，配套居住及公共服务用地较小，土地储备严重不足，难以承载人口居住需求，形成潮汐性人流，人口外溢至临近区域势在必行。

旧宫距亦庄仅 1.8 公里，交通联系便利，土地储备量充足，对于承接亦庄外溢人口有着得天独厚的地域优势。

人口结构方面，旧宫人口流动性高且受教育程度较低。相较之下，随着亦庄经济发展，就业人口总量不断增加，受高等教育的人员比重逐年上升。人口结构日趋精英化和年轻化，使得人们对生活品质的要求随之提高。旧宫土地储备充盈，开发高质量配套服务潜力巨大。如果能够吸引优质人才迁入，将加速旧宫的人口更新，提升消费力。同时，新消费需求的产生将吸引更多资源涌入，形成良性循环，保证区域的可持续发展。

C 低碳助力旧宫新形象

人类天性喜好自然。随着越来越多的国家和地区开始提倡以低能耗、低污染为基础的"低碳经济"，人们对宜人生活环境、对自然和绿色的渴望愈加强烈。

虽然城市发展的步伐较为落后，但旧宫地区在生态环境方面却是非常优越的。亦庄土地规划中城市绿地占比很小，而旧宫南部的南海子公园是北京四大郊野公园之一，也是北京市最大的湿地公园，全部建成后总面积超过 11 平方公里。旧宫东部的凉水河也将建设亲水景观长廊。宜居的环境是吸引高质量人群的重要因素，也为区域价值的提升打下坚实的基础。

全球范围内，各行业绿色标准的广泛推行，充分说明了国际社会对环境问题关注度的提升。对新能源产业与环保技术的资源投入，意味着"低碳经济"将成为新的经济增长点和竞争力。在此背景下，旧宫以发展低碳经济为焦点，主动将自身的发展放在全球经济热点背景下，将全面提升区域地位，树立旧宫新形象。

2005 年北京将"宜居城市"确定为城市发展目标之一，对城市的产业布局、企业聚集和人们的生活方式都产生了深远影响。北京南城本就因亦庄新城的规划更侧重于绿色高新技术产业，2009 年发布的"南城计划"更确立了建立京南绿色新城的目标。借力优越的自然生态环境，在旧宫地区发展低碳经济服务，既符合区域和城市整体发展理念，也顺应国际经济趋势。旧宫与亦庄在发展计划中同属一个城镇组团，发展低碳经济服务能够与亦庄产业形成良性共生关系，实现区域协同发展。

依据对全球和北京发展趋势的重新审视，依据对区域现状与未来的深刻思考，规划团队对旧宫发展战略有了整体的构思：依托亦庄产业基础，通过提供极具活力的商业服务设施，全面提升宜居环境，凝聚周边高端消费人群，将旧宫建设为提供高品质生活的城市副中心。而在宜居概念的基础上，进一步提出发展"低碳经济"服务的理念，以增强区域发展竞争力。

（2）万科入局共启旧宫商业新纪元

商业是城市最古老、最基本的功能，城市中的"市"即指商品交易的场所。商业的本质是价值交换，而随着城市的发展和商业的繁荣，人们更加渴求快速、便捷、低成本地实现价值交换。因此一个地区商业的发展程度，不但密切影响着居民的生活品质，还具有对上下游产业的辐射带动作用，其创造的就业机会和配套设施的完善也会进一步推动区域的整体发展。

旧宫建设高品质生活中心的本质是聚集人，更好地服务人，因此除了必不可少的居住物业，商业服务的升级尤为重要。

2011年9月，万科拿下旧宫地块，项目拥有总体量高达12万平方米的商业商务综合体。这不仅是该区域内独具建筑特色的大型城市综合体，而且将彻底升级旧宫板块居民的商务、消费、休闲、娱乐等品质，改善区域配套水平，带动旧宫整体价值的提升。旧宫商业发展的新纪元也就此拉开。

A　步履维艰的起步

自2009年涉足商业地产起，万科在北京相继开发了悦荟万科广场和中粮万科广场两个购物中心。规划中旧宫地区的社区商业中心将成为万科商业地产进入北京南城发展的第一步。

万科进入旧宫做商业，在当时并不被看好，遭到了多方面的质疑。尤其在招商方面，尽管万科此前在北京已经成功运营了两个商业项目，但之前合作过的品牌却大多踌躇不前，对在旧宫地区拓展新门店的意愿较低。品牌方的忧虑既来自实体零售经济走势，也来自对旧宫地区的价值低估。

在整体经济环境方面，住总万科建设期间正是国内电商发展势头最猛烈的时期。从 2010 年至 2016 年，我国网络零售销售总额增长约 11 倍，占零售总额比率从 2.9% 增长至 12.6%，加上人力、租金成本上涨等诸多因素的影响，实体零售业利润连续下滑。作为实体零售主力的快时尚品牌也受到了巨大的冲击。自 2014 年起，以 ZARA 为代表的快时尚品牌陆续出现业绩滑坡，销售增长减速，新店拓展放缓，甚至出现了关店。

从项目本身的条件来看，区域内原有的基础设施建设薄弱，现有居民收入水平较低，短期内消费力不足。随着周边规划的居住区落成，人口结构升级会带动消费力提升，但却存在长期的市场培育期。这些劣势给项目增加了不确定性，导致商家入驻信心不足，对招商造成了极大的阻力。

B　信心来自未来潜力

虽然在项目运作过程中遇到了种种困难，项目团队依然看到了旧宫蕴藏的价值，对项目的成功充满信心。

根据政府规划，旧宫镇五环以北地区已被纳为城区，并定位打造为商业商务服务区，主要承担市区部分功能的外移和亦庄新城的功能配套，兼具商业、服务、娱乐等功能。旧宫西部被规划为商业商务文化体育休闲综合娱乐区，将形成"蒲黄榆商业走廊"向南延伸的新商圈。旧宫南部的主要功能则是商务和亦庄配套的研发，将吸引大量人才来此就业。这些都为旧宫区域环境及配套设施的改善创造了有利的条件，未来区域发展潜力极大。

从地块的交通条件看，地铁旧宫站距亦庄站仅一站，规划中的轻轨线与地铁在旧宫站换乘。商业中心的选址在紧邻地铁站的地块，是区域中交通条件最好的地段，不仅可以汇聚大量的人流，还可以借助便利的交通扩大项目的辐射半径。

区域消费潜力方面，自 2009 年开始旧宫进入住宅开发高峰期，至 2015

年新迁入人口已近 10 万，未来区域人口理论上将达到 36 万左右，人口总量的攀升将助力地区消费能力提高。区域内居民可分为原住民和新迁入居民，其中新迁入居民以"80 后""90 后"居多，原住民则分为"80 后""90 后"和年长一代两类群体。新迁入居民收入水平较高，且"80 后""90 后"消费意愿和消费能力相对较强。因此，区域内"80 后""90 后"客群成为住总万科项目的目标客群和消费力的有力保障。

多家品牌房企先后进入，中高端楼盘相继落地旧宫，为这一区域带来了大量高净值人群。而旧宫地区原有商业以历史形成的沿街商铺为主，缺乏统一规划，业态档次普遍较低且功能不全，无法满足区域升级需求。住总万科广场以社区商业中心定位，通过业态升级及良好的配套设施，有助于确立在区域及周边的核心商业地位，吸引人群关注和投资注入。

（3）社区商业的本质是陪伴

住总万科广场属于社区商业项目。社区商业的形成，源于城市扩张和人口外迁，当大量人口定居在城市非核心商业区，种种日常消费需求亟待满足，社区商业应运而生。

如果说在诞生之初，社区商业是通过提供快捷、便宜的目的性服务，满足人们高频、刚性消费需求。那么如今，在物质极大丰富之后，人们的需求逐渐转向精神层面的满足。消费主力群体注重服务和体验的消费观越来越普及。实体商业通过线上线下融合，提供个性化的消费体验将会成为吸引消费者的利器。社区商业作为消费者"家门口"的商业，凭借距离上的优势，可以最方便快捷地为消费者提供这些服务。

对于住总万科广场这一社区购物中心而言，准确挖掘目标客群的本质需求，加强客群的消费黏性成为问题的核心。

Ａ **从具体了解客群的需求开始**

社区商业的本质是陪伴，那么，区域内的客群到底需要怎样的陪伴？在商业落地之前，应该对客群的需求进行详细的调研。比如，住总万科广场辐射区域内的消费者对商业项目的期待更多地放在餐饮、娱乐和亲子等业态上，那是因为区域内既有商业项目中这些业态普通缺失。如图 2-15 所示，消费者去商场的目的基本集中于购物，而当时商业项目难以满足就餐、休闲、娱乐等需求。图 2-16 则显示，在消费者对住总万科广场的期待中，餐饮和娱乐是非常重要的部分。

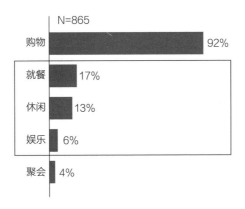

图 2-15　当前消费者去商场的目的（住总万科广场开业前）

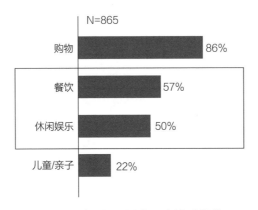

图 2-16　消费者对住总万科广场的期待

而对购物、餐饮、娱乐和亲子几个大的商业品类，消费者提出了更为细致的需求。

在零售购物中，消费者需求最为强烈的还是服装类，对超市商品、鞋靴、箱包等的需求也很旺盛。如图 2-17 所示。

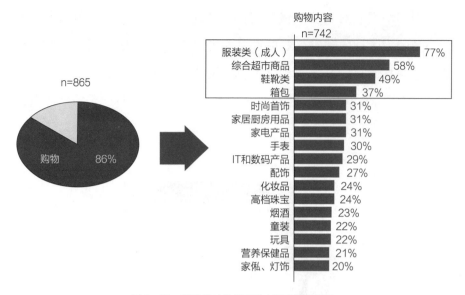

图 2-17　消费者对住总万科广场购物的期待

餐饮方面，对中餐的需求最大，对休闲饮食的需求也非常迫切，如冰淇淋／甜品店、咖啡店等，需求均超过 40%，如图 2-18 所示。这进一步说明，当时区域内年轻人及年轻家庭的休闲、社交需求很难得到满足。图 2-19 展现了区域消费者对于项目娱乐方面的需求。

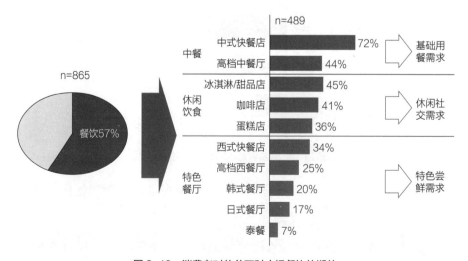

图 2-18　消费者对住总万科广场餐饮的期待

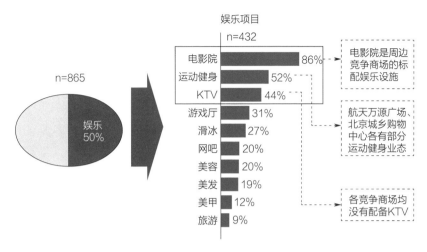

图 2-19 消费者对住总万科广场娱乐的期待

大约有 13.3% 的消费者携带儿童前来，6 岁以下的儿童占比最高。关于亲子项目，74% 的消费者提出了"儿童游乐"方面的需求，而儿童培训、早教方面的需求量同样很高，如图 2-20 所示。

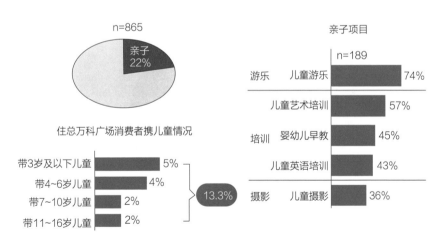

图 2-20 消费者对住总万科广场亲子业态的期待

B 社交化、数据化、场景化

随着时代的发展，社区商业为人们提供社会价值、情感价值和认知价值

（Sheth-Newman-Gross 消费价值模型），社区商业已经从功能型物业升级为陪伴型物业，更强调与区域人群的共同成长、情感联系与价值共鸣。

陪伴型社区商业不仅要引来人，更要通过激发消费者的归属感与自豪感留住人，更多的互动无疑可以加深社区内部成员之间的联系。因此构建陪伴型社区购物中心的本质是构建一个承载、促进各种互动形式的容器。结合当下技术和消费观念的趋势，新社区商业应该具有社交化、数据化和场景化的多维属性。

社交化：通过营造"第三空间"，促进人与人间的交流互动

"第三空间"由 Ray Oldenburg 提出，指除家和工作空间以外供人们放松、消遣、聚会、交流的社会空间。为了让项目同目标客群的生活方式更好地结合在一起，住总万科广场通过调整整体业态结构，扩大体验类业态比例。最终餐饮类占总业态面积的 32%，其他体验类业态占近 40%，而零售类仅占不到 30%。如图 2-21 所示。

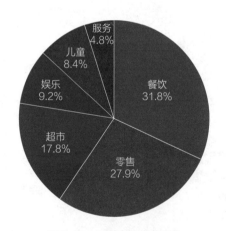

图 2-21　万科广场业态配比

数据化：利用技术融合线上线下的数据，实现物对人的精准服务

为了更好地了解消费者，住总万科广场开设官方公众号，通过团购、积分兑换、排队点餐、停车预约等在线服务获取相关数据；引入智能停车场管理系统，为用户提供便捷出行服务的同时，进一步统计和分析客流来源。通过更全面的数据支持，为未来项目运营优化和精准决策提供有力支持。

场景化：以消费者为中心，塑造优质的消费体验

越来越多的品牌开始运用场景化营销吸引客流，但从消费者的角度来看，单一的品牌场景在整体消费过程中贡献的只是片段式的体验。项目团队以做一家店铺的心态，将住总万科广场当作一个整体进行极致地思考。通过空间节点中故事化的场景导入和各种奇思妙想的装置植入，用室内各处的微场景时时触发消费者的好奇心，以多样的场景延长消费者的游逛时间。

三个维度看似相对独立，但场景化是社交化和数据化发展的基础。更好的场景化，能够为社交化的有机生长提供更好的环境，为数据化的实践提供更多的接触点。场景思维不仅是建立陪伴型社区商业的方法，更是购物中心在新时代升级为智慧商业体的方法。因此，将场景思维应用到整个项目，通过打造全场景购物中心，实现场景量的累积到消费体验质的飞跃，为项目未来创新创造了机会。但打造一个全场景购物中心的难度，绝不仅仅是单一场景所遇到问题的叠加，而是随着项目的规模增大呈指数级增长。

（4）如何打造全场景购物中心

全场景购物中心赋予项目统一的主题，将项目本身作为内容向消费者传播，意味着购物中心自身的 IP 化。随着购物中心的经营模式的变更，文化活动、主题 IP 等内容产业成为新的流量入口。消费者的关注点从价格转变为体验，丰富独特的内容和高效精准的传播成为运营购物中心新的关注点。而以此为目标，项目建设过程中对建筑空间规划、招商定位、策划运营和市场营销等方面的提前思考就显得尤为必要。

A　家庭亲子的快乐空间

住总万科广场的目标客群是区域内的中青年住户，以年轻家庭为主，居住氛围浓厚。这类人群的家庭亲子活动需求旺盛，追求多元化的体验，健康生活理念也更普及，以家庭、多元和健康为标签的内容更容易引起他们的关注。

儿童消费市场规模的不断增长，让亲子活动成为社区商业重要的流量入口。从童趣、新奇出发，住总万科广场以"爱丽丝梦游仙境"为灵感设计了整体室内空间。两个沙漏型的中庭空间意在营造从洞穴掉入的奇幻感，公共空间各处点缀了各种小动物、植物等童趣的装置艺术，4至6层采用了空中街区的设计，创造村落式和庭院式的空间布局，以不断变换的空间感受提高游逛的乐趣感。新颖的设计让项目在开业前便屡获国际设计大奖。

住总万科广场室内空间突出童趣与新奇

内容方面，在常见的亲子游乐、早教培训等品牌之外，位于6层的体验式空中动物乐园"V-ZOO"提供小型动物园、植物认养服务，让小朋友可以与羊驼、孔雀、兔子等动物和各式的花草近距离接触，创造轻松愉快的家庭交流氛围。

B 集合店吸引"淘客"

项目建筑面积仅为6.3万平方米，为了以丰富的品类延长消费者的游逛时间，打破体量对品牌丰富性和整体SKU数量的限制，招商时将多个原有大店铺分割为两家小店分别出租，并优先选择品类多样的集合店。比如"格仔王子"格子铺，还有号称小微买手店的"心悦"集合店，在店内陈列了上千种新颖的小百货，吸引大量客人在其中淘货。

C 场景融合低碳主题

住总万科广场场景的巧妙之处还在于，它与旧宫绿色低碳的定位结合在一起。核心空间以绿色为主色调，室内穿插了绿植墙面和微型景观。住总万科广场还引进了新风除霾系统，获得 RESET 健康建筑标准认证，成为区域首家"绿色无霾"生态概念购物中心。客户可以在导游指示区或手机应用端实时获取室内环境质量信息，保证了建筑健康信息的透明性和可达性。同时，空调变频控制、新风热回收利用、节能灯具、扶梯变频控制、高效能源管理系统、微水灌溉和雨水回收、冰蓄冷等技术的运用，实现了建筑效益、经济效益和社会效益的全方位提升。

住总万科广场的场景与旧宫绿色低碳的定位巧妙结合在一起

4　案例启示

（1）更高的视野将赋予项目更高的势能

区域项目的精准定位，不仅要分析地域优势，充分发挥区域协同作用，与周边地区优势互补，还要着眼于城市发展目标和国际发展趋势。更高的视野将赋予项目更高的势能，为项目的可持续发展打下了坚实的基础。

（2）社区商业的关键是陪伴

社区商业升级是区域升级的关键，有活力的商业空间是高品质生活的保障。新时代的社区商业中心已经从功能型物业进化为陪伴型物业，更强调与区域人群的共同成长、情感联系与价值共鸣。好的社区商业能够激发人的归属感与自豪感，是社区居民的凝聚点，将带动区域整体有机发展。

（3）用场景思维打造智慧商业体

流量的高低和黏性决定了购物中心是否有足够的辐射力和带动力。全场景购物中心是通过购物中心自身的 IP 化形成差异化定位和优势，吸引更多的流量，并在此基础上，借助社交化的空间和数据化的运营，提高空间内的互动量和接触点，构建智慧商业体，帮助运营商向空间赋能者转型。

（三）案例 3：大兴国际机场商业 ｜ 国潮混搭黑科技，客流转化消费流

1 案例导读：大兴国际机场树立全球机场商业新标杆

2019 年 9 月 25 日，北京大兴国际机场正式通航，吸引了全世界的目光。

北京大兴国际机场又称北京第二国际机场，是建设在北京市大兴区与河北省廊坊市广阳区之间的超大型国际航空综合交通枢纽，为 4F 级国际机场、世界级航空枢纽、国家发展新动力源。

大兴国际机场全景

北京大兴国际机场有"全球最大机场"的体量，占地 140 万平方米，约等于 63 个天安门广场。它拥有目前世界上最大的自由曲面屋顶，面积相当于 25 个足球场，单是中厅容积就等于一个水立方。

截至 2021 年 2 月，北京大兴国际机场航站楼面积为 78 万平方米；民航站坪设 223 个机位；可满足 2025 年旅客吞吐量 7 200 万人次、货邮吞吐量 200 万吨、飞机起降量 62 万架次的使用需求。预计到 2040 年，新机场每年吞吐量将超过 1 亿人次。

机场独具大规模、高频次的人流量，人们在此相聚、离别、回归、出发，万千旅途轨迹将汇聚于此，无限的商业机遇也将诞生于此。作为关键的基础设施，机场天然具有吸引人流、物流、商流的集聚效应，机场商业的价值不止体现为销售额和成交量，还体现为庞大流量带来的平台效应和宣传效应。

近年，零售行业发生了深刻变革，新消费模式逐渐形成。同时，中国也迎来了全民航空时代。种种潮流涌动之下，机场商业也迎来了自身变革的节点。在大兴国际机场的规划建设过程中，新商业的多种元素被融汇其中，造就了全球机场商业新标杆。

大兴国际机场商业有哪些值得期待的创新点？让我们一起回顾一下这个案例。

2　案例概况

区域：位于北京市大兴区榆垡镇、礼贤镇和河北省廊坊市广阳区之间。

体量：航站楼面积为 78 万平方米；民航站坪设 223 个机位；有 4 条运行跑道；可满足 2025 年旅客吞吐量 7 200 万人次、货邮吞吐量 200 万吨、飞机起降量 62 万架次的使用需求。

定位：北京大兴国际机场定位为中华人民共和国国家发展新动力源；根据《中国（北京）自由贸易试验区总体方案》，推动北京大兴国际机场联动发展，建设世界级航空枢纽。大兴国际机场的商业部分为机场旅客提供所需服务；同时也是新国门形象的展示口，是传播文化理念的重地。

3 案例解析

大兴机场航站楼

随着"全民航空"时代的到来，乘飞机出行越来越普遍，人们对于空乘的需求也在不断升级。同时，各个机场也期望实现多元化的盈利增长。由此，机场已经不再是一个简单的交通枢纽，更通过航站楼里营造的商业设施、商铺组合、功能区域，突破着大众的想象。

数据显示，当今机场的客流量是城市购物中心的 20 倍，也是城市中高消费人群的庞大聚集地。2020 年，北京首都机场的客容量是同期朝阳大悦城的 23 倍，其旅客多以 CBD、望京、中关村等区域的金融、科技、商贸等高端产业从业者为主，22 至 44 岁旅客是机场商业的中坚消费力量。上海浦东机场的一家免税店年销售额可以达到 140 亿元以上。而要知道，北京最大的商场，一年的销售额最高也就 130 亿元左右。

总的来说，机场本质上其实应该被看作一家商业地产公司，而它又拥有全国最高质量的客流。

对于机场而言，流量不是问题，如何将客流转化为消费流，才真正值得好好琢磨。一般来说，机场的业务主要可分为航运业务和非航业务。其中，非航业务主要包括机场广告、商业零售（免税）、餐饮、贵宾服务、租赁、停车等。广告、商业零售和餐饮业务通常也叫"机场商业"。在发达国家，市场化程度高，航空市场成熟，非航业务收入已逐步超过航运业务，成为机场收入的主要来源。据统计，发达国家主要机场的非航业务收入在总收入中占比大多超过50%，有的甚至高达70%。

与发达国家相比，我国的机场商业建设相对落后，无论是商业设施的数量质量，还是商业管理的水平都存在较大差距。除北京、上海、广州等主要机场外，其他机场的非航业务收入一般较低，商业资源配置参差不齐，商业管理也存在多种问题。

2021年以来，机场作为国家强力支持的战略性新兴产业，国家和地方不断释放各种政策红利，主要政策包括《"十四五"民用航空发展规划》《国家综合立体交通网规划纲要》等，极大地调动了社会各地建设机场的热情。未来，我国机场商业将发生极大的变革与提升。

大兴国际机场商业部分规划零售资源总面积约为2万平方米，打造了国内一线精品、丝绸之路、千禧时代、中心岛区、香榭大街、米兰大道六大主题商业区；分布在航站楼的B1层至四层；规划共有约240家零售店铺。投入使用之后，受到社会广泛关注和认可，大兴机场也作为"美食零售天堂"成了风靡一时的"网红"。它究竟是怎样做到的呢？

（1）"新国门"呈现国家形象

机场商业与商场有不少区别，其中之一就是店铺相对分散，值机岛、国内出发、国际出发、国际到达等，如果招商时不进行统一规划，就会散乱芜杂，既难以体现国家形象，也难以满足消费者的需求。据统计，航站楼总共包含七层，地上五层、地下两层；有三个人行通道，位于一层、三层及四层；二层及地下一层直接连通航站楼北侧的停车场。地下二层直接连通地铁系统。共有249个店铺，总面积为19 543.4平方米，其中国内区合计13 439

平方米国际区合计 6 104.4 平方米。详见表 2-6。

表 2-6　大兴国际机场商业面积总览

区域		店面个数（个）	资源面积（平方米）	所占比例
四层	国际出发区	11	596	3.01%
	国际出发值机岛	24	1 061	5.37%
	小计	35	1 657	8.38%
三层	国际出发中心区	32	4 282.4	21.66%
	国际出发南指廊	7	511	2.58%
	国内出发	3	290	1.47%
	小计	42	5 083.4	25.71%
二层	国内混流中央区	77	6 478	32.76%
	东南指廊	27	1 502	7.60%
	西南指廊	25	1 257	6.36%
	西北指廊	9	573	2.90%
	东北指廊	5	341	1.74%
	国内到达	8	260	1.31%
一层	小计	151	10 411	53.82%
	国际到达进境店	6	1 157	5.85%
地下一层	国际到达	8	722	3.65%
	国内远机位	4	314	1.59%
	国际出发远机位	2	154	0.78%
	小计	20	2 347	11.87%
	国内出发	1	45	0.23%
	小计	1	45	0.23%
	总计	249	19 543.4	100.00%

　　机场商业附带巨大的宣传、展示功能。作为世界级航空枢纽、国家发展新动力源，大兴国际机场更是新国门形象的展示口，是传播文化理念的重地。如何将提升商业效益与展示国家形象统一起来？大兴国际机场在文化景观的整体设计上大气磅礴、精巧绝伦，更引入具备丰厚文化底蕴与现代审美情趣的多家"老字号""国潮文创"品牌，营造了别开生面的商业氛围。

A 老字号与国际大牌

大兴国际机场的零售商业部分突出本土文化与国际文化的交流。宣传中华文化与提升销售绩效是否可以统一？大兴国际机场做出了肯定的回答。

例如，航站楼二楼的国内到达／出发混流区是旅客最为集中的区域，也是新机场最具特色的亮点区域。该区域共有零售资源面积超过 1 万平方米，涵盖了逾 150 家零售店面。

二层的"丝绸之路"是形式新颖的零售区，在这里，对中国传统文化进行了符号化呈现，引入独具丝绸之路文化特色的品牌。

大兴国际机场成为"中华老字号"商业的集中秀场，全聚德、同仁堂、庆丰、北京稻香村、菜百等多家知名老字号纷纷入驻并陆续开业。老字号机场店内商品同城同质同价，设置双语标识、中英文菜单，还加入本品牌特色。如稻香村推出伴手礼类包装产品，在包装的设计上融入如意、天坛等北京特色元素；庆丰则精选了多年来深受顾客喜爱的经典品种和明星产品；菜百以"温情陪伴金质服务，承载幸福梦想"为理念，产品分黄金类、镶嵌类等，还有一些 IP 产品，如故宫、小猪佩奇等。

另一边，知名奢侈品品牌如路易威登、古驰、卡地亚、阿玛尼等也进驻大兴国际机场，与老字号同场竞艳。这也是这些国际奢侈大牌首次在国内机场有税区域亮相。

B 机场席卷"国潮""文创"风

近年，一股"国潮"风在时尚界盛行。"国潮"是传统与时尚的碰撞，需要拥有中国特色、符合时代前沿审美和技术趋势、有世界视野，展现中国自信。

"国潮"风同样刮到了大兴国际机场。其中最典型的就是故宫主题零售品牌"故宫礼物"进驻机场。故宫是中华文化、中国历史的典型符号；故宫文创产品以新颖的创意、精巧的设计打通历史传统与现实生活，深受当下年轻人喜爱。"故宫礼物"进入大兴机场，将这一饱含历史文化底蕴和时代审美特征的产品完整呈现在世界旅客的眼前，其商业价值和文化宣传价值都是值得称道的。

"故宫礼物"机场店以故宫光影作为设计理念，以清代瓷器湖水蓝的釉色为主色调，古风十足，置身店铺仿佛置身宫廷美学空间。故宫行李牌、故宫存钱罐、故宫丝巾、故宫口红……风雅情趣与时尚韵味相结合的故宫好礼随手可得，价格与品质都与市内店铺完全一致。

这些带着"宫牌"的故宫礼物受到乘客的追捧。比如，"网红产品"故宫口红一到店，就被抢购一空。紫禁福结、故宫贺岁红包等礼物也极受青睐。

除"故宫礼物"外，多种文创产品齐聚大兴机场，呈现中国人的审美风格和文化自信。如发轫于乾隆年间的"国瓷"永丰源，让人零距离感受国瓷的魅力；"熊猫屋"将日常生活用品与大熊猫形象相结合，创造了数以千计的大熊猫主题产品；中信书店除了提供各种热门书籍，还提供文创礼物，是漫漫旅途中的最佳伴侣；热门手办文创店"泡泡玛特"提供全自动化的智能购物过程，潮玩爱好者钟情的诸多爆品都能在此找到……

除了引入多姿多彩的文创产品，大兴机场还开发了自主的文创 IP 品牌，充分融合大兴机场场景元素，展现大兴机场航站楼整体造型、C 型柱等代表性形象特征。茶杯碟、保温杯、杯垫、冰箱贴、T 恤衫、丝巾等多款商品已上架销售。

C 呈现中华魅力文化景观

大兴国际机场的"新国门"形象不仅表现在零售商业的整体布局与品牌引入上，也从机场景观的一点一滴呈现出来。

机场航站楼 5 条指廊尽头设有 5 个主题园林（中国园、瓷园、田园、丝园、茶园），风光各异。不同的景观与园林涵盖不同的文化元素，为旅客的候机过程增添更多精彩与惬意。

大兴国际机场打造充满中国意境的文化景观

"丝园"中洁白丝绸飘落庭院，翠色竹林郁郁葱葱，丝竹环绕，呈现中华文化的怡情雅韵。

"田园"则是一片乡村风光，黄土的铺装色系、田园种植式的分区肌理，田间的夯土墙，饮马槽、磨盘、车犁等农耕小景，展现中华农耕文明的淳朴自然。

"瓷园"主要围绕瓷器历史展开场景构建，回望"海上丝绸之路"的辉煌，展现中华瓷器之美，带给人们别样的视觉享受。

"茶园"以茶马古道、丝绸之路为设计灵感打造了一派闲逸茶境，营造虚实有无、清雅悠远的茶香禅意。

"中国园"空间丰富、别有洞天。围绕中央的池塘排列着亭台楼榭，小桥流水、假山凉亭、长廊水榭，中国园林的造园艺术在此体现得淋漓尽致。垂花门、门墩、彩画、藻井、花窗，中国传统建筑的特色体现在每一处细节之中。不仅让旅客感受到古典园林和传统文化的诗情画意，更能在传统元素与现代艺术的交叠中获得独特的审美体验。

除了五座园林，大兴国际机场还与中国国家博物馆联合打造了"文化中国"长廊，与首都图书馆合作建立中国首个航站楼全要素图书馆大兴机场分馆。"光影之旅"数字体验馆以"穿越时空的大运河"为主题，带领中外旅客穿越 2 500 年的历史时空，领略明代通州漕运的繁忙景象。"国宝之窗"展品主要为国家级、省级非物质文化遗产传承人手工制作的国宝器物，让人与传统文化零距离接触互动。"伟大征程""星火照耀"主题景观，带人探寻红色年代，感受熠熠生辉的红色精神。

丰富的文化景观形象生动地体现了中华文化的风采与魅力，呈现了"一带一路"的主题内涵，而且为旅客带来了更为美好的候机体验。

（2）多重设计侧重体验，延长机场"欢乐时光"

如何提升旅客在机场中的美好感受，如何鼓励旅客在机场更多地消费呢？从旅客进入机场到正式登机的过程可以划分为两个阶段。第一个阶段是从旅客到达机场开始，到完成安检结束。在这个阶段，旅客常常面临各种压力：误机、安检、行李检查……因此，要尽可能减少旅客在这一阶段消耗的时间，让他们更便捷、更顺畅地度过这一阶段。

安检过程一旦结束并进入商业区域，就开始了旅客们进入机场后的第二阶段。在这一阶段，旅客的压力会大幅降低，注意力更多分散到消费场景。安检结束直至登机的这段时间被称为"欢乐时光"。机场想给旅客留下更好的体验，想让旅客更多地消费，要尽可能延长这段"欢乐时光"。

A 设计营造良好的体验

大兴国际机场延长"欢乐时光"，助力机场消费增长的手法之一，是通过多重设计营造良好的体验。

主体航站楼由六条指廊、五个主题园林和一个综合楼组成。指廊和指廊之间停靠着不同航班的飞机。北面的两个指廊区是乘客休息区，中间的两个区域是国内的近机位，最南面的两个区域是国际的近机位。

每条指廊末端到主楼中心点距离均为 600 米。这种布局带来了一个好处：无论飞机停在哪里，乘客最多只需要走 600 米、约 8 分钟即可到达登机口。节约了旅客行走的时间，也就是延长了旅客的消费时间。

人性化的设计不仅最大限度地节省了旅客的行走时间，整个值机的过程也便捷了许多。四层航站楼共设置 9 个值机岛，其中中间 5 个为国际航班值机岛，东西两侧各设 2 个国内航班值机岛。国际出发的旅客在四层办理乘机手续后步行约百米即可到达边检区。而国内出发的旅客除了在四层进行值机外，还可在三层及地下一层轨道交通站厅层进行值机，实现多点值机，让旅客出行更便捷。乘坐轨道交通抵达机场的旅客，最远步约 200 米即可办理国内航班的乘机手续，随后可直接进入位于二层的国内出发登机口。

航站楼的屋顶钢结构重量为 4 万多吨，仅有 8 个 C 型柱支撑，C 形柱彼此间距 200 米，所形成的空间可以放下一个水立方，为旅客提供了最大化的通透公共空间。站在航站楼中心，旅客的视线没有任何阻挡，机场各个方位一目了然，甚至可以目测步行距离。这样的设计为人们提供了最大化的公共空间和最通透的视觉体验。

机场屋顶的 8 000 多块玻璃都是双层的，中间安装了统一东西向排列的遮阳网，这样的设计能最大限度地利用自然光线，同时还有遮阳的效果。由此，实现室内自然光采光面积超过 60%。屋盖在实验中可抵御 17 级特强龙卷风。这样的设计，让人们能在航站楼内就能体验“阳光峡谷”，带来愉悦的候机享受。

在五条指廊的尽头，设置了五个特色庭院，主题分别为丝园、茶园、瓷园、田园、中国园，不仅呼应丝绸之路的内涵，而且为旅客带来了中国园林式的候机体验。

B 餐饮消费尽享美味时光

来到机场的人都有明确的目的：搭乘某个航班的飞机，前往下一个目的地。在机场环境中，多数人都只是匆匆停留，餐饮服务在这时候显得重要起来。食物可以填饱饥饿旅人的胃，餐厅可以让旅途疲惫之人有个歇脚之处，或者让人在即将离开之时，留下对这座城市的好印象。

机场的餐饮环境与其他场所略有不同，有一些研究者发现：无论消费者的文化背景如何，咖啡专卖店都是他们的最爱。与此同时，价格、购买原因、时间和社交环境都会使消费者在餐厅类型的偏好上产生差异。

在大兴国际机场，咖啡饮品店随处可见。星巴克在大兴国际机场开设了多达十家门店，安检区内外均可找到。"网红店"喜茶依然有不少排队的人群，满记甜品、瑞幸咖啡、水果先生……一人候机的无聊在此更容易度过，几位朋友也可以在此悠闲小憩。

"老舍茶馆"给大兴国际机场的餐饮加入中国风

另一项研究则表明：消费者对于机场餐厅的总体满意度、成为回头客与向他人推荐的可能性，与他们的感知有很大的相关性。"感知"并不仅仅指口味，环境、氛围、价格、餐品丰富性以及员工的服务态度，都影响甚至决定了顾客的感知。因此，机场餐厅构成了机场商业体验业态中重要的一部分。

大兴国际机场拥有近 80 家餐饮店铺。从全聚德、老舍茶馆、广芳园等老字号，到外婆家、小莫、池记等网红餐馆，每间餐厅均在市区拥有同样标价的对标餐厅，绝无擅自提价的行为。

餐食更是丰富多样，全聚德、局气是北京菜，广芳园提供广式茶点，外婆家的杭州菜，呷哺呷哺的小火锅，味千拉面、无敌家的日式快餐，小莫家的西餐……大兴国际机场还设有以各个国家为主题的主题店铺，如果来不及安静坐下来慢慢享用美食，也可以到这样的主题店铺内挑选异国商品。

大兴国际机场餐饮品牌的另一大特色是"创新"。老舍茶馆不光可以品茶，还把戏曲表演和北京小吃也"搬"进了新机场。造型花茶、五环茶等伴手礼古风浓厚又不失精致；"兔儿爷"造型的冰淇淋令游客爱不释手；二分钱一碗的"大碗茶"更充满老北京的记忆。

全聚德在大兴国际机场更玩出新花样，这里的"聚德面舍"和"小全聚德"都是全聚德集团旗下的新品牌，餐单上除了烤鸭、面条，还不乏西餐和创新菜。不远处的"全聚德供销社"是全聚德第一家旅游怀旧主题商店，搪瓷洗脸盆、黑白电视机、自行车打气筒、老式皮箱和斜挎背包等老物件儿堆放在一起，卖的是烤鸭、咸鸭蛋、鸭肉酥、冰沙酥等传统京味儿特色产品。

小莫西餐厅是莫斯科餐厅旗下的品牌，开进大兴国际机场后也变得更精致时尚。半开放式的就餐区里的吧台上摆满了雕像、烛台等装饰品，靠近玻璃围挡的卡座旁种了一溜高大的绿植，优雅氛围与私密感兼顾，绝不逊色时下"网红"餐厅。

大兴国际机场的餐饮业态丰富多样、精彩纷呈，已经成为机场一大亮点。来这里吃饭的游客甚至比旅客还多。

Ⓒ 家庭亲子共度欢乐时光

如今，全家人一起出游已很普遍，但父母带着小孩去机场往往是件麻烦事。不过，在大兴国际机场则不用有这种担忧，各种贴心的设施与服务，保证了儿童旅客及家长的快乐温馨时光。

大兴国际机场航站楼 B 指廊设置有一处儿童乐园。该区域为儿童活动区，结合小朋友喜爱的卡通元素，设计了树林小屋、宇宙飞船和动物软凳等儿童娱乐设施，给小朋友的出行带来了惊喜和欢乐，也可以科学锻炼儿童的四肢协调、手眼协调等能力，让旅客在候机时享受亲子时光。

航站楼二层混流区西侧 C 形柱下还有儿童迷宫乐园，以植物迷宫为主题，打造绿色、自然的儿童乐园，为"小旅客"们提供了一个充满奇趣的室内小迷宫。

同时，大兴国际机场航站楼内配备了充足的卡通造型童趣车、儿童车、自助婴儿车等，不仅让家长旅客在出行中解放了双手，也为"小旅客"们带来了出行乐趣。

为了让带婴幼儿出行的"宝妈"们能拥有更加暖心、私密的育儿空间，大兴国际机场设立了母婴室和母婴候机区。母婴候机区提供私密哺乳、婴儿睡眠、婴儿护理区、冲洗区、儿童洗手台、婴儿辅食加热、食物冷藏、家庭等候区等综合功能。

一家人来到大兴国际机场，可以各有各的乐趣，逛上一天也不会无聊。孩子们有很多游戏设施缓解焦虑情绪，女人们可以逛逛逛买买买，对于男人来说，充电插座到处有，完全不必担心打游戏电量不足。美景俯仰皆是，美食触手可及，"欢乐时光"的体验被放大到极致，恐怕登机广播响起时，多数旅客都会恋恋不舍吧。

（3）科技深度应用，为商业数字化运营提供场景

大兴国际新机场另一个使人兴奋的亮点，是前沿科技在场内的运用。在使用智能手机已成为人们行为习惯的当下，这些技术的应用不仅能提升旅客使用机场的效率，也同样为商业部分的数字化运营提供了机会。

过去，机场航站楼的防爆、测温、健康码核查互相独立、依次进行，"三步走"让检测程序繁复、耗时。如今，大兴机场采用的"新型自助防爆测温闸机"则大大简化了这个流程。旅客到达航站楼后，只需在闸机口将身份证放到证件扫描区域，摄像头会即刻"刷脸"开启人员身份核验，而无接触红外测温、自动匹配个人健康码最新状态、爆炸物检测和重点人员筛查也与此同步完成……据测算，携带行李的旅客平均过检时间在 8 秒左右，未携带行

李的旅客则仅需 5~6 秒。可以想象，对于旅客而言，这将带来多大的便利，也会大大提升出行体验品质。

在大兴国际机场，旅客进行一次性人脸注册后，便可实现全流程自助、无纸化通行。旅客无须出示身份证、二维码，只需通过人脸识别就可以走完购票、值机、托运、安检、登机等出行全流程。与此同时，机场的乘务员也能使用人脸识别系统进行旅客复验、旅客清点确认、座位引导等工作。

坐飞机时，等行李是一件痛苦的事情。大兴国际机场全面采用 RFID 行李全流程跟踪系统，可实现旅客行李全流程跟踪管理，旅客用手机 App 实时掌握行李状态，可有效缓解等待行李的焦虑感。

通过旅客自助值机、自助托运、人脸识别、刷脸登机、RFID 行李定位等"黑科技"，旅客安检时间可缩短 40%。安检效率的提升也有助于旅客快速进入"欢乐时光"。

除此之外，大兴国际机场在首期建设中应用了 UWB 超宽带高精度室内定位系统，可对室内的人员和车辆进行路线追踪。未来，这种定位系统将为每个旅客提供量身定制的个性化导航和服务，在商业场景中也会成为消费辅助。

大兴国际机场的落成对北京和周边城市、地区乃至整个国家都有着重要意义，被国际媒体誉为"新世界 7 大奇迹"之一。从商业角度来看，作为一个特殊的枢纽商业载体，大兴国际机场目前的成绩可圈可点。由大兴国际机场这个案例，我们也可以总结出机场商业发展的趋势与特性，供其他同类商业空间借鉴。

4 案例启示

（1）机场商业逐渐向类购物中心模式发展

纵观大兴国际机场以及商业化程度较高的国外机场，如伦敦希斯罗机场、德国法兰克福机场、迪拜机场等，机场商业正向类购物中心化发展。融合主题场景之中的零售业态，以及购物中心的运营理念，使得作为消费者的旅客幸福感提升，从而助力机场商业的消费增长。

一方面，入驻品牌丰富度不断提高。从大兴国际机场的品牌入驻可以看出，新式茶饮、咖啡品牌，以及快时尚品牌的进驻，是中国机场商业的创新之举，为机场商业开启了中端品牌进驻的发展历程。

除零售外，其他业态也受到重视。大兴国际机场在品牌业态方面展示出年轻化趋势，同时也更加注重零售之外的餐饮及休闲娱乐业态。VR观影品牌数字王国、抓娃娃机等设置，都因对体验感的需求而生。

作为"类购物中心"，机场商业主题感与场景感日趋强烈。大兴国际机场有六个商业主题，贯穿中西文化，为世界范围内的客群营造一个国际交流体验场。这与当下购物中心进行主题分区、强调特色商业场景的做法展现出趋同发展。

（2）机场商业数字化将成为必然方向

机场是具有庞大流量的交通枢纽，也是天然的数据场。这些数据积淀是机场商业进行数字化升级的重要机遇。

在过去，机场商业凭借品牌知名度与低价免税这两大特质引发购买，然而，在年轻人已成为机场消费主力的当下，机场商业所面临的消费行为也发生了重大转变。

因此，机场商业为消费者提供完整的线上服务将成为未来的重要发展趋势之一。大兴国际机场的多点科技应用是进行商业数字化运营的有力工具，其场内"智慧系统"在未来也有助于数字化商业运营。

三　辅助阅读 ◀

（一）商业收入增长的密码，藏在顾客的情绪里

美国南加州大学神经科学、心理学和哲学教授达马希奥曾做过一个实验：他邀请了一群前额叶皮层（产生情绪的大脑区域）受损的人共进午餐，这群患者会不停分析不同餐厅的优劣，但是无法做出选择，他们失去情绪后无法判断选择哪一家餐厅对自己更有利。这个实验证明，人需要依赖情绪判断事件有利还是有害，对于产生积极情绪的事件我们认为是有利事件，对于产生消极情绪的事件则认为是有害事件。如果失去情绪，我们仅仅可以分析不同事件中的优劣势，但却无法产生哪个事件对自己更有利的判断。

商业运营的目的就是引导顾客的行为，而行为的背后其实都是情绪的驱动。所以，运营的底层逻辑其实就是了解人性，把握人的情绪。

1 情绪是消费决策的扳机

新一代的消费者越来越关注自我表达，其情绪消费需求趋势愈加明显，每一个场景激发的情绪都需要一个“解决方案”：开心了，人会积极乐观；伤心了，人会需要找到温暖；愤怒了，人会反击抗争；所有的行为背后都是情绪的驱动。情绪塑造了我们的思维感受，以及回应世界的方式。我们在心情愉悦时，会购买电影、餐饮等休闲娱乐产品；在疲惫时会进行 SPA 等放松；悲伤失落时会感同身受给予乞讨者或弱者捐赠……

正因如此，大量的新消费品牌都致力于品牌人格化和情绪标签化。从早期江小白“愿所有的未完成，都将来可期”“你不懂我的沉默，又怎么会懂我的难过”等经典解压文案走红；到 Lululemon 引领独立新女性健康生活方式的爆火，市值超越 Adidas；再到三只松鼠等个性健康小零食取悦年轻人，一人食小火锅慰藉空巢青年，以及商业街大量运用的夜经济、微醺经济、嘉年华活动等，都是在满足消费者的情绪需求。

与各品牌商家相比，实体商业更有"情绪诱发"的利器——空间场景。

当步入怀旧的古建林荫道，会不会有坐下品一杯咖啡的想法？在童话氛围浓郁的儿童空间，有没有爱意激发给小孩买件漂亮衣服？当进入摩天轮下的暖意场景，是不是有更多年轻人会触景生情馈赠礼物表达心意？……迪斯尼乐园的花车巡游和城堡烟花晚会，以狂欢和互动参与的形式、盛大有仪式感的宏大场景，不但造就了整个游览过程中的情绪高点和峰值体验，让游客在游玩器械类游乐设施后略显疲惫的情绪状态再次被点燃，还能唤起消费者对故事主角的内在情绪链接，激发对相关纪念品的即时消费。

2 情绪激发转化效率

人本性是懒惰的，商业进步所提供的便利性和效率，不论线上和线下，就是在尊重人的天性，而好的产品就要顺应客户的直觉，不需要让客户思考，因为思考会让人产生焦虑和思想防御。同时，人是具备明显的群体意识的，容易被潜意识内价值观认同或生活行为方式类似的人群或现象所引导，进行更快速的消费选择。

电商平台从"搜索逻辑"到"兴趣逻辑"的演进，就是顺应人消费特性的迭代。过往以图片为主要传播方式的淘宝类电商，客户先有明确需求，如购买服装，然后登录淘宝进行关键词和标签搜索，比对选择后进行消费。在这种情况下，客户会进行大量的比对和思考，其实是在增加选择难度。所以说淘宝电商是搜索的逻辑，就像我们之前的商业街区，客户也是要先有吃饭、购物等明确需求，搜索去哪个项目、哪个品牌，又需要登录大众点评等网站，同样是类淘宝式的复杂思考比对过程，无形中在增加成交难度，且客户体验的感受度并不好，我们每个人都遇到过不知道去哪家餐厅吃饭的烦恼，且搜索的这个过程也很复杂和令人头疼。

当下快速崛起的抖音电商，则是"社交 + 内容"的兴趣电商。以海量的大数据和标签，精准地为客户提供其感兴趣的内容，结合客户长时间观看的搞笑、影视、娱乐、时尚等内容，精准描绘客户画像，定向推送符合此类标签客户的消费内容，如商品和线下团购套餐等。相对于淘宝的有目的的搜索比对的主动购买行为，抖音和兴趣类聚合平台，是建立一个个兴趣标签组合的"场景"基础上，让客户产生场域内的群体意识，通过生动描述产品的视频，让客户产生共鸣和跟随消费。现实生活中的商业消费场景的进化路径也是一样，新商业的理念已不再是让消费者"因为买而逛"，而是"因为逛而买"——消费者像进入了一个专门针对其消费画像而设计的精准场域，在游逛中因为被有兴趣的内容激发，进而产生购买欲和购买行为。

同质化商业中的店铺，就像是淘宝上一个个的商家，在等待着客户有目的的比对挑选。而兴趣、情绪导向的商业，则是在与客户的兴趣认知产生共鸣和激发，很自然地引导下单消费。这样的游逛乐趣类似拆盲盒——如果以多个系列和不断的特色主题给予客户足够的新鲜感，形成一系列的内容刺激，成为一个"长在客户审美点"上的连续主题空间，就可以实现更自然和有效率的销售转化。

人人都知道的日本的秋叶原即是一个典型代表：作为全世界动漫、3C、潮流文化的聚集地，在长久的发展中细分出多个主题区域和特色业态，每一家店铺都是客户心目中的宝藏店铺，激发出了一家一家打卡的探索欲和多次到访的期望情绪。

3　情绪形成消费者黏性

不知道你是否发现，每当我们回首往事的时候，记住的往往只是一些"瞬间"，而不是很长的细节。比如说你今天去了迪士尼或环球影城这样的游乐园，可是在这一整天的时间中，你其实并不是每时每刻都是非常开心的。绝大多数的时间你一直都在排队。但是过几天，你再回忆起那天的游乐园之旅时，你记住的可能都是那些精彩的瞬间。这种现象，心理学家定义为"峰终定律"。

人在商业中的欢快、激动、美学触动等正向情绪创造了符合"峰终定律"的鲜明记忆，而也是对这些时刻的记忆促进了再次到访，提升了商业黏性（复购率）。

韩国的"现代首尔"（The Hyundai Seoul）项目以"与自然和谐共处的百货商店"为愿景，围绕当下的 MZ 一代（千禧一代、Z 世代）所打造，顶层的 Sounds Forest 是一处 3 300 平方米的大型室内花园，栽种了超过 50 棵真树，同时在顶部采用自然采光系统，通过通透的玻璃天幕将阳光引入室内。在这个空间内的背景音乐会跟随室外天气或者环境进行变化，为客户营造了一个和谐淡雅的与自然交流的情绪空间。此类中高端零售项目的公共空间设计理念，是以承载客户放松休憩、读书思考、静心冥想等情绪诉求为出发点，设置极致的室内花园、阳光房、书店等，让目标客户愿意日常频繁到访，且将项目变为了自身生活方式的常用目的地。

大火的 SEVEN PARK 天美项目，是由 7–11 母公司 Seven&I Holdings 打造的剧场型购物中心。项目除了零售、餐饮之外，还规划了前卫的虚拟空间以及众多娱乐活动，号称好玩程度不输主题乐园。其最大的亮点是把中庭打造成专门举办 LIVE 活动的平台——AMAMI STADIUM，并设有最高级别的约 520 英寸的超大 LED 屏幕以及专业的音响，通过影像、灯光、音效等，为消费者打造震撼的"全商场联动"秀。在打造出独一无二的硬件和场地的唯一性之后，更是大量与社会公共活动相结合，除了演奏、舞蹈演出之外，还承办演唱会、电子游戏活动、武术、辩论、无人机等各种类型的表演，成了当地独一无二的公共会客厅和情感交流目的地。

4 情绪创造新附加值

相比产品的基本功能，情绪价值是提供了更高附加价值的创造空间。例如，房地产除了基本的居住使用价值，高阶价值是缓解通胀和资产贬值的焦虑，成就了中产阶级承载风险和溢价的投资行为；知识付费满足了知识焦虑和成长焦虑，甚至也是一种自我满足的投资，较高的收费和溢价反而提供了更多的心理安慰。

而近期大火的东方甄选，源于新东方在教培行业下行时的行业担当及捐赠课桌等行为，先期给予一片消极的行业以坚韧不拔的力量和希望，再结合直播内容，以温暖的语言将诗和远方、高质量的知识同时带给客户，形成了一种独特的疗愈场景，使客户有很强的情绪获得感，推动了下单购买。

5　小结

随着"情绪商业"的新发展，将来商业项目主理人的差异化能力可能也不再是硬件和招商，而是一位细敏的情绪激发设计师，持续引导和激发顾客参与、体验与贡献内容的兴趣，实现商业与人的深度链接与内在互动。

（二）流量转化率低，线下商业应该从线上借鉴哪些经验

线上商业作为线下商业空间的虚拟衍生品，享受着无边界的规模效益。作为典型的赢家通吃市场，庞大收益的背后隐藏着巨大的经营风险，失败者往往一招不慎、满盘皆输。那么我们能否从线上商业的竞争中萃取经验，赋能线下商业呢？

从表面上看，线上平台间的竞争很难对线下商业竞争有所启发；但究其本质，电商平台的竞争仍与线下商业一致，即紧紧围绕消费客群的争夺。那么在此之下，电商平台之间的竞争核心遵循什么原则呢？作为受实体空间制约的线下商业空间，可取经的竞争抓手又是什么呢？

1　线上业务竞争核心聚焦消费者体验升级

大多数人印象中的线上平台竞争可能停留在 2014 年那场滴滴补贴大战中，当初一天几千万元的补贴狂欢已落下帷幕，线上平台逐步进入存量博弈阶段，竞争也由粗犷的现金补贴逐步转变为更注重服务体验的精细化发展。

从消费行为来看，服务体验将显著影响品牌选择与购买决策，消费者选择在某一个电商平台进行消费通常是因为某种体验被满足得更充分。例如，针对消费者想要快速拿到网购商品的需求，京东通过自建物流的形式来满足客户"快速收货"的体验诉求；假设阿里不提供类似的服务，就会慢慢失去市场。

网易 2020 年出具的《2020 电商客户服务体验报告》也证实了这一点，报告显示，"除去价格因素，个人服务体验（61.4%）是影响消费者产品购买意愿的最主要因素"；并且，追求体验的客群有年轻化的趋势，26~35 岁的年轻客群对于服务体验有更高的期待。

从线上行业竞争来看，不断满足消费者变化的体验诉求是维持竞争力的核心，这同样符合基本的心理学原理。依据马斯洛的需求层次模型，随着社会经济的发展以及消费者消费水平的不断提升，消费内容从满足功能需求逐渐转为满足体验诉求。那么，消费者需要什么样的体验呢？科技手段在其中实现的体验加成更值得关注。

2 体验关键抓手，好逛、方便才是王道

站在消费者的角度，什么样的消费体验是好的？是购物环节的购买体验，还是投诉时的客服响应速度、逛街时的整体体验？

一次好的购物体验大致由两方面组成，一方面是"剁手"的过程，另一方面是"剁手"的结果。

无论线上或是线下消费，消费者同样需要遵循需求—搜索—评估—消费—售后的购买流程，在流程上并未发生本质变化，但同样的流程下，二者聚焦的体验过程却各有不同。

（1）线上消费：降低消费者决策成本，焦点是买得方便

线上消费极大地减少了需求产生到产品搜索的过程，消费者足不出户就可以进行产品搜索，并通过价格比选、评价反馈、价值排序等功能高效完成

对比评估流程，做出购买决策。优势在于极大程度地提升了消费者的成交效率，通过提升消费效率带动消费体验。

不过，线上消费的缺点也非常明显，消费界面天然缺失消费者体验产品的环节，无论比选商品还是做出决策，消费者基本只能看图片、看功能数据、看用户评价，这是一个相对理性和静态的过程，缺少购物过程中的物理交互体验。

与之匹配，线上平台更为关注的也是降低消费者决策成本、提高决策购买的效率：通过大数据筛选、推送功能等功能，减少消费者的购买决策周期；打造商户评价系统、急速退换货等服务体系，弥补其体验环节的短板。

（2）线下消费：打造体验式消费环境，提升购买体验

线下消费的优势在于整体购物过程中的体验，包括具有体验感的业态搭配，可体验的场景，建筑、空间布置以及购物的即时性，同时具有相对较短的服务跟进时间。待解决难点在于如何吸引消费客群到场消费，也就是如何"引流"。

因此，线下商业更注重商场的"独特性"，通过不同的定位、场景打造、活动运营及定期品牌汰换等多种手段吸引消费者到访，解决从需求产生到产品搜索之间的物理区隔。当然，另一方面，实体商业也会通过合理的业态搭配，提升消费者的购物决策效率，促成消费。

（3）科技是消费体验核心赋能抓手

两类商业模式均遵循同样的交易流程，不同之处在于流程之间的衔接过程。整体来看，消费体验由购物体验与游逛体验组成。线上平台通过科技手段极致地挖掘消费者诉求，赋能消费体验，亦通过科技手段弥补消费流程中的短板。相反，线下商业的科技手段运用却稍显稚嫩，大部分的购物中心还不曾拥有自己的会员系统；线下商业如果不借助数据手段去实现消费者与商业空间的交互，未来如何赢得存量竞争？

3 线下商业空间的未来化竞争路径

科技应如何赋能线下商业？如果把消费体验分为购物体验与游逛体验两部分，则科技能加速消费者购买决策，让消费者"买得方便"，从而提升购物体验。

如何实现这一点呢？导购系统就可以提供较好的解决方案。

消费者在线下商业空间购物时，需要在有限的游逛时间内完成产品搜索、对比评估与购买成交的消费流程。如果通向目标店铺的路径过于曲折，或者隐蔽难找，自然会给成交带来阻力，也会影响消费游逛的体验感。此时，能够快速帮助客户定位商家的商场导购系统成了解决问题的关键。通过科技手段，商业空间的导购系统可以实现商家定位、路线引导、消费指南、进店导购、线上支付等多种功能，是把商业空间服务体验立体化、人性化的重要媒介。

新加坡福南广场应用数字技术，设置了简便而全面的触控导航装置，通过搜索，系统可以提供最短的路线，并根据需求匹配行动路线，改善顾客的购物体验。

其他改善消费体验的方式还有很多。比如，使用 AR、VR 技术提供商品在线模拟，商品的在线浏览、试穿与免费配送，高效的会员系统，等等。

通过科技手段提升消费者的"游逛体验"，同样有很多方式，助力消费者"逛得开心"。比如，购物中心可以通过对会员系统、POS 机、WI-FI 等多种媒介的布置增加消费者反馈触点，亦可以通过 CEM（客户体验管理）等过程管理系统收集消费者的实时反馈，从而挖掘消费者的真实诉求，倾听消费者的心声，帮助商业项目在激烈的竞争中找到体验优化的方向，实现购物体验升级。

数据运营能力是未来消费者体验提升的基础，也是未来购物中心发展竞争的重要依据之一。MO&CO 及海底捞表示，北京朝阳大悦城会在运营会议分享经营相关的大数据信息，这些数据信息的提供对品牌方很有借鉴意义，品牌方可以通过数据来制定未来店铺的运营方案。除大悦城外，龙湖集团、K11等多家头部房地产企业也在逐渐重视大数据的运用。

高科技手段还能应用在很多方面，帮助优化消费者的游逛体验。比如，消费者可以通过自动化手段筛选车位、停车缴费、预约门店。在新加坡的福南广场，消费者在商场购物期间所购买的商品可以统一储存，无须一直拿在手上，待离开时再统一带走所有物品。

4 小结

如今，我们越来越清楚商业空间与消费者实现体验链接的重要性。无论是线下商业还是线上平台，其科技手段的应用都难以脱离优化消费体验的核心本质。线下商业空间应坚持以消费体验为中心的科技打造，运用科技手段持续改善消费者的购买体验与游逛体验。

第三章

破解环境迷局：从
自身出发将特色发
挥极致

一 章前导读：小有小的美，大有大的强 ◀

商业项目具有不同的天然禀赋，有些禀赋会随着城市的发展而变化，如区位、交通、周边人口等；但项目体量以及项目所处的自然环境是自身难以改变的"先天条件"。体量太大会带来招商的巨大压力，体量过小则很难实现规划思路，无法形成竞争化差异。另外，地下、坡地等都会给商业项目的规划设计带来难度。

（一）小体量宜"纵深发展"，瞄准空白差异定位

小体量的商业难做，一是定位难，规模小，可容纳的功能和内容少。相应来说，给定位调整留下的空间也较小。前期定位一旦不准，后面的规划设计、招商运营都会产生一系列问题。

在招商方面，小体量商业也面临着一系列难题：市场占有率不高，大品牌落地性难；规模不大，品牌数量较少，容易陷入同质化竞争。

因为规模限制，小体量商业很难做到业态齐全、商品组合丰富，那么就要充分利用好自己"小"的特点，找准自己的目标客群，坚持围绕目标客群的消费需求展开，做到纵深唯一性，让"小体量"发挥出"大能量"。

要做到"小而美"，就要坚定不移地切入细分市场，走差异化道路。在确定了目标客群之后，应寻找目标客群消费空白点及升级点，找到与消费客群匹配的细分机会，并将其贯彻到业态规划、品牌选择、空间设计、后期运营等一切方面。

（二）大体量需"变废为宝"，突出亮点"画龙点睛"

大体量商业如果所处的位置好，优势很容易发挥，因为规模本身就能构成对消费人群的吸引力。而且规模大，可以形成更丰富的业态组合，可以引入更多样的品牌商家，可以设置更多优化客户体验、增强客户黏性的空间……

但是，三四线城市或市郊偏远地区的大体量商业要获得经营上的成功就比较有难度。如果区域经济及人群的消费力不足，商业体量的巨大反而容易带来定位、招商、运营的一系列混乱。

假如项目所在城市的消费力有限，项目商业面积确实难以消化，不如在商业层面之外，想想如何将无用空间变废为宝。城市绿地、展馆空间、游艺空间……均有不少成功案例。在三四线城市，更可以将场内的高频或是黏性高的业态单独分离，拆分为"商业＋教培中心"或是"一站式商业＋名品折扣"。无论哪种方式，只要空间的利益符合区域人群的需求、不与商业抵触就可以考虑，如果能够与商业产生协同效应则不仅能够锦上添花，更能雪中送炭。

还有一种情况，大体量项目所处的城市消费能力没有问题，但项目本身的各种因素使其在市场竞争环境中处于不利位置，难以聚客，显得空空荡荡。此时，最应该做的当然是化解项目的各种不利条件，重新组合商业要素，并可引入有强大引流能力的品牌，创造亮点，提升项目聚客能力。

（三）环境不利应因地制宜，遵循定位灵活变通

还有一类商业项目，在先天环境上存在一些不利因素。最常见的就是周边交通差，项目通达性不好。或者有遮蔽物，可视性不好。有的项目位于地下，如果空间规划不好很容易产生压抑、沉闷感，引发客户的排斥心理。

但实际上，所有这些不利条件都并非绝对。以交通而言，随着区域成长与人群的引入，很多问题都会得到解决。项目自身也可以做更多努力。再说

到先天环境，本章选择的一个案例——重庆 The Oval 一奥天地是一个纯地下的商业空间，与其他商业相比面临更多挑战，而我们从项目实际出发，进行一系列的创新且有趣的探索，将"劣势"转化为特色，取得了可喜的效果。

水无常形，兵无常势。牢记自身定位，把稳客户需求，才是万变不离其宗的王道。

二 案例 ◀

（一）案例 1：前海·卓悦 INTOWN| 小体量，高竞争，做对什么才能赢

    1 案例导读：点燃前海商业的卓悦 INTOWN

    2 案例概况

    3 案例解析

      （1）区位优势与现实困境

        A 前海扩容，卓悦 INTOWN 率先入市

        B 飞速扩容的前海自贸区

        C 卓悦 INTOWN 激发前海商业活力

      （2）困难重重中不断前行

        A 挑战从何而来

        B 聚焦长期发展，站在未来看现在

      （3）项目策略指导下的产品规划

        A 打破"配角"思维，主动向外伸展

        B 垂直空间建立分层业态，平面分区模拟消费情景

        C 无界思维启发"沉浸式"消费

      （4）项目业态与品牌解码

        A 满足职场人多元需求，提升商圈品牌层次

        B 如何满足"理想职场人"

4　案例启示

（二）案例 2：The Oval 一奥天地 | 地下商业空间如何巧妙"见招拆招"

1　案例导读：地下商业的"另类"解法

2　案例概况

3　案例解析

（1）"纯地下"挑战，关键问题在哪

A　商业体量庞大，竞争激烈

B　缺乏驱动，难以引流

C　中小面积，品牌受限

（2）"山城文化"为空间规划破题

A　以"镂空"手法，建立地上与地下的透明，形成空间融合

B　师法自然，以弹性、节奏的光配方营造调动积极情绪的"超地上空间"

C　顺应山城楼层认知习惯，塑造以"负二层"为新首层的新视觉体系

（3）立足消费场景重构业态体系

A　没有尽头的消费细分

B　来自社会学视角的商业定位

C　全新的业态组合

（4）持续运营活动营造归属感

A　自有 IP 打造，形成精神共鸣

B　高度聚焦目标人群，提升归属感

C　活动功能化，丰富项目价值维度

4　案例启示

（一）案例 1：前海·卓悦 INTOWN ｜ 小体量，高竞争，做对什么才能赢

1 案例导读：点燃前海商业的卓悦 INTOWN

前海·卓悦 INTOW

2021 年 9 月 6 日，中共中央、国务院印发的《全面深化前海深港现代服务业合作区改革开放方案》发布，前海合作区将打造粤港澳大湾区全面深化改革创新试验平台，建设高水平对外开放门户枢纽。前海合作区由 14.92 平方公里扩展到 120.56 平方公里，面积扩大八倍。深圳西部沿海区域将全部连成片，打造一个中心（前海湾中心）；一个全长 68 公里的世界级活力海岸带；打造国际海港新城、深港国际金融城、空港枢纽城、会展新城、海洋新城。前海合作区将不断发挥导向引领、带动示范、平台集聚等效应，成为新时代改革开放"最浓缩最精华的核心引擎"，为实现中华民族伟大复兴做出更大贡献。

前海·卓悦 INTOWN 购物中心作为深圳前海自贸区扩容后的首个商业综合体，备受业内关注。2021 年 9 月 26 日，前海·卓悦 INTOWN 盛大开业，主打"LAB@INTOWN"的产品概念，定位为"一个促成分享、激发灵感的商务核心区商业空间"，紧跟"商办同圈"的生态创新趋势。其投入运营以来，有效促进了前海片区完善商业配套，激活了桂湾片区乃至前海的城市活

力，打造成了前海时尚生活新地标。

2 案例概况

区位： 深圳市南山区南山街道，前海自贸区桂湾片区

名称： 前海·卓悦 INTOWN 购物中心

体量： 商业面积 3.53 万平方米

开发商： 卓越集团

定位： 一个促成分享、激发灵感的商务核心区商业空间

3 案例解析

前海·卓悦 INTOWN 购物中心，在业内许多人看来是一个占据了天时地利的好项目。但不为人知的是，策划之初，这个项目也曾让人们伤透了脑筋。卓悦 INTOWN 所处的桂湾片区是前海启动区，入驻企业数量少，周边居民也严重不足。在这种状况下，购物中心去哪里找客群，又凭什么吸引他们呢？

（1）区位优势与现实困境

A 前海扩容卓悦 INTOWN 率先入市

2016 年 9 月 6 日，"前海方案"的发布为深圳前海合作区带来了实实在在的政策红利与未来的无限发展空间。而就在方案发布前十天，前海·卓悦 INTOWN 购物中心举行了试营业亮灯暨前海美食城潮流茶饮节启幕仪式，前海自贸区第一个入市的商业综合体就此拉开帷幕。

9 月 26 日，前海·卓悦 INTOWN 正式盛装开业，布置 12 大打卡场景，举办为期 3 天的"职场游园会"活动，并联合 14 家品牌商户策划"天台精酿啤酒之夜""荧光热舞派对"等。现场人声鼎沸，热闹非常，吸引了许多自贸区及周边商务人群前往。

作为前海扩容后的首发商业项目，前海·卓悦 INTOWN 的启动吸引了更多产业办公，而产业办公入驻又反哺商业活力，前海商业从此载入深圳史

册。前海·卓悦 INTOWN 开业获得圆满成功，再次印证了我们对区域价值潜质的判断，也丰满了前海·卓悦 INTOWN 产品线的竞争力要素。

B 飞速扩容的前海自贸区

深圳前海合作区大面积的扩容，意味着深圳前海发展的势头高歌猛进，也彰显了国家对粤港澳大湾区非同寻常的政策扶持力度。

2021 年 9 月的前海扩容，深圳前海合作区不仅获得了进一步发展所需的大片土地，更将会展新城、海洋新城等新兴战略型产业揽入怀中，从而大大提升了发展能级。

扩容后的前海合作区

展望未来，"扩区"后的前海将拥有丰富的产业业态，在高新科技、海洋科技、航空物流、会展业以及先进制造业等方面大有可为；将强化现代服务业的深度合作，成为全国现代服务业深化改革开放的最前沿功能区；将实现人才和体制机制优势，实现互利共赢。而被纳入前海合作区的各个片区也将获得新的活力与发展动能。

截至 2021 年 8 月，前海深港现代服务合作区累计注册港资企业 1.15 万家，注册资本 1.28 万亿元。按照规划，截至 2035 年，前海将形成完善的高水平对外开放体制机制，营商环境达到世界一流水平。毫无疑问，在空间扩容和产业扩容后，前海将成为深圳经济增长的主引擎。

此外，前海扩容也意味着城市更需要多元化的发展。以前，前海一度被人诟病为"只有搞钱没有生活"，生活气息和商业氛围都不够浓厚。但随着前海片区的成长与扩容，其商业也正蓄势待发，且显示出得天独厚的优势。

前海的发展得到国家多项政策红利的加持；扩容之后，前海覆盖了珠江口在深圳段的南北全线，陆地上与东莞接壤，隔海与香港、珠海和中山相望，更具有中心区位效应和辐射带动作用。在交通方面，前海片区通过 14 条轨道交通、6 条高快速通道连通大湾区和深圳各区。不仅如此，片区还汇集了机场、港口群、轨道中心等各种交通枢纽，商业资源极为丰富，商业发展空间无比广阔。

据前海管理局透露，前海已制定了"1+3+5+N+X"的分级分区商圈体系，力争在 2035 年将前海建设成国际一流的消费中心城市核心区。

Ⓒ 前海·卓悦 INTOWN 激发前海商业活力

深圳的未来看前海，前海的未来看桂湾。

整个前海深港现代服务业合作区有 120.56 平方公里，但其核心片区，也就是前海自贸区仅仅只有 14.92 平方公里，是未来整个大湾区商务化程度最高的区域。

前海自贸区分为桂湾、前湾、妈湾三个片区，其中桂湾定位为"国际金融城"。作为前海的"心脏"和"门面"，桂湾片区将崛起密度最大的高档写字楼和高端商业，聚集大量精英商务人群，从而衍生对商办商业的强需求与新挑战。

卓越置业集团一直深耕深圳商业及商务市场，在福田、南山、前海大量核心区域开发了 40 余栋写字楼，有"深圳 CBD 之王"的称号。2013 年 7 月 26 日，深圳前海首次推出桂湾片区两块土地，在公开拍卖环节，卓越集团以 123.79 亿元拔得头筹，顺利将两块地收入囊中。

从"前海第一拍"至今，前海不断加快国际化城市新中心建设，截至目前，前海区内累计实现 226 栋建筑主体结构封顶，其中建成并交付使用 195 栋，一大批办公写字楼项目陆续建成入市。桂湾金融先导区雏形已成，商务办公楼已进入入驻高峰期，随着片区大量企业和人员入驻，前海商业配套相对薄弱的短板日益凸显，已开始严重影响商务人士的办公与生活。

同时，周边龙海家园和前海时代等小区有大量的居民，购物餐饮需求旺盛，区内生活配套也无法完全满足。前海·卓悦 INTOWN 的开业有效完善了片区配套，让入驻企业人员和周边居民生活更加便利，不断提升他们的获得感和幸福感。

（2）困难重重中不断前行

卓越集团旗下的商业地产分为三条产品线：卓悦汇 INJOY、卓悦 INTOWN、卓悦时光 INTIME。其中卓悦 INTOWN 作为城市核心区商务配套产品，已成为所在区域商务增值最重要的价值服务。位于福田 CBD 的前海·卓悦 INTOWN 在调整升级后，以火锅夜市为特色吸引大批市民，甚至不少香港居民也专程来此消费。

前海·卓悦 INTOWN 延续了福田·卓悦 INTOWN 积淀 8 年的深厚商办基因，且在概念定位、空间设计、业态品牌上更加超前。作为 INTOWN 系列中的高端商务旗舰，项目结合区域商务办公，将目标客群精准锁定为前海片区内经济实力较强的商务人群，客群定位标签为"商务有闲阶层"。通过前期清晰的市场站位、目标客群细分及差异化竞争力研究，项目定位锁定在「LAB@INTOWN」，形成商务社交、休闲消费、文化生活聚合的超级体验目的地。目前，前海·卓悦 INTOWN 不仅是卓越商办商业旗舰项目，也将前海商办商业带入一个新的阶段。

前海·卓悦 INTOWN 将前海商办商业带入一个新的阶段

A 挑战从何而来

前海·卓悦 INTOWN 所处的前海桂湾片区是前海的启动区，也是前海的核心区，入驻企业远远慢于项目建设进度，其空置率一直位居深圳各商务版块之首。

作为前海金融中心，桂湾区域规划居住指标极少，周边社区消费也明显滞后。所以，前海·卓悦 INTOWN 到底如何定位，目标客群又是谁，一直困扰着卓越集团。经过研究分析，前海·卓悦 INTOWN 面临的挑战主要有以下几个：

商务氛围不成熟，入驻企业持观望态度

前海作为大湾区规划中商务化程度最高区域，许多综合体项目整体开发周期长、商业服务滞后，许多企业只关注政策优惠而进驻缓慢，短期内难以形成较高人气的商务氛围。

区域周边被大体量商业项目包围，竞争格局继续加剧

项目 3 公里范围内有壹方城、海岸城及来福士等知名商业共计上百万平方米，未来周边将形成以华润、新世界、鸿荣源、中粮等为代表的商业近 20 万平方米，出生即遭遇强手。

小体量商业成群，各项目需独立细分方向

前海·卓悦 INTOWN 商业面积约 4 万平方米，周边商业项目大多为小体量项目，大量小规模商业项目新竞争均面临市场细分。

前海人口导入速度慢，新区面临更长培育期

卓越·前海壹号作为最早启动综合体，周边项目一直处于建设状态，许多公建配套还未完善，在区域核心人群基数有限、人口导入缓慢的条件下，对商业培育面临巨大挑战。

B 聚焦长期发展，站在未来看现在

虽然存在诸多疑虑，但看待一个项目的前景，我们需要了解，项目作为区域的一个点，往往依赖板块价值网的边界约束，也得益于价值网的能量释放。如果从更长周期、更大范围去看待片区或城市运行规律，我们就更能看清项目的市场需求、精准匹对、空间创新与品牌筛选等一系列问题。

40 年前深圳聚集于产业创新，未来 40 年深圳将聚集国际消费之都；与此同时，深圳亦面临大湾区优质资源汇聚的历史机遇。展望未来，前海商业发展面临的只是短期培育、长期加速的节奏问题。基于项目的首发位置，在外部不确定量化情况下，我们为前海·卓悦 INTOWN 针对性地制定了发展策略。

理清前海片区战略角色，重塑商业信心

从 2010 年 3 月前海管理挂牌，2015 年 4 月深圳前海蛇口自贸区揭牌，到 2021 年 9 月前海扩容，前海发展具有极强的产业示范、区域示范、城市示范作用，必将改变深圳传统商业发展格局，迎接世界头部的顶级资源

和大量的高质量商务人群。深圳商圈一路向西，将给前海的未来描绘美好蓝图。

精准市场站位，直指商务配套角色

前海板块站位世界大湾区的新金融商务区，卓越前海壹号商业体量较小，未来聚集在纯商务属性市场去细分定位，通过高黏性功能建立与目标人群的需求通道。

通过多维数据分析，量化消费潜能、聚焦个性需求

利用我们设计的人口增长能力模型，预估前海未来人群增长趋势，形成"短期萌芽、中期成长、长期稳定"的关键节点；进而通过人群分析法、案例对标法，构建未来客群需求模型，从而挖掘项目核心功能，并最终确定客群为"商务有闲阶层"。2018—2035年前海人口增长预测如图3-1所示。

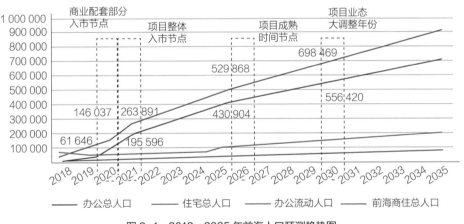

图3-1 2018—2035年前海人口预测趋势图

建立"冲突"的差异化竞争优势

关注客群的生活方式，了解其特定消费行为下的核心需求，通过制造更多有冲突的内容与场景，形成一种整合了冲突与融合的消费新体验，建立项目差异化竞争优势，定位为"CC LAB"。表3-1呈现出项目针对消费群的一天生活。

表 3-1 项目能为"商务有闲阶层"提供的价值

	轻选择		慢生活		玩混搭	
地上	喝一杯咖啡	商务宴请	下午茶社交	享受一顿安逸的晚餐	饭后运动健身	睡前酒吧小酌一杯
	9：00A.M.	12：00P.M.	15：00P.M.	18：00P.M.	20：00P.M.	22：00P.M.
地下	匆忙的便利店早餐	和同事享用美味中餐	打包下午茶带回公司	下班路上逛街	睡前美容护理	深夜书店满足精神需求
关键气质	优选内容给予客群选择便利		快节奏中偷闲犒劳自己		多维混搭业态提升体验感	

探索升级版"卓悦 INTOWN"

基于产品线原有的商务服务配套主题，结合消费者细分大趋势及卓越壹前海号综合体特性，升级卓悦 INTOWN 为开放主题空间的全新产品线。

建立长周期规划项目成长路径

项目从开业到成熟发展要经历不同的成长阶段，初期建立主题配套服务，融合便捷零售、跨界服务、冲突业态的商务配套业态；中期跟进品牌提升，借助商圈势能优化自身品牌级别；后续关注收益增加，逐步形成项目投资效率。如表 3-2 所示。

表 3-2 项目业态方案调整阶段

2020 年	2021 年	2026 年	2030 年
满足商务客群的刚需品牌	自带流量的冲突品牌	高坪效的优质品牌	核心区的首店旗舰品牌
地上开业部分以满足商务客群刚需为前提，以餐饮、便利店及服务配套为主	以满足客群刚需的餐饮和零售业态为主，配合基础生活配套业态；品牌不在于"大"，而在于"新意"	业态调整需要综合考虑项目收益情况，引入高坪效的优质品牌提升整体租金	项目已过培育期，整体运营趋于成熟，周边客群基数已有大幅度提升，考虑"首店品牌"的引入，进一步提高项目形象

（3）项目策略指导下的产品规划

在未来发展指导策略下，我们为项目产品规划了具体路径，以量身定制一个区别于周边商业的差异化产品，并强化卓悦 INTOWN 产品线的高端商务性。

A 打破"配角"思维，主动向外伸展

传统的商办商业视角是向内的，默默作为写字楼的"配角"，用千篇一律的餐饮将人短暂地"锁"在商场里；而新生态的商办商业视角则是向外的，讲求差异性、主题化定位，除了满足商务客群便捷、高效的日常需求，还要营造休闲活力氛围和赋予社交娱乐体验，提升原有客群的消费频次和场景，并吸引"自来水"式的外部客群。

探索"会呼吸、无边界"的购物中心场景

前海·卓悦 INTOWN 于室内空间上，与绿植有机共生，在钢筋丛林里构筑一方松弛之地。

·"开放式街区"如城市街道般亲近

卓越·前海壹号城市综合体含四座独具特色的办公塔楼及卓悦 INTOWN 旗舰商业，规划上通过"开放式街区"串联起公共空间，下楼即漫步公园，自由切换工作与休憩模式。

在钢筋丛林里构筑一方松弛之地

· 地铁接驳 + 空中"白色连廊"，社交无间隙

卓越·前海壹号地下层连通地铁以及前海周边项目，全方位磁吸客流；

二层的"白色连廊"相互连通，整体形成完整的空中环状动线，营造时尚、年轻、亲密的社交空间。

B 垂直空间建立分层业态，平面分区模拟消费情景

面积达 4 万平方米的前海·卓悦 INTOWN，围绕商务客群"日常刚需""时间释放""社交转化"三大核心需求，精准规划楼层及业态布局。在地下一层打造全新的美食圣地与社交空间；一层则提供金融服务、生活社交体验；二层定位品质美学生活与轻奢美食。

地下空间规划以满足"商务生活属性"的核心需求为主，强调服务与便捷消费；地上空间规划满足"商务交往属性"，强调社交与夜生活消费。通过垂直空间"冲突"形成不同空间的鲜明差异，支持同一时段的错位消费。

地下一层面积大，与多个综合体连接，是前海·卓悦 INTOWN 最为活跃的商业区域。在地下一层，根据平面空间及交通连接性，模拟商务人群消费情境，建立有节奏感的平面冲突规划。在这里，将消费人群划分为轻选择（Light Lab）、慢生活（Slow Lab）、玩混搭（Mix Lab）三种消费场景，将地铁链接空间设计为快节奏业态，东侧末端位置设计为慢空间，将与万象生活位置处理为混搭空间业态；通过平面冲突与融合的设计，将地下一层效率与场景充分调动，打造鲜活的消费场所。如图 3-2 所示。

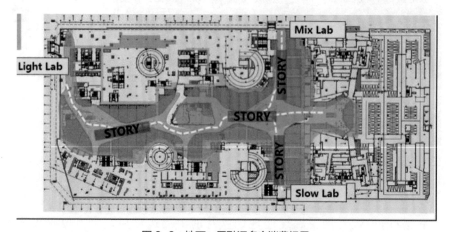

图 3-2　地下一层融汇多个消费场景

C　无界思维启发"沉浸式"消费

数字时代的来临让人们在精神层面有了更高的追求，"沉浸＋"正不断拓展其边界。传统、单一的商业空间形式已经无法适应体验经济时代，沉浸式体验满足了人们对于精神文化的诉求和体验经济发展的时代潮流的需求。以沉浸式体验为核心的沉浸式产业，正在成为未来商业领域新的制高点和核心竞争力。

前海·卓悦INTOWN作为商办商业，主旨是为商务人群提供商业配套。而配套型商业的商户需求面积通常较小。若采取小面积店铺分割方式，公共通道或空间面积往往很小，顾客体验不佳。

因此，店铺分割采取"无边界"思维，通过运营区的开放设计，实现不同店铺消费者互动与交流，弱化"边界感"和"品牌区分"，从而打造"内容沉浸式消费场景"。

（4）项目业态与品牌解码

以"商务人群灵感试验场"（CC LAB）为主题的前海·卓悦INTOWN，从其规划到开业，都在内容与空间上与CC LAB主题进行匹配与融合，让快节奏职场人士在提升效率的同时享受便捷服务，让有闲暇时光的商务人士能交流与放松。而实现这一点，是与其完善的业态规划及富有创意的品牌组合分不开的。

A　满足职场人多元需求，提升商圈品牌层次

以前，多数商办商业给人的感觉是简单甚至简陋的，便利店、快餐店、咖啡馆似乎构成了商业配套永恒不变的面貌。而前海·卓悦INTOWN作为商办商业的破界者，在业态上实现了大胆的创新，将商务人士对职场外生活的期待挖掘得淋漓尽致，不仅带来精致多元的社交场景体验，更着力提升桂湾商圈的品牌层次。

对于上班族来说，如何平衡生活与工作是一大难题。前海的商务客群经济实力强、学历水平高且年轻无孩，集加班狂、职场新贵、酷玩达人等标签于一身，渴望在快节奏的工作中融入社交生活的慢乐趣。

客群形象为前海·卓悦INTOWN的业态组合提供了基础。在工作与生活越来越难以分清界限的当下，前海·卓悦INTOWN懂职场人所想，有效率、有品位、有趣味、有闲暇的"四有新人"或许是新时代职场人的理想人设。于是，基于整体业态规划策略，前海·卓悦INTOWN项目业态分为了轻选择（Light Lab）、慢生活（Slow Lab）、玩混搭（Mix Lab），通过不同平面与空间组织，形成前海精彩绚烂的消费新势力。

三种业态都捧出了极具品牌影响力和号召力的主力店。"轻选择"的主力店是团餐界的米其林——纷食里熟食中心；"慢生活"的主力店是轻奢健身主义的代表品牌——普拉达健身；"玩混搭"的主力店则是新晋年轻人狂欢圣地——魅KTV。

除了丰富的休闲、特色、商务餐饮，前海·卓悦INTOWN还配套了不少生活及零售业态，包括蔚来汽车、全家便利店、乐刻运动、爪爪喵星球、博士眼镜、酷乐潮玩、微软、小米、荣耀、OPPO等。另外，包括广发银行、招商银行等五家银行也已进驻开业。

不难看到，通过这样的业态规划与品牌组合，不仅满足了职场人的品质社交需求，还从深层次满足了他们的内心渴望：高效率而自由的生活，随时随地做最闪耀的自己。

B 充满创意的品牌组合

对应轻选择（Light Lab）、慢生活（Slow Lab）、玩混搭（Mix Lab），前海·卓悦INTOWN选择了一批品质感强、新鲜度高的品牌商家入驻，下面进行简要介绍。

Light Lab 轻选择生活方式

以快捷零售和餐饮功能为主，满足客群基础需求，核心业态包括精致零售、数码科技、快捷餐饮。品牌包括：京东之家、Microsoft、小米、博士眼镜、星巴克、M STAND、奈雪的茶、爱碗亭、克茗冰室等。以下为主力品牌介绍：

- **"纷食里"熟食中心**

是能量补给站，亦是聚餐快活地。前海首个落地的公益性熟食中心，是提升前海及周边市民的用餐品质服务，完善前海基础餐饮配套的重要一环。不仅提供五湖四海的美食，更采用全自动智能无感支付，每个餐盘都自带智能芯片，可智能称重，大大节省顾客排队等候的时间，实现便捷、环保、科技的用餐体验理念。

- **庄民之燕**

深圳首家网红国潮燕窝奶茶店，始创于深圳的前沿国潮养生品牌，其母品牌是京东平台干燕窝销售榜首——庄名。此次尝试线上与线下结合、燕窝与茶饮跨界，开辟国潮养生新茶饮赛道，前海·卓悦 INTOWN 是他们重要的第一站。

- **克茗冰室**

作为深圳本土出圈的网红港式茶餐厅，以国潮千禧风在深圳"冰室"中脱颖而出。克茗冰室是许多购物中心极力争取的茶餐厅品牌之一，其高性价比的产品吸引了商务人群的日常光顾，属于设计颜值与产品实力并存的热门餐饮品牌。

- **京东之家**

京东之家是京东 3C 事业部的线下门店，主打京东线上线下同价，提供了包含手机、数码、IT 等电子设备的线下销售。作为项目内轻零售的代表品牌，集合了各大品牌 3C 产品，为周边商务人群提供最便捷的优惠数码产品。

Slow Lab 慢生活方式

以时间消费业态为主，包括下午茶、格调与特色餐饮等，核心业态包括咖啡、健身、按摩、餐饮，为职场人士的轻茶饮社交、休闲餐饮、高端商务宴请等需求提供了完美解决方案。品牌包括：十日谈、M Stand、润园四季椰子鸡、黑旨烧肉、捞王、八合里海记潮汕牛肉火锅、西堤牛排、蓉城小馆、普拉达健身 PANATTA、悦己轻体美容、Mr.JUDY、IN STAGRAM 沙龙等。以下为主力品牌介绍：

- **普拉达健身 PANATTA**

前海首家高端健身房，填补前海高端健身市场的空白，为在前海工作的高端白领和城市精英提供健身运动的生活空间，致力打造轻奢健身新方式，为会员带来独特而富有生命力的体验。极具包容性的人文关怀与简单纯粹的运动理念在这里得到了最好的诠释。

- **M Stand**

"刷爆朋友圈"的中国本土高端精品咖啡连锁品牌，是目前国内既有创意产品又有潮流个性品位的咖啡品牌。M Stand 不再是单纯的咖啡店，而是年轻潮流个性的生活方式，深受年轻人喜爱，试营业期间便成为周边商务办公人群的"打卡圣地"。

- **润园四季椰子鸡**

作为深圳最出名且每天排队的椰子鸡品牌，可谓是椰子鸡品牌的鼻祖。此次入驻卓悦 INTOWN，不仅为周边商务人群提供了日常用餐环境，还为居住在前海、宝安及南山中心的市民提供了聚会平台。

- **十日谈**

引入深圳本土的网红咖啡店，为商务办公人群增添一处商务洽谈、放松小憩、友人消遣的休闲空间。

- **黑旨烧肉**

集口碑与销量于一体的日料界烧肉大神，正以深圳第二家店的姿态入驻前海·卓悦 INTOWN，这对于曾是"烧肉荒漠"的前海来说，是一个令人期待的品牌，开业后将为前海商务精英带来更高质量的仪式感餐厅。

Mix Lab 混搭生活方式

以混搭跨界为标准引入娱乐功能业态，多维度满足客群核心需求，品牌包括：

- **魅 KTV**

前海首家休闲娱乐 KTV，前海·卓悦 INTOWN 瞄准前海夜经济，为前海"全时段"购物消费增加活力元素。魅 KTV 颠覆传统，重新定义 KTV 娱乐方式，利用线上直播与线下实体店结合互动的形式，引导 KTV 项目往 O2O 方向发展，形成集酒吧、私人影院、直播站点、K 歌室等项目于一体的一站式综合型文化娱乐产业。魅 KTV 配备了高清摄像头，直播智能辅助设备和智能互动系统，实现了各种灯光舞美的需求，满足了影像的记录需要，其高颜值、丰富体验和一站式的服务，为年轻白领提供了下班后放松休闲的理想去处。

C 空间赋能，商办同圈

理想的商办商业项目，应是办公人士工作与家之外的"第三空间"。卓越·前海壹号写字楼可容纳办公人数约 2 万人，目前已吸引前海管理局、京东、中国移动等知名企业入驻。在空间设计上，前海·卓悦 INTOWN 充分利用卓越·前海壹号的优势，使商业部分与办公部分形成和谐而高效的互动。商业可满足写字楼内"上班族"的各种需求，后者又给项目带来源源不断的客流和消费，彼此相互赋能，推动"商办同圈内循环"的可持续商业生态。

在空间上我们看到，前海·卓悦 INTOWN 在卓越·前海壹号之间形成开放式商务街区，创造自然开阔的"亲近自然"氛围，这是对商办空间"绿化"的逐步尝试。

在地下商业街区，每个餐饮店铺均设计独立外摆，形成"无边界"空间概念，增加热闹氛围的同时增加店铺进深，实现了氛围感与实用性的双重提升。

地下商业街区"无边界"
的空间概念

下沉广场秉承"开放、自然"的空间特性，通过绿植渲染下沉广场的自然有机氛围，营造绿意、通透、内外互联的商务核心区之社交场所。

项目整体以保持"精致元素"为基调，以星空、流线、通透的元素进行局部点缀，通过 LED 屏、斜框玻璃顶等技术手段实现恒变主题。其地下一层大中庭通道通过艺术装置摆设进行点缀，未来可用作商业经营外摆，也可采用"Story"恒变概念店的方式分期分主题经营。

前海·卓悦 INTOWN 作为开启前海商业活力引擎的新区配套商业，是对未知需求精准判断、对未来发展有的放矢、对产品力精雕细琢、对商户价值量身定制、与顾问合作共创的一次考验，更是引领前海商业自贸区向上生长的重要标志事件。

如今，前海·卓悦 INTOWN 已形成一定的商业集聚效应，以前海·卓悦 INTOWN 和前海万象城为核心，桂湾商圈雏形已成，其商圈面积约 14 万平方米，工作日去重客流为 32 762 万人次，节假日去重客流为 22 764 万人次，商圈内客源主要来自区域写字楼内的办公人群。

未来，前海商业将更加繁盛，前海·卓悦 INTOWN 也将持续发挥其"时尚生活新地标"的价值。

4　案例启示

（1）站在城市未来生长的角度为项目定位

前海扩容将增强前海未来在全球的商务影响力，也将深刻改变深圳的商业格局。未来，前海将成为与北京 CBD、上海陆家嘴有同等影响力的世界级商圈。前海·卓悦 INTOWN 项目因其中心位置将迎来更多商机。要站在这个角度看待项目的规划，才能让产品具有长远的生命力。

（2）商办商业要解决"为谁服务"的问题

作为商办商业，首先要满足同区域办公楼商务人士的需求，他们不仅为商业提供稳定的客源，更能实现商业的口碑传播，不断提升影响力。从开业营销活动、建筑空间设计到业态品牌规划，前海·卓悦 INTOWN 十分注重与写字楼内的"上班族"积极互动，而后者又给项目带来源源不断的客流和消费，彼此相互赋能，推动"商办同圈内循环"的可持续商业生态。

（3）按照消费场景规划业态造就项目差异化

在一个充满竞争的市场，如何造就项目的差异化？前海·卓悦 INTOWN 富有创意地通过商务人士的消费场景进行业态规划和品牌组合，将消费人群划分为轻选择（Light Lab）、慢生活（Slow Lab）、玩混搭（Mix Lab）三种消费场景。让快节奏职场人士提升效率的同时享受便捷服务，让有闲暇时光的商务人士能交流与放松，无愧于"灵感试验场"的主题定位。

（二）案例 2：The Oval 一奥天地｜地下商业空间如何巧妙"见招拆招"

1　案例导读：地下商业的"另类"解法

地下商业空间在国内已有多年发展历史，走过了若干发展阶段。从服装摊贩到怀旧集市，从电子零售到特色店铺，地下商业即使"暗无天日"，也始终向阳生长。许多国外的地下商业项目，如纽约 Bryant Park、京都高铁站前 PORTA、东京八重洲地下空间等，为我们提供了成功的榜样。在国内，近年也出现了上海巨鹿 158、成都 REGULAR 源野等，呈现出多姿多彩的面貌。

The Oval 一奥天地

毋庸讳言，地下商业至今难以成为主流的开发模式，是因为商业主体结构全处于地下，面临诸多限制性因素，给开发和运营带来很大难度。

地下商业对排油烟、通风、燃气、层高、消防安全等有着多方面的限制，使餐饮、娱乐等许多业态受限。空间格局相对局促，光线、通风条件不佳，商业环境相比地上大打折扣，易引起消费者的心理抗拒。正因为开发和运营难度大，地下商业空间一直被业内视为"专业试金石"，是对项目策划和运营能力的真正验证。

The Oval 一奥天地项目是一个纯地下的商业空间，其前身是一个废弃的地下商场，21 世纪初建造，一直没有投入使用，长期被用作社会停车场。纯地下建筑，体量"不尴不尬"，周边竞争激烈，这样一个项目，操作难度可想而知。

针对项目的这些挑战，我们展开了一系列创新且有趣的探索，并获得了一定效果。如今，The Oval 一奥天地已成为重庆现象级"娱乐＋休闲＋商业"地标，覆盖娱乐休闲、社交体验、家庭生活等全业态。

项目过程的经验虽不能完全复用于其他项目，但很多方面仍有普遍的参考性。立足自身实际条件，通过精巧的设计与方案，就可以化劣势为优势，变限制为特色，原本"地下"的不利条件，换一个角度思考、换一种策略操作，就可能转化为项目得天独厚的特质。地下商业难题的答案，都藏于在地文化中。

2 案例概况

区域： 项目位于重庆市两江新区 3 号线地铁金童路站，驾车 1 公里内链接城市主干道金开大道、210 国道机场路。

名称： The Oval 一奥天地

体量： 7.4 万平方米

开发商： 东原房地产开发有限公司

定位： 为城市新青年提供丰富多样的新生活

3 案例解析

（1）"纯地下"挑战，关键问题在哪

地下商业空间因为在"地下"，空间特征必然影响它的商业用途。说到地下商业，我们经常联想到的劣势可能有很多。比如层高低、无自然采光、空气不流通、业态受限、人流动线不好、品牌缺乏对外展示面等，这些的确都是事实。对于 The Oval 一奥天地还有一大挑战，那就是面积大小。

通常，商业项目建筑面积规模在 8 万平方米以上或 2 万平方米以下，都是比较容易进行定位选择的。面积大，可以容纳更多业态、更丰富的品牌，形成辐射性较强的吸引力；面积小，可以以生活配套为主题，服务周边短距

离居民。如果面积在两者之间，就有些尴尬了。The Oval 一奥天地的商业建筑面积 7.4 万平方米，可租赁面积 3.7 万平方米，对于这样一个地下商业空间，不能不说是难度极大。

通过对项目的细致调研以及对周边商圈和竞争项目的了解，我们总结了 The Oval 一奥天地三个关键性的挑战。

纯地下商业项目操作难度相当大

A 商业体量庞大，竞争激烈

项目位处重庆两江新区轨交金童路站旁，周边实力投资商项目聚集，商业面积供应量远高于其他区域。

虽然项目所处金童路站板块商业氛围不佳，但项目 3 公里内有砂之船奥莱、IKEA 宜家家居、爱琴海购物公园，5 公里内有重庆光环购物公园等多个实力开发商的旗舰项目。而且，国内高中低档各个层级、各个品类的商业领头品牌均已被这些项目抢先接洽引入。留给 The Oval 一奥天地的机会已经不是太多。

未来 3 年，在 The Oval 一奥天地周边 3 公里内，商业存量将达 57 万平方米，5 公里范围内达 92 万平方米。按人均商业面积折算，约是重庆市区平均数的两倍，竞争较为激烈。

B 缺乏驱动，难以引流

许多地下商业在地上也有部分商业面积，可以通过地面商业的展示面、头部业态形成引流，进而通过动线把客流引入地下。

本项目在 10 年前拿地时是一个纯地下空间，规划要求地面不能有任何商业面积。所以它是一个纯地下商业项目，无法得到地面引流的支持。

地下商业如果能直接与轨道交通连接，可以利用轨道交通站作为驱动，承接轨道乘客庞大的流量，为项目提供源源不断的人流。可惜，The Oval 一奥天地也无法做到这一点。虽然相隔很近，项目却并不直接与轨道连接。消费者需要上到地面，再步行百米才能到达轨道交通站点。轨交也无法为项目引流。

从地形上看，项目三面被办公楼和住宅环绕。虽然周边客群基础较好，但整体板块缺乏商业氛围。

C 中小面积，品牌受限

如果项目定位于社区配套，其体量显得偏大，且未来租金增长天花板明显；如果与板块内其他购物中心竞争，体量又显得偏小。这样的面积在品类丰富性方面已经受限。因此筛选优势业态，建立与商圈的共存关系是巨大的挑战。

归结三大关键挑战，其实还是一点，如何发掘这个项目的自身特点，通过合理与具有创意的规划，使它真正成为独特的、有吸引力的、价值持续增长的"这一个"？

围绕这一个问题，我们可以联想到很多：

如何给项目定位，利用主题划分界限，形成与周边商业的差异化竞争？

如何创造项目的吸引力，使人们产生去"地下"的欲望？

如何提升消费体验，使人们在"地下"时也能身心愉悦？

所有一切问题的答案，都归结到"地下"两个字，也都要从"在地文化"中寻求破题。

（2）"山城文化"为空间规划破题

A "镂空"手法形成空间融合

The Oval—奥天地的建筑主体均在地下，仅中央有一个圆形下沉广场。内部空间深，互动界面单一，不利于动线组织，无法吸引人群往下行走。

建筑闲置十余年期间，消防规范发生变化，按照新的设计规范，改造需大量增加地下往地面疏散的楼梯通道。按照惯例，这些楼梯通道多数狭小密闭，加上一道道的安全门，很容易让封闭的地下空间再添几分疏离。

怎么办？我们想出的办法，正是从重庆特有的"在地文化"中来。

那么，"在地文化"是什么？第一，是特有的地形地貌构成的区域特征；第二，是人们因为生活在这种特别的地形环境中而在生活习惯、行为方式、思维方式等方面形成的特性；第三，是在这种环境中长期沉淀而来的审美特性。

重庆是山城，喀斯特地貌是重庆的重要自然形态特色之一。在中国入选世界自然遗产的七处喀斯特地貌中，重庆独占两席。喀斯特地貌也称岩溶地貌，是在亿万年的流水侵蚀搬运作用下形成的中部镂空充水的山体结构。大自然的鬼斧神工，使山体内与外、地上与地下形成了通透的空间交错，雄奇与秀美，幽深与旷达，险峻与柔婉融为一体，不仅产生令人震撼的视觉，更让人建立了极强的探索感。

第一，受到重庆这一独特地貌的启发，项目设计中，在场地主要转角部位打开若干洞口，创造更多下沉广场；以"镂空"手法，建立地上与地下的透明，形成空间融合。这样做可谓一举多得。

第二，借由若干椭圆形的下沉广场的连接，形成与溶洞相似的"镂空"

效果，在竖向与横向均形成空间穿透，使消费者在地下的不同区域获得不同的探索趣味。

从竖向看，下沉广场在地下商业空间与地上公园之间创造了很强的竖向联系，同时也把公园的景观主题引入地下商业空间，使得地上和地下空间更加有机地结合在一起，自然将人流引向地下。

从横向看，多个下沉广场大小不一，交错掩映，加入运动跑道、儿童游憩区、艺术装置和景观绿化等元素，区分出不同的主题，使用户不断产生新鲜感受，极大地丰富了动线，激发出继续游逛的愿望。

第三，多个下沉广场扩大了地下采光，打破被压抑、被隔绝的心理，开阔了视野，这些都模糊了地上与地下的边界。

第四，The Oval 一奥天地的多个下沉广场都被很好地利用起来，成为艺术装置的承载场域。整个商业项目的艺术主题，也因此得到了统一与强化。

The Oval 一奥天地用多个下沉广场增加了商业价值

国内商业项目中采用下沉式广场的越来越多，尤其对于地下商业而言，如果运用得当，下沉广场是引流、导流的利器。The Oval 一奥天地的多个下沉广场让用户在地面上就能看得见，增强了商业的展示性；通过平缓、柔和的阶梯，让人群顺利、方便地从各个方向进入下沉式广场，增强了商业的可达性；下沉式广场的种种艺术化、趣味化、人性化设施，使得用户愿意停留，增强了商业的体验感。

"镂空"的设计虽是根据重庆本地地貌而来，有一定的项目自身特色，但凡是商业项目，都要考虑如何让用户愿意进来、愿意留驻、愿意消费。建筑设计、动线规划、业态组合、景观、灯光等，都以用户的眼、用户的脚、用户的心为原则。

B 富有节奏的"光配方"调动客户积极情绪

明亮、温暖的光线让人心情愉悦，冷色光让人平和冷静，灯光昏暗则提示着危险。在日常生活中，我们都体验过光线对于心情的影响。

地下商业空间缺乏日照，灯光因而具有了更为核心的作用：主动地给项目客群打造情绪的"生物钟"。

重庆作为雾都，全年平均阴雨天数高达 221 天，日照时间严重不足。这样的天气，很可能让人产生阴郁、萎靡的情绪。因此，相比于其他城市，重庆人的"生物钟"单单"回归自然"可能还不够，更需要额外的导入情绪组合。

因此，在 The Oval—奥天地项目，项目以弹性、节奏的光配方营造调动积极情绪的"超地上空间"。

具体来说，我们针对性地建立了不同层次的错位造型，利用光线构建出更加夸张的符合项目气质的节奏、动态。结合不同目标客群和不同消费场景，导入光线的明暗变化、色彩组合，结合区域的空间主题建立了不同的"生物钟"带动的积极情绪组合，充分化解了地下空间的压抑感。

针对 The Oval—奥天地各个分区的不同用途和使用场景，营造出各有特色的灯光氛围。在人群聚集的区域整体照明度相对会提高，走道区域则进行放松和弱化处理。

在美食街区域，流线型灯带与筒灯营造优雅安静的沉浸式氛围，不论是在白天还是夜间，都让人愿意坐下来，轻松享受美食与悠闲。

在派对和市集区域，大量的灯带让空间活泼起来，让感官在这个区域自然而然地得到唤醒，进入更活跃的状态。

在休闲区域，温暖、丰富的光影氛围让这里既安静又有趣，人们可以在这里放松地休息，独坐或社交，感受整体空间的艺术氛围。

潮流区域则是运用多种光元素，打造出闪亮的潮流舞台氛围感。

灯光设计对于商业空间而言可谓点睛之笔，今天，商业空间中的灯光早已超越了原本的照明功能，灯光能区分不同功能，凸显商品特色，提示动线方向，烘托主题氛围。而且，灯光可以放大商业空间的魅力，使其在顾客心中成为充满诱惑的所在。

商场内部的灯光有着多种功能

The Oval一奥天地作为一个地下商业空间，它本来很难被人看见、了解和向往。但极具创意的灯光运用，将光线与建筑完美配合、融为一体，整个商业空间如被璀璨星河包围，浪漫而充满活力，成为重庆最耀眼的夜景之一，这也对许多顾客形成了"致命的魔力"。

C 塑造以"负二层"为新首层的新视觉体系

重庆是个山城，地形高低起伏，坡度极大。这使得人们对于"首层"概念感知度低。比如，平原地区的商业项目都以地面为基点，所以形成了负二、负一这样的概念和竖向认知。但重庆不一样，依靠地形起伏，哪一层都可以通往外部空间。著名景点洪崖洞共 11 层楼，每一层走出去都是街市和风景。"走到楼顶是另一个地面一层"，这种观念在其他地区可能会被认为荒谬，却恰恰是重庆人的生活日常。也就是说，在重庆，存在着重新界定"首层"与"地下层"的良好契机。

利用这一点，The Oval 一奥天地虽然只有地下两层和一个夹层，但特地把最底层打造成项目的新首层，塑造以"负二层"为新首层的新视觉体系。项目地下的形态与地面建筑形成高低山峰的对比，以重庆起伏的山脉为灵感，打造了"向下"探索的山谷式造型。

项目地下的形态与地面建筑形成高低山峰的对比

如此，不仅消弭了"地下"给人心理带来的负面感受，更习惯了山城的"攀爬感"的人们，很有可能被项目往下探索的设计感所吸引，从而留下深刻的第一印象。

从心理学上说，人们会下意识地倾向于"正"，对"负"多少有些抵触。The Oval一奥天地的这一设计，把抗性最大的正负关系化为同向数量的多少关系，无论是身体感觉还是心理感受，都巧妙回避了"地下"的不利方面。这当然得益于重庆独特的山城地形，但根源上，还是需要策划者视角和思维的转换。

（3）立足消费场景重构业态体系

A 没有尽头的消费细分

The Oval一奥天地周边的商业项目相当多，且高中低档齐全，在接近白热化的竞争中走出一条差异化道路，这有可能吗？这个项目的操盘实践给出了肯定的回答。

对于消费者来说，商场是做什么用的？人们来这儿干吗？传统商业的观念中，人们是为了满足需求——购物、餐饮、娱乐。而在我们看来，商场对消费者的本质是"新生活提案"——不仅要适应消费者，更要洞察消费者，真正"看见"他们，为他们匹配各种隐性或显性的需求。

显性功能需求是可以看见、容易理解、可以用数据统计的，但未必真实，隐性功能需求是最真实的，但却隐秘晦涩，甚至需求者自己都意识不到，直到他们看到商场里推出"这一个"，心中的需求才会被唤醒。反过来说，商场的业态是否成功，就要看是否能得到消费者的广泛接受与认同。

商场定位，首先是消费人群的定位。一般来说，消费者分类常见的维度是性别、年龄、职业、收入等，但如果更深入细致，我们更可以从不同的生活形态、消费模式、功能满足等维度去细分。

比如按消费时间分，18点以后来商场的人群，可能就是上班族，如果是22点以后，可能就是夜生活爱好者。在不同的时间，消费人群不同，消费特点不同，甚至商场的竞争者也是不一样的。

从消费频度上细分，有高频、中频和低频；从场景需求上细分，有购买、休闲、社交等；还可以从消费者个性特质细分，比如尝鲜者、保守者、中立者等。

没有一个商场能满足所有类型的消费者，也没有一个商场能满足目标客群的所有需求。

差异化的道路没有尽头，关键点在于你对于消费者的洞察有多深。

B 来自社会学视角的商业定位

消费细分有无数条道路，The Oval一奥天地到底怎么选？

说来有趣，我们的灵感来自社会学对于人类的理解。

人有社会属性，也有自然属性。在完全呈现自然属性时，人的行为仅仅是个体的；但如果人的某一行为对他人产生影响，就可以看作是社会行为。当下，诸多商场纷纷强调人的社会活动，来商场聚会、社交、聚餐……The Oval一奥天地的竞争项目也都是定位于此。

于是，我们提出了一个假设：人在商场可以实现其自然属性的行为吗？从社会学的意义上看，个人的行为活动涉及他人时，才能称为社会行为；那么，人的行为仅仅对自身有影响，那就可以视为"自然行为"，呈现的是人的自然属性。关乎个人能力养成和增进的业务就是对应的业态，如培训、健身、射击等。

在人的社会行为方面，The Oval一奥天地可以找到什么差异化途径呢？通过调研，我们的竞争对手都是以服装、餐饮、超市等主力店为核心，只是在这三个大类别上进行了品牌等细节区分，在品类上差异不大。这些业态所提供的社会化功能基本聚焦在以2至4个人为主要区间的，也就是说，2至4人去进行这一类活动最为适宜。

基于这样的了解，我们又开始思考：4人以上的社交消费我们是否能做补充满足？对应活动就是生日派对、多人竞技、运动培训等。

个人的自然行为，以及 4 人以上的社会行为，是周边竞争项目的一个盲区。我们做了深入的论证，最终从社会化细分角度确立了"满足自我成长和群体社交的新生活商业"的定位。

一个人到商场做什么？是丰富自己的技能和内心。

多人一起到商场做什么？是丰富自己的社交精神属性。

所以这样一个针对"自我与群体"的商业，也必然是一个更具精神化属性的消费体验地，不仅是对现有以购物功能为主的商场的补充，也充分体现了电商所不具备，实体商业反而可以实现的功能核心价值。

也因此，The Oval—奥天地项目在定义业态时，回归到人们的消费场景，重新梳理业态的体系，由睿意德对项目的可辐射客群做自我成长和群体社交的功能拆分，进而聚焦了年轻人热衷的特色运动体验、娱乐以及围绕周边商务和居住人群的各类服务、亲子教育等领域。

Ⓒ　全新的业态组合

基于这样的定位，结合地下商业的消费场景，项目搭建了一个新的业态体系，其中包括了三个类别。

- **多人社交属性业态**

"轰趴"馆——消费场景围绕年轻人的潮流生活：生日派对、求婚、公司团建等。要求空间的复合，体现超现实感。

- **单人极致体验业态**

实弹射击俱乐部：选择这一业态，一则因为够新颖，够刺激，可满足部分消费者的深层心理需求，属于新型体验消费。再者发挥了地下空间的隔音性和封闭性特点，成为选址的稀缺资源。射击馆在地下负二层，近 3 000 平方米的场地，从实弹射击体验到真人 CS 对抗再到弓箭体验，将射击体验做到极致。

极限蹦床旗舰店：利用层高 9 米的项目内部空间，吸引快速发展的蹦床这一细分运动业态，客群更加年轻。

- **家庭归属消费业态**

青少年运动培训中心：为青少年提供篮球、平衡车、羽毛球等多个运动项目的培训，以及关联消费极强的樊登书店、永辉 Bravo、名创优品等业态。

从整体上看，该项目的业态配比中，主力店占比最大，为 39%，其次是 28% 的零售、18% 的餐饮，以及 12% 的运动娱乐和 3% 的生活服务，强势的主力店与较为均衡的业态将深化项目的品牌 IP，并保障一定的客群流量。随着项目逐渐进入成熟运营期，品牌业态的调整也随着客群的细分做进一步细分。

（4）持续运营活动营造归属感

运营活动是定位的持续强化，没有丰富、持续、高品质的运营活动，商场的定位就难以保持，也难以维持与目标客群的黏性。

基于本项目"满足自我成长和群体社交的新生活商业"方向，在业态组合外，运营活动可以帮助项目借助交通和停车优势拉动更多客群的到访，成为建立大商业生态共生关系的核心抓手。The Oval 一奥天地在运营活动方面持续投入资源，形成了自身的活动特征。

A 自有 IP 打造，形成精神共鸣

The Oval 一奥天地从开业起，就自主创立了艺术 IP "OR"，这也成为品牌商户中的一大亮点。这个由 OR Gallery 和 OR Atelier 两部分组成的复合型空间为全球首店，汇集设计师品牌展售、艺术展出、创意饮品等业态，通过整合文化艺术资源，传递时尚生活态度，在零售服饰业态探索当代艺术与时尚行业的更多可能性，目前已经成为众多追求潮流的城市新青年的宝藏买手店。

"OR"将艺术融入生活，也由此生长出各类运营活动，"OR"与多位插

画艺术家开展七夕情人节限时快闪活动，并且不断更新品牌，在有限空间内提供丰富的货品选择。

在 2021 年 7 月 The Oval 一奥天地举办的"粉集两江夜市生活节"上，首次联动 OR FASHION 复合空间，与国内一线知名艺术机构 Loliloli Studio 共同举办以粉色元素为创意的"粉展"。现场给观众带来了出乎意料的惊艳效果。

一个具有交流空间的时尚策展空间加上业界新生代设计师，将最前沿的时尚理念和艺术价值带给大众。整个展览带来了令人出乎意料的惊喜和视觉惊艳，吸引众多网友关注和到场打卡。The Oval 一奥天地也由此成为引流圈粉无数的城市"网红地标"。

B　高度聚焦目标人群，提升归属感

运营活动不能无的放矢，要高度聚焦目标人群。The Oval 一奥天地以年轻活力的新青年客群为主体，活动的主题也由此展开。

如"野生青年·户外生活节"，由国际露营节、露营微餐厅、户外生活周、宠物友好日等活动组成，涵盖手作咖啡、精酿啤酒、文创周边等诸多业态商户品牌体验，通过建立轻松户外生活场景，配备精致露营空间，聚焦年轻人生活方式。

"粉集两江夜市生活节"则突出了项目在夜景灯光规划的优势，在山城打造了别有洞天的夜生活场景。"粉集"也从单次主题活动发展为社群活动品牌，以"粉集"拉动社群活性，让社群反哺活动人气，成功推动社群发展形成良性循环。举办儿童市集线下周活动、粉集霓虹健身节、粉集宠物主题周活动……各项线下社群主题活动的火热开展吸引了不少市民前来争相打卡。

C　活动功能化，丰富项目价值维度

运营活动要有明确的目的性，谁能从活动中受益呢？顾客必须受益，要

获得在其他商场难以收获的美好体验。商户必须受益，要实现品牌的传播价值和商业价值。

The Oval 一奥天地目标人群中，年轻家庭占有重要位置，"遛娃"是他们的刚需。The Oval 一奥天地举办了"童梦童享——国际家庭季 Oval Family Season "亲子主题活动，一个多月的时间里，为孩子提供玩耍空间、六一儿童节、奇妙宠物周等一系列丰富多样、温情互动的亲子活动，也因此联动起多个品牌，让商户与顾客之间形成更多亲密互动。不仅在活动期间促进了销售，更将家庭亲子社交属性不断放大，建立了多个亲子、美食、运动等社群，如童享官、赏味官、热汗官，为消费者和商户创造了实现多种价值的可能。

与多数商场"宠物禁入"的要求不同，The Oval 一奥天地同时也是宠物友好购物中心，为养宠家庭提供萌宠友好服务，其中包含商户宠物友好接待、场内宠物专用饮水点、户外草坪放肆撒欢地。在商场多种主题活动中，萌宠活动都成为吸睛亮点。如在"野生青年·户外生活节"上，户外萌宠运动会、户外萌宠体验市集、萌宠友好公益站都在 The Oval 一奥天地暖心呈现。当今"宠物经济"当道，The Oval 一奥天地的多种萌宠主题活动帮助相关商户获益颇丰。

其他活动如联动网红独立酒吧开展酒吧巡礼快闪、联合插画艺术家 Sonny Sun 打造限时 POP UP 人鱼港湾等，将空间视为一个可流动、可更新的店铺，提升了项目功能的丰富性与多元性，并创造了客户对内容不断更新的预期与期待。

持续的运营活动，持续强化着 The Oval 一奥天地的定位，帮助 The Oval 一奥天地成为现象级的艺术商业，也是重庆商业市场上一道靓丽的风景线。

当我们在谈论地下空间的打造时，往往容易陷入一个既有难题的边界和思维，如果孤立地看待问题就很难找到真正答案。这时必须要回到项目本体和关系上去做深入考量，这时我们就会发现，任何难题的真正答案，永远都蕴含在其自身之中，没找到解决方案也只会因为一种情况：我们还没有真正了解它。

4　案例启示

（1）项目操作的任何难题，都需要回到项目本体和关系上去做深入考量

没有十全十美的项目，但一定可以找到独树一帜的特点。缺陷并非一成不变，换个角度看，也许缺点会变成优势。

（2）不要害怕竞争

对于消费者和消费需求可以有无数种划分，需要提升的是我们对于消费者的洞察力。

我们处在一个快速变动的时代，消费者的需求和兴趣也在发生飞速的变化。这使得在任何一个细分领域都有垂直深入的可能，任何一类需求都可能产生极致体验。

（3）再好的定位也需要持续不断的努力

尤其在体验经济、社群经济大行其道的今天，用种种运营活动让商场"活"起来！

许多商业项目在刚开业的时候红红火火，一段时间后就沉寂下去，再无声息。原因可能多种多样，但活动运营缺乏持续性和明确的目标感应占有一席之地。

三 辅助阅读 ◀

（一）"开业爆红"的小体量商业，都难逃脱"门可罗雀"的境遇

随着城市更新的纵深化发展，商业地产中涌现出不少体量 5 万平方米以下的小体量购物中心。许多项目为了赢得顾客，在不少方面做出创新，开业之初也是大受关注，人气爆棚。但一个周期下来，很多项目客流骤减，门可罗雀，陷入运营困境。小体量商业如何摆脱"开业即巅峰"的困局，获得运营的持续成功？下面与大家一同来探讨。

1 面积越小，越要善于"浪费空间"

谈起小体量购物中心操盘策略，大多数人的第一反应为以下三项：

- **瞄准客群，精准定位**：充分发挥自己"小"的特质，采用细分策略，找准目标客群的空白市场，进行精准的项目定位。
- **筛选市场，匹配需求**：聚焦目标客户需求，匹配最契合需求的业态品牌，实现项目功能效用最大化。
- **营造场景，拉动流量**：与场景制作公司合作，通过场景包装（如主题街区形式）进行项目引流。

的确，这三项非常重要，甚至是必需的，是项目成败的关键要素。但也要看到，不少小体量项目即使按着这几条做，却依然逃不出"开业即巅峰"的陷阱，几个月过后，人流稀少，陷入经营困局。这又是为什么呢？

根据我们的经验，小体量商业容易犯的一个毛病是"不肯浪费面积"。

对于 3 万至 5 万平方米的小型购物中心来说，因为体量有限，租金总收益规模较小，所以很多投资商就会自然而然地想要尽可能多地规划出租面积来获取高回报，而基本忽略对公共空间的营造。直观上好像能因出租面积增

加而提升收入，但其实会为项目带来致命的不利影响。

因为对于小体量商业来说，空间除了交通功能外，还存在以下重要作用：

空间是消费黏性的强化剂：封闭的小体量商业空间沉闷、压迫，容易给人带来紧张的负面情绪。需要打造优质空间，为消费者提供舒适的购物环境，将舒适的空间和内容融为一体，从而提升购物体验感，为消费者到访复购埋下种子。

空间是消费转化率的加速器：空间的存在，创造了人与人之间互动和交流的平台，为消费者制造了一个延时消费、社交消费及休闲消费的连带机会，从而带来可持续的消费力。

空间是差异化竞争的厚壁垒：空间打造多在项目规划初期或项目更新改造时实现，项目入市即奠定了空间的格局，正因为此，其也成为较难复制的差异化竞争手段之一。

因此，小面积的商场在规划时，不能以自身追求回报为诉求而"抢面积"，要以顾客为中心进行考虑，即使面积再小，也要让顾客获得充裕、舒适的逛店体验。

如何提升空间的体验感？香港有两个经典的项目案例，一个是位于尖沙咀的K11，另一个是位于旺角的朗豪坊，前者为了让到达人群第一时间感到空间开阔、疏朗，直接将首层的商业面积调整为休憩花园；后者则规划了一个用玻璃幕墙连通室内外的"通天广场"。两个项目都以"小中见大"的方式，创造了令人振奋的超维空间。

2　有限空间，但可激发"无限情绪"

理性让人信服，情绪让人行动。所以好的商业空间注定是一个激发情绪的空间。剧本杀的空间并不大，但能给人带来极大情绪触动，博物馆可以很小，却能让人忘我地坠入其中……可见，情绪激发的程度与触动感有关，而与商场的面积大小并不直接相关，这为小面积商场提供了好机会，也是为什么大部分小体量购物中心都积极发展艺术、文化主题的原因。

对于如何激发消费情绪，也可从电商平台的引流模式找到新的借鉴点。比如，抖音电商以兴趣为出发点，顺应客户潜意识情绪和情感的需求，通过生动的产品描述方式，让客户产生共鸣。饿了么以"想要你开心"为宣传点，将"免单"的功能价值与"趣味游戏"相结合，实现情感价值的巧妙链接，激发客户的分享欲，最终形成流量裂变。从这两个案例可以看出，电商平台在激发客户情绪时常采用三个做法：

- 顺应消费者情绪情感的需求，创造消费。
- 激发客户分享欲望，实现流量裂变。
- 植入有温度的体验内容，与顾客产生情感联系。

这三个做法同样适用于实体商业，可实现"小空间换取大流量"的效果。

3 小体量商业样板：新加坡 Funan Mall

新加坡的 Funan Mall 在开业初期就引发了人们的关注，成为小体量空间打造的样板案例。项目位于新加坡核心地段，总商业体量约 3 万平方米，共 6 层，属于核心区小体量购物中心。

这个项目从 Funan IT Mall 改造而来，Funan IT Mall 曾是新加坡最大的数码商城，商贩聚集，客流如云。对新加坡消费者来说，它不仅只是购物场所，还承载着时代印迹和特定人群集体的记忆。重新开业后，"生命之树"特色空间爆火出圈，以昂扬向上的生命姿态，呼应了消费者内心积极向上的情绪价值。

（1）主题根植于有温度的体验

生命之树纵向的空间，不仅突出了空间的趣味性，而且创造了零售集群平台。沿着"生命之树"的主干，共设有 20 个零售吊舱，为企业家和设计师提供举办课程和研讨会的空间；同时以"激情集群"为引力，植入技术、健身、餐饮、工艺、购物等内容，从日常生活切入，以有温度的内容实现消费者链接，同时也增强了商场的可逛性。

项目的屋顶农场，也是同样的打造原理，规避了室内空间有限的限制，创造 18 000 平方米的美食花园，植入可食用的蔬菜，满足客户对自然健康的需求，同时创造嗅觉、触觉、视觉和味觉的多重体验，让消费者在这里能够了解蔬菜的生产、收获方式。

（2）营造社群生活场景的提案

Funan Mall 为骑行爱好者创造了城市首个可骑车逛购物中心的场景。同时，为骑行爱好者提供全套终途便利设施和服务，包括自行车商店、咖啡馆、储物柜和淋浴。此外还在地下层提供市中心首个免下车"线上购物、线下提货"服务。其顺应潜意识，打造稀缺体验，满足可炫耀的心理，激发了消费者分享，产生了流量裂变。

4　小结

在竞争加剧的存量时代，小体量商业的运作更需要在有限空间下营造氛围。值得注意的是，小空间的灵活变化、多姿多彩丝毫不逊色于大体量商业。大的事物往往激荡澎湃，小的却更可动人。精心雕琢小空间，实现商业与人的深度链接和内在互动，顺应消费的底层情绪抒发，就能在小空间里激活无穷能量。

（二）下线城市商业体量过大如何提升空间利用率

在增量时代地产开发热的刺激之下，下线城市遗留了许多品牌适配性差、定位模糊、落位混乱、冷热不均的庞然大物，如何消化这些大体量项目，引发了人们的诸多思考。这看似是解决消费容器闲置的空间，实质上是找到一个空间利用率最大化方向的问题。

1 大项目的大问题

因赢家通吃产生的"马太效应"是商业势能的重要外化体现。只要踏足这个领域，谁都会期待成为"通吃"的赢家。在商业领域里，通过体量优势在未来竞争中提前抢到好的站位，是人们惯常的做法。所以在商业开发中，往往有"修大不修小"的说法。

因为这样的思维定势，也因为前些年的地产热潮，各个城市都催生出了大量的大体量商业。伴随着经济发展，一线城市的大体量项目走势良好，每一寸空间都得到了充分的利用。但下线城市就不同了，许多城市自身的人口还在迁出，盲目投放市场的"大盒子"的空间利用率每况愈下。许多项目冷冷清清，品牌销售业绩颇为惨淡。

要着手解决这样的问题，首先需明晰现象背后的本质。商业项目容量的"上限"，外受市场需求总量的影响，内受场内经营单位密度的影响。体量大的项目需在租金收益、经营单位密度、市场需求之间找到平衡，实现商户、消费者与业主的多方面共赢。

解决问题的第一步，是要判断出项目的体量面对市场需求究竟是不是真的过大？这也是首要问题。

建设之初，大体量商业往往被寄予了地标级的期待。因此判断项目是否过大，首先要从城市级的站位考虑。许多项目的体量过大，并非体量客观上超过了城市商业容量，而是竞争压力大，未能将城市级站位站牢站稳，未能最大化地利用体量优势建立覆盖全市的辐射半径，实现城市级的聚客。比如，项目原计划辐射半径为10公里，但在实际中，辐射力只能达到周边5公里，项目体量与项目定位不匹配，自然显得体量过剩。

当然，另一种"体量过大"，则是"事实大"，项目开发规划未考虑人均商业面积因素以及区域人口、经济发展，导致的项目体量对于市场需求而言确实太大。

与此同时，下线市场的商业发展往往还有如下的现象：新商圈发展慢，传统商圈比较活跃；品牌资源差，连锁品牌少，本土品牌多，个体经营多，公司品牌少；业态不均衡，惯性消费占主导，新型业态不集中，难存活；少有专业的商业运营团队，场内客流无法共享，经营难度大……这些现象，都为下线市场大体量商业的经营造成了很大的挑战。

2 体量"事实大"，如何"变废为宝"

从本质上看，项目"事实大"是空间利用问题，"竞争大"则是市场策略问题。"事实大"的项目，实事求是地看，就是商业面积难以消化，已经失去了其预期的作用。好比是一把数米长的巨大雨伞，又或是一台10几寸的手机，超出了用户的实际使用需求，多出来的部分自然对原有用户发挥不了价值。

解决"事实大"的蹊径，在于能够跳脱出商业地产的惯常思维，为项目找到商业项目层面的去化，以及服务功能层面的泛化，最终使得项目的无用空间变废为宝。如同过大的雨伞，可以作为庭院伞，过大的手机，可以作为工作PDA，尽管对原有用户不能发挥直接的价值，却仍然可以找到新的价值空间。

简单地说，就是把依靠商业功能无法消化的面积摘出去，另做他用。近年来，许多项目也正是如此操作，城市绿地、展馆空间、游艺空间纷纷进驻商业，成功案例不胜枚举。但值得关注的是，一二线城市这样做很是普遍，到了二线城市往下，这样的操作就极少出现。

为什么呢？仍旧是未能为建筑空间找到吻合客观存在的市场需求，造成了"消费者不够"的现象，也并未领略此类方法的核心思路，仍旧在既有的商业思维上兜兜转转。

跳出商业地产的惯常思维，是通向问题解决的关键。据睿意德的实践经验，解决下线市场商业项目的"事实大"问题，常有两类思路。

（1）先做减法，再聚类

下线市场过大的商业空间利用之所以成为难题，往往是因为运营者的"加法思维"，而事实上，下线市场因为消费细分丰富性低的特性，更需要靠做减法来解决问题。在常见的商业经营思路中，出现了超出市场需求的面积时，商业运营者常会用"Mall+医疗""Mall+体育"之类的加法思维为项目寻找附加功能，而经过轮番考察后发现，很少有值得借鉴的方案。

"减法思维"则独辟蹊径，通过将场内的高频、高黏性的业态单独分离出来，在更大的空间中形成聚类。将项目的本体功能剥离，使其聚客能力淋漓尽致地发挥出来，或许恰能扭转局面。一个 10 万平方米以上的项目也许在三线城市难免有些过大，但若将之拆分为"商业 + 教培中心"，又或是"一站式商业 + 名品折扣"，反倒能够起到更好的聚客效果。

（2）出离商业，寻找异业答案

零售业进军商业地产并非新鲜事，在美国，50% 以上的商业地产项目由零售商开发。零售商的商业项目，因为嫁接了其零售业的单元，往往在体量上位列各城市规模榜单上非常靠前的位置，而商业部分也因零售商的独有零售单元产生的虹吸效应而价值倍增，同时其主营业务所建立起的竞争壁垒也难以被开发企业所复制。

一旦到了下线市场，因为开发涉及的现金流巨大，商业项目又有其自带的资产属性，使得头部零售商常放弃染指，而另一方面，许多零售业的经营范畴被专业市场、产业一条街所代替，这就为大体量商业项目解决去化问题提供了机会。

综上，因为"事实大"而导致运营难的项目，不论采取何种办法，只要不与商业抵触就可以纳入考虑，如果能够与商业产生协同效应则不仅能够锦上添花，更能雪中送炭。

3 "竞争大"，需要"画龙点睛"

因为"竞争大"，原来的体量无法得到有效利用，这样的项目可能更多。客观上说，项目所在城市的消费能力仍旧存在极大的挖掘空间，足以支持城市级站位的大体量地标商业。但问题是，这些项目在原来规划中都是"地标"性的存在，因为种种原因，后期市场竞争应对能力不足，导致能级下降，最终致使项目在实际的商业辐射半径中显得过大。

这种情况怎么办？在项目既有辐射力的前提下，消费者不够；放到更大的辐射力愿景下去审视，又总觉得内容不够，招商困难。从项目收益最大化的角度考虑，睿意德通常会为客户提供偏向重拾项目城市级站位的建议，而对于下线城市大体量商业常常面临的内容不足和城市认知差难以建立高辐射力的问题，可以考虑如下方法：

（1）内容不够

针对内容不够的问题，可采用的方法有：锁定区域可及品牌；舆论奠定城市发展趋势，引起品牌关注度；引入品牌对接本地加盟商、引导投资客变加盟商（提供担保助力品牌授权）；运营商代理一定龙头品牌；策略性引入主力店，实现带动作用，消除观望情绪。

（2）城市认知差

针对城市认知差的问题，可采用的方法有：全面强调规模优势；强调首位度，入驻即成为第一家旗舰店与形象店代表，无被覆盖危机；适当的位置规划，适当的节点铺位控制招商、保证形象；将销售小铺合并为大面积铺位，满足品牌店指标与形象展示面需求。

对于竞争大的项目，也常有因规模而带来的管理难题与聚客难题，可以考虑管理团队分而治之，就不同业态采取不同管理措施，对不同的业态安排不同的团队，实现对称管理。对客流少、提升慢的聚客难题，则可以增加互动关联活动，增强消费者体验感受，实现人气聚集与消费带动，如明星会买赠门票、全民参与类体育竞技，并刺激后续的网络传播，同时协同关联商户联合促销，在提升消费者黏性、加强体验上形成合力。

附录 大体量商业项目怎么做

▲ 山西阳泉滨河新天地

山西阳泉滨河新天地是睿意德服务过的案例。项目位于山西阳泉，开业时阳泉市市区人口36万，而阳泉滨河新天地规划有50万平方米的体量，项目商业指标占总市区商业面积的1/4，是典型的小城市大体量商业项目。

睿意德通过以商业步行街＋购物中心＋小商品城＋五金机电城＋建材专业市场＋农贸市场的业态组合，采用全业态规划，提升了项目的吸引力；打造首个体验式购物中心；引入室内街区的体验空间营造理念、硬件为项目后期预留调整升级空间；借力政府改造城市，将长途汽车站、专业市场拆迁引入项目发展，补足城市功能方向。实现项目当年作为华北第二大的商业体，在山西省内销售业绩第二的成绩，被称为"四线城市租售集合综合体的运营范例"。

▲ Westfield 伦敦购物中心

Westfield伦敦购物中心是欧洲最大的购物中心之一，该项目共5层，并设有八大主要零售区域。规划有2 000平方米的John Lewis百货、2 000平方米的Waitrose超市、1 000平方米的玛莎百货；Debenhams、House of Fraser、M&S、Next四大主力店；Apple、Bershka、Hugo Boss、H&M、Zara等300多个知名品牌；40余家高端品牌的奢侈品部落（The Village）；65种美食，全方位满足消费群多元化的个性需求。在商场的餐饮区内设有15个餐饮品牌，其中八个是固定商户，七个是流动商户，每月调整一次，保证有新的品牌和主题进驻，成为商场内的一大亮点。

为了实现大面积的空间消化，Westfield 伦敦购物中心开创了"购物中心+创业空间"的新模式，打造了 3 500 平方米的 Bespoke 办公区域。在 Bespoke 办公的企业借助购物中心的聚客能力，实现了与消费者的零距离沟通，消费者可直接参与产品讨论会议，不仅实现了常见写字楼所达不到的产研结合，更和 Westfield 磨合出了大量运营建议与合作契机。在商场里的消费者能直接看到、触摸并实地测试全新的电商产品，此举意在为电商创业公司提供实体落地平台，以"前店后办公"的方式直接面对顾客，其中办公室绝大多数都同时支持对外经营，又能举办封闭式会议。

第四章

破解招商僵局：定
位统一与灵感飞驰

一 章前导读：招商要成功，眼光不能只盯着招商 ◀

招商是贯穿商业项目的重要工作，从项目定位阶段到开业后随着市场环境的变化，而做的各类调整，从迎合顾客喜好到洞悉经营，高效优质的招商服务是运营的首要任务。

招商也是考验商业运营团队的"拦路虎"，招不到足够的商户，商场就无法开业。因此，许多商业项目竣工了，才着急找商业顾问公司，开口便问：你们能招商吗？其实，这个时候已经晚了。

对于商业项目来说，定位、规划一定要先行，从定位出发，去设计空间的细节；从定位出发，形成完整的业态组合与招商策略。如果先盖楼招商，再做商业定位，必然导致对项目考虑不周，产品力不足。也会直接影响商户的使用，对招商的影响是致命的。

伴随着国内经济的快速发展，商业地产的招商策略也发生了很大的改变。在新商业的招商策略中，应该注意到下面几个变化。

（一）从"主力店优先"到"去主力店"

2007 年之前，百货和大型超市一直是大型购物中心主力店的优选对象，彼时，如果没有百货或大型超市进驻，可能会使项目的招商陷入困境。因为市场中缺少 1 000~5 000 平方米的中型租户，只能靠大量的小面积店铺消化全部物业面积，招商难度非常大。但 2007 年以后，中型租户呈现快速增长态势，主力店不得不面临众多次主力店品牌的竞争与替代效应。

按照商业地产的传统理念，客流带动、品牌引领、收入贡献、交叉消费、面积大小、功能定位这六个维度是购物中心评估主力店的主要评估指标。但在当今的业界实践实证之下，面积大小和收入贡献已不再是绝对意义上的衡量主力店参考指标，客流带动能力也未必需要某个面积巨大的店铺来实现。相反，人们发现：百货类的主力店在整个购物中心中所扮演的角色越来越弱，它要占据大量的面积，且租期较长，对于购物中心来说，并非是理想的选择。

如今，许多购物中心放弃了用传统的主力店消化大量面积的做法，通过多个次主力店来代替主力店的做法已经越来越普遍，甚至在一些小体量项目中，已经见到无主力店甚至是无次主力店的做法。

（二）从“快时尚”到“新网红”

Zara、Old Navy、H&M、MJstyle、Forever21、优衣库……这些来自欧美、日本的“快时尚”曾经是购物中心的宠儿。“快时尚”模式的最大优点是：以更低的成本以及更快的速度，传达时尚最前沿的理念落地成果。短短几年间，“快时尚”几乎占领了国内各个城市购物中心的核心铺位。

如今，“快时尚”频频传来撤店讯息。新一代个性化品牌占领了购物中心的一层位置。以野兽派、lululemon为代表，国货品牌在其中的占比也明显呈现逐年增加的趋势。新一代品牌注重独特价值观与消费者的个性化表达，在物质过剩的时代，价值已经不用以商品为其依附，价值观成为产品的核心。

（三）从“满足消费”到“破界体验”

以往的招商基本限于“商”，以满足人们的消费需求为主。如今，越来越多的新业态开始出现，并从不起眼的角色逐渐变成了购物中心的标配。新能源汽车、泡泡玛特、各类茶饮店，甚至还有博物馆、海洋馆、滑雪场……都在购物中心占有一席之地。

"招商"早已不局限在商业领域内，很多新业态满足的是人们的"体验感"，通过看、听、用、参与等手段，让消费者能够充分调动自己的感官、情感等因素，创造全方位的体验。

美国新泽西州的 American Dream，体验业态占比高达 55%，创造包括西半球最大的室内水上乐园、北美首个室内滑雪山、全球最长的室内自旋滑车等七项世界纪录。目前，国内的购物中心里，体验业态占比更大。

通过本章的案例，希望让读者更明白招商的逻辑，也让读者对招商的新趋势有进一步的感性认识，并将其融入实际的项目操作之中。

二 案例

（一）案例1：北京世界园艺博览会｜如何挖掘商业价值

1 案例导读："国家商业"特点是什么

2 案例概况

3 案例解析

（1）怎样给世园会做商业定位

（2）客流来自世界各地，如何锚定用户画像

（3）如何合理布局业态，展现满足升级需求

    A 遴选最优品牌，满足商业体验升级需求

    B 大数据测算人流停靠点，以"人"为核心适配业态

（4）如何通过商业展现中国文化与生态理念

    A 园艺小镇：让"中国印象"深入人心

    B 世园美家：提供绿色美好的生活方式

4 案例启示

（二）案例 2：北京住总万科广场 | 把握"自带流量"的好品牌

1　案例导读：万科如何用 5 万平方米引爆北京

2　案例概况

3　案例解析

（1）从"旧宫"到"中城"

　　A　旧宫的前世今生

　　B　区域缺陷同时也是机会点

　　C　战略定位"北京·中城"

（2）现实困境下的招商突围

　　A　重新梳理区域消费者价值

　　B　主力店攻略

　　C　市场不好，如何招商"快时尚"

　　D　流量思维进行业态规划

（3）如何在小空间做出"大文章"

　　A　以小见大，增强商业吸引力

　　B　场景营造创造新鲜体验

4　案例启示

（一）案例1：北京世界园艺博览会｜如何挖掘商业价值

1 案例导读："国家商业"特点是什么

北京世界园艺博览会园区全景

2019年中国北京世界园艺博览会，简称2019北京世园会或北京世园会，是经国际园艺生产者协会批准，由中国政府主办、北京市承办的最高级别的世界园艺博览会。是继云南昆明后，第二个获得国际园艺生产者协会批准及国际展览局认证授权举办的A1级国际园艺博览会。

北京世园会汇聚了世界园艺精华，集中展示了全球花卉园艺新理念、新品种、新技术和特色文化，诠释了绿色发展理念，加强了各国文明互鉴，在推动构建人类命运共同体方面发挥了积极作用。

如此大规模、高级别的世界盛会，其商业服务是必不可少的，也是极为重要的。世园会的商业服务，是游客与园区最高频的互动内容，不仅要满足游客的多种消费需求，还要服务于世园会的宗旨与主题。

- 对于世界级园艺博览会，如何做商业规划才能充分承载展会的要求？

- 消费者来自全球各地、横跨所有年龄层、大多数人一辈子只来一次，如何确定用户画像？
- 如果一个商业项目要传播中国文化、传递绿色理念，该怎样规划业态、布局招商？

北京世园会精彩绝伦，是园艺博览会历史上最好的一届盛会。而作为一个商业项目，也取得了可喜的成功。在今天，我们对其商业项目进行复盘，或能给同类项目提供某种程度的借鉴。

2　案例概况

位置：世园会园区位于北京市延庆区西南部，东部紧邻延庆新城，西部紧邻官厅水库，横跨妫水河两岸，距离八达岭长城和海坨山约 10 公里。

举办时间：2019 年 4 月 29 日至 2019 年 10 月 7 日，展期 162 天。

面积：共 960 公顷（合 14 400 亩）。划分为围栏区和非围栏区。围栏区总面积约 503 公顷（合 7 545 亩）。

规模：162 天的展期之间，北京世园会共接待游客 2 084.7 万人次，旅游收入 15.3 亿元。

主题：绿色生活，美丽家园。

3　案例解析

睿意德担任 2019 北京世园会独家招商代理后，在承接项目之初，经过细致研讨，针对这一项目拆解成为四个问题：

- 怎样给这样一个项目做商业定位？
- 客流来自全球各地，如何锚定用户画像？
- 如何布局业态，满足体验升级需求？
- 如何通过商业呈现展示中国文化、让"绿色生活、美丽家园"理念深入人心？

对这四个问题的解答，也就形成了我们对世园会项目的商业规划思路。

（1）怎样给世园会做商业定位

北京世园会是我国举办的级别最高、规模最大的专业类世博会

北京世园会是继 1999 年昆明世园会、2010 年上海世博会之后，我国举办的级别最高、规模最大的专业类世博会，以"绿色生活、美丽家园"为主题，汇集世界园艺精华，旨在倡导人们尊重自然、融入自然、追求美好生活。

本届世园会是 A1 级博览会，A1 级是国际专业性博览会的最高级别，每个国家每 10 年才能举办一次，同时也是对 10 年来国家商业发展、综合服务能力的一次集中展示。

在北京世园会园区，以"一心、两轴、三带、四馆、多片区"的特色景致，将山、水、林、田、湖、花、草自然融合，把整个园区"装成锦绣，绘成丹青"，生动诠释了生态文明的理念，将人与自然和谐共生的绿色价值观念传递到了全中国乃至全世界。

全球 5 大洲 86 个国家、24 个国际组织，我国 34 个省（自治区、直辖市），以及专业机构和企事业单位参与本次盛会，通过 100 多个室外展园和室内展陈，展示各国各地区园艺新理念、新品种、新技术、新产品和特色文化，汇聚了各国花卉园艺精品。此外，世园会期间还安排了 3 284 场次文化活动，做到"月月有主题、周周有活动、天天有展示、时时有互动"。

这样一场精彩绝伦的盛会，其商业服务也是极为重要的环节。世园会商业服务，是游客与园区最高频的互动内容，不仅要满足世界各国游客高密度、多层次的消费需求，同时要向世界阐释绿色发展理念，展现中国新商业文明，承担外交功能。

北京世园会的商业定位，应该与世园会的主旨一致。世园会主题为"绿色生活，美丽家园"，办会理念为"让园艺融入自然，让自然感动心灵"。世园会配套商业也应以此为目标和宗旨，遵循绿色、低碳、环保的理念，表现自然、人类、文化的和谐相融。

北京世园会的特殊地位与商业需求，背后代表了一类商业项目，比如2010 年上海世博会、上海进博会等一系列重大活动的商业服务。它们的共同特点，是在举国关注的位置上让商业做最有效的组合，透过商业服务和商业理念，向世界展现中国的文化与发展、传承与创新，引领社会文化趋势，推动经济发展。

我们通常把这一类商业项目看作是"国家商业"，这同时也对园区商业规划、招商和落地提出了更高要求。

（2）客流来自世界各地，如何锚定用户画像

2019 年 4 月 28 日~10 月 7 日的 162 天会期内，北京世园会预计接纳1 600 万来自全球各地的游客，实际到访达到了 2 084.73 万人次。这一商业项目的用户画像，难在客群和参照标准的不确定。

与普通商业项目不同，世园会没有高频客群的概念。客流来自全球各地，覆盖男女老幼所有年龄层，绝大多数访客一辈子可能只会到访一次，消费者群体每天都在变化。

如何破解这个问题？在复盘 2016 年安塔利亚世园会等相似案例之后，我们调取大数据，用技术重点分析了北京园博园、八达岭等本地代表性项目的客群。

一方面，北京园博园的受众与世园会有一定重合；另一方面，辐射全球的文旅项目，也有部分客群会和周边知名项目客群重叠，因此八达岭等当地代表性景区也在研究范围内。研究他们的客群，实际上是研究两种用户群像：一种是京津冀地区的周边客群，另一种是从全国乃至世界各地而来，到京津冀大型文旅项目消费的客群。

通过数据调研，我们发现这样几个客群特点：

从客群分布看，京津冀人群外，大部分集中于东南部沿海城市。东南沿海城市经济发展水平较高，居民消费意愿和能力较强，旅游需求旺盛。

从社会人口特征看，年龄以 25~35 岁最多，男女比例基本持平。已婚人数远多于未婚人数，约 90% 的已婚人群已育有孩童，其中幼儿（1~6 岁学龄前）的比率略高于儿童（6 岁以上）。

从消费偏好看，目标客群消费品牌以大众品牌和时尚品牌为主，对高端品牌接受度较高。

世界园艺博览会国际馆

分析数据后，我们基本确定了北京世园会的用户画像，为业态布局规划、品牌选择提供了有力参考。例如，针对年轻一代消费群体，我们招商阶段有意识地引入网红品牌、时尚品牌；目标群体对传统文化有强烈认同，也为文创零售、"国潮"业态提供了条件。

东南沿海地区客群消费意愿和能力较强，让中高端餐饮及零售品牌有更好的土壤；针对"带娃一族"，可充分布局母婴室、儿童主题餐区。

此外，世界园艺博览会是一次全球各地"园艺粉"的狂欢，这一群体对北京世园会抱有较强的"打卡"意愿，对园艺消费、专业互动有较高需求，我们也将在业态上予以考虑。

（3）如何合理布局业态，展现满足升级需求

北京世园会的商业服务在一定程度上是中国零售行业的缩影，也是对国家商业形象的展示。

从百货时代、购物中心时代一路发展至今，商业正在回归"人"的本质。以人为本，也是本次北京世园会"绿色生活、美丽家园"的人文关怀核心。

依托数据技术对客群的洞察，我们在商业功能布局时，从"人"的角度出发，从人性化体验出发，满足游客消费升级、游逛体验升级、文化消费升级的需求。

A 遴选最优品牌，满足商业体验升级需求

为展现文化特色，提供更好的商业服务，我们的品牌选择遵循五个原则：差异化、主题适配性、传统特色、高端接待和文化传播。

在品牌差异化方面，我们没有选择"展会型品牌"，而是选取成熟品牌、连锁品牌、有购物中心等公众商业经营经验的品牌——这些品牌的供应链完善、管理成熟、卫生和食品安全有保障，能够提供稳定的品质服务。

比如，引入一些市场上经营较好、新颖度较高、口味独特的时尚主题餐饮，如云海肴旗下的刁小蛮、谷田稻香等；深受年轻人喜欢的时尚网红品牌，如 The Mission、爸爸糖。为了让国内外游客体验到中国特色美食，我们引入了喜家德虾仁水饺、西部马华牛肉面等。同时为展现延庆当地风味，我们选择了芙蓉水乡、鼎泰楼两个当地标杆性品牌，以及在园区布置当地特色小吃"火勺"，兼顾地方性与文化性。

世园会选择的一
批时尚主题餐饮

这些品牌大部分都是首次参加展会，我们在空间上也提出了更高的内容主题性要求，针对世园会做空间设计的创新迭代，反复打磨每一个品牌的体验感。

因此，世园会商业服务形成了鲜明差异性，同时也带来了可观的受益，五一期间，部分品牌门店营业额创了北京地区当日最高纪录。

Ⓑ 大数据测算人流停靠点，以"人"为核心适配业态

业态安排配比阶段，我们根据园区场馆内容安排、地标设计、预留通道，用大数据综合测算了游客行为动线的概率，从而找出最大人流停靠点，科学匹配业态。

例如，从测算结果来看，中国馆和国际馆的人流量分列一二位，布局两馆附近的商业时，为快速响应顾客，避免拥堵排队，餐饮店铺需以提供便捷、标准化的服务为准则，强调极快的出餐速度和高翻台率。

在大数据分析、丰富经验和行业资源的帮助下，招商团队在三个月内迅速完成了超90%面积的招商工作。

（4）如何通过商业展现中国文化与生态理念

在规划过程中，我们将中国文化的呈现和世园会"绿色生活，美丽家园"的主题定为商业服务布局的两条重要线索，贯穿在人们游逛体验的始终。

A **园艺小镇：让"中国印象"深入人心**

园艺小镇是承载世园会配套服务功能的区域，它为展会提供接待、展览、商业、餐饮等服务。世园会开幕期间，中外各国领导人就下榻于园艺小镇的世园酒店。

园艺小镇的前身是谷家营村，整个小镇在村舍的基础上改造而成。

在规划上，小镇沿袭了传统乡村街巷空间，重塑了包括传统乡村街巷院落空间、村口广场活动空间、邻里交流空间等在内的质朴而具有活力的乡村风貌。

园艺小镇是承载世园会配套服务功能的区域

延庆历史上曾被命名为"隆庆"，因此小镇主街名为"隆庆街"，以此传承历史。小镇以隆庆街为主街道进行"十字划分"为不同功能区：北侧是园区接待中心，以主题精品民宿为主；南侧是文创中心、访客中心；东侧是大师工坊；西侧是隆庆花街、试验花田和北京世园璞燊酒店；街心为主题艺术馆。

商业服务领域有一条"峰终定律"，认为人们对体验的记忆是由高峰时的感受与结束时的感受决定的。根据世园会的动线安排，小镇的地理位置刚好是游客游园过程中的"峰值"之处。如何打造园艺小镇"峰值"体验？如何给游客留下最好的"中国印象"？我们将一些非常具有中华文化韵味的品牌商家放置在了小镇的中心位置。

- **老舍茶馆**

在布局了麦当劳、爸爸糖等知名餐饮业态，通过场景打造满足体验升级的需求后，经过反复论证和思考，我们放弃了国际西餐、咖啡连锁品牌，将园艺小镇最核心、醒目的一处店面，安排成了"老舍茶馆"，也是小镇的主力体验店。

老舍茶馆具有浓浓的北京传统文化色彩，通过还原1979年老舍茶馆创始人在前门售卖的情景，让中外游客能体验茶馆文化与京味儿文化，感受中国传统文化的魅力。

老舍茶馆一层为京味餐茶馆，提供老北京小吃、炸酱面、茶汤、爆肚等京味小吃，游客品尝的是老北京的市井风情，是四九城里延续的百年平凡传奇。二层是品茶雅座，并不定期举办文化雅集，饮茶、插花、闻香、书画……以茶文化为载体，弘扬中国传统文化，感受中式美好生活。

此外，该品牌曾接待过包括美国前总统老布什、前国务卿基辛格在内的80多个国家的170多位外国元首政要及500多万外国宾客，并参与了北京奥运会、上海世博会等大型活动，是有名的"北京城市名片"。

- **大师工坊**

"不厌生活"定位为原创设计师集合馆

考虑到小镇世园酒店将成为外交的主要场所，与老舍茶馆一路之隔，我们决定集中布局"以展为主，附带零售功能"的文创与高端零售业态，充分承担国家形象展示与文化传播功能。经过品牌甄选，最终我们确定了不厌生活、紫泥春华博物馆、绣都丝绸博物馆和石齐画院四个"大师工坊"。

不厌生活定位为原创设计师集合馆，与300多位设计师有着深度合作。

此次参与北京世园会，更是特别甄选能体现环保、中国风的作品入店，将简单、质朴、自然的生活方式一同带入本届世园会。

紫泥春华博物馆由当代紫砂艺术大师耿春华女士创建，集原矿、配方、工具、制造、烧制、展示为一体。在北京世园会紫砂博物馆内，除了展示以紫砂壶为代表的宜兴紫砂艺术品，还在场馆内搭建起宜兴古龙窑景观，游客可以真正身临其境地感受宜兴紫砂文化的博大精深。不止如此，北京世园会会期，紫砂博物馆还组织了多场非遗展示和体验活动，游客可亲眼见证紫砂器的制作、茶道表演等。

绣都丝绸博物馆不仅展示中国丝绸文化，产品还曾多次作为国礼赠送给各国元首。

石齐画院的院长石齐先生是当代著名画家，曾两次入选美国国际美术家协会发布的中国画国宝级大师排行榜前十，在中国画领域影响深远。北京石齐画院作为全国具有代表性的艺术文化品牌，受邀入驻世园会，为人们带来一场艺术的盛宴。画院位于世园会园艺小镇的大师工坊 C4 空间，新中式的建筑风格与艺术作品的高度融合，成为园区一道亮丽的风景线。世园会期间，石齐画院举办多次画展，展品主题聚焦在美丽中国，以笔墨抒写新时代、展示传统文化、诠释真善美。

老舍茶馆和"大师工坊"的入驻，在充分满足高端接待和外交需求的同时，在世园会"峰值"回忆中注入文化韵味，给游客留下美好的"中国印象"。

Ⓑ 世园美家：提供绿色美好的生活方式

如何体现北京世园会"绿色生活，美丽家园"的理念，让项目 IP 价值最大化，创造新的商业价值，甚至提供新的生活方式？经过科学论证和尝试，我们和世园资产运营管理公司合作，为北京世园会量身开发出园艺商业新物种——世园美家。

世园美家是北京世园资产运营管理有限责任公司在园区内精心打造的一

家园艺超市，也是园区内唯一一家以园艺为主题的休闲购物场所。在这里，品种丰富的家居花卉绿植、花园宿根植物等园艺产品、世园美家版泰迪珍藏系列产品、家居香氛等文创类产品均可供游客欣赏及选购。世园美家倡导"把园艺引入生活"，让游客在精心搭建的园艺生活场景中体验"生活，植（值）得美好"的品牌理念。

世园美家的定位不同于市场上已有的花卉市场、园艺主题 Mall，而是通过场景打造，辅以咖啡、茶等不同的场景业态和商业功能，让园艺深入人们生活的每个触点，围绕场景推荐花卉和园艺等产品，让消费者和场景形成共鸣，创造绿色美好的生活方式。

为此，世园美家精心打造了 11 个"花瓣"型园艺生活场景，包括夏日客厅、森系书吧、林间花居、烛光晚餐、假期旅行、迷你庭院、儿童乐园等。游客可领略前沿多元的植物品类、创意丰盛的生活好物、美植文艺的生活空间，且每个场景中用于装饰的花卉、盆器均可售卖。除了园艺类商品，世园美家还为游客提供文创产品、餐饮、家居、玩具等消费和体验专区。世园美家设有泰迪珍藏专柜，只有在这里才能够买到"世园美家版泰迪珍藏"系列主题产品，毛绒玩具、盲盒、保温杯、音响、充电宝、补水仪等超过100 种产品绝对会令泰迪发烧友惊喜万分。

对国家而言，商业是综合实力的展示；对个体而言，商业是时代与人的对话。合理的商业规划不仅为游客提供了满意的服务，更凸显了这场国际园艺盛会的主题，展现了中华文化之美。对于博览会类型的商业，提供了可喜的借鉴。

4 案例启示

（1）大数据为客流画像

与普通商业项目不同，展会项目客流来自多个地域，甚至是全球各地，而且没有高频客群的概念。这种类型的用户画像往往难以精准，在这种情况下，可以利用相似案例进行大数据分析，建立合理的客群模型。

（2）合理进行业态配比

要根据园区场馆进行内容安排、地标设计、预留通道等，去逐一体验游客的实际行走路线，以及用大数据综合测算多条行为动线的概率。哪条路是游客最常走的？哪个地点的人流停靠量最大？还要把时间的维度加上，包括各个场馆区域的高峰时间是什么时候，以及相应地游客们可能产生怎样的需求？

比如，餐饮业是最重要的商业配套，在人流量高、游客集中的场所，应该搭配翻台率高、简捷高效的品牌快餐。

（3）体现以人为本

本次北京世园会以"绿色生活，美丽家园"为主题，其商业服务也要遵循同一主题，在绿色、自然、环保的氛围中体现人文关怀的核心。

在招商品牌选择上，老舍茶馆、大师工坊、世园美家等，将文化之美、生活之美、自然之美融为一体，给游客提供了新鲜而回味无穷的体验感。

（二）案例 2：北京住总万科广场 | 把握"自带流量"的好品牌

1 案例导读：万科如何用 5 万平方米引爆北京

北京住总万科广场

2016 年 5 月 1 日，北京万科第三座购物中心——北京住总万科广场正式开业。在开业当天，便呈现了一串亮眼的数字：

截至 5 月 1 日晚 10 点，客流量达 13.6 万人次，按旧宫居住人口计算，区域到访率近 60%。

营业额突破 600 万元，累计会员数量突破 18 000 人，开业店铺 141 家，开业率 98%，招商签约率达到 100%，这是核心区商业项目也不易实现的目标。

近 50% 品牌为首次进入北京东南地区，强力升级区域生活品质。主力店——永辉超市、卢米埃影院均同步开业，其中永辉超市当日销售额突破 100 万元，实现开门红。

然而，在旧宫项目招商合作之初，种种问题困扰着项目组每个人。区域流量、同类竞争、电商掘金……住总万科广场的项目运作尤其是招商工作，面临着非常大的困难。在此种情况下，该如何破局？

2 案例概况

区域： 北京大兴区旧宫板块

名称： 北京住总万科广场

体量： 6.3 万平方米

开发商： 万科集团

定位： 全场景化社区购物中心

3 案例解析

（1）从"旧宫"到"中城"

近年来，旧宫板块凭借北通主城、东接亦庄的优势区位，规划不断落地，改造持续进行。数次土拍中，旧宫地块都炙手可热，成为品牌房企的必争之地。

放眼数年前，旧宫却一直被人贴上"城乡接合部""城中村"的标签。因为地处朝阳、丰台、大兴三区交界，是典型的"三不管"地带。睿意德团队早在 2010 年担任旧宫镇发展顾问，后与万科合作，参与住总万科广场招商，亲历了旧宫的成长与蜕变。6 年前我们与政府共同制定的"北京中城计划"如今正在逐步变为现实，由生产制造向商务消费成功转型的旧宫也将因住总万科项目的开业而加冕了新角色下的"成人礼"。

北京住总万科广场内部空间

A　旧宫的前世今生

旧宫作为"两轴—两带—多中心"城市空间结构的辐射区域，发展一直滞后于近邻亦庄。2011 年，大兴区旧宫镇城市设计方案首次提出"大亦庄"的概念，以亦庄新城为中心，将旧宫镇定位为亦庄新城重要的配套服务功能区，同时成为南城重要的商业商务服务区，成为加快南城建设的新亮点。通过整体规划和设计，将商业、商务、居住、体育、文化等功能有机结合，带动区域整体功能完善和环境品质提升，同时可以疏解中心城过度聚集的压力。

B　区域缺陷同时也是机会点

虽然定位为商业商务服务区，但我们调研发现旧宫的商业现状并不乐观，重重困难使人们对住总万科项目的前途产生了种种担忧。

"旧宫"因"旧衙门行宫"得名，1983 年为南郊农场分场，1990 年才改为镇，共有 19 个行政村，是北京典型的"城中村"。

区域缺乏支柱产业，使旧宫与亦庄占地面积接近，产值却不到亦庄的 1/8，产业的滞后也影响居民收入，本地房价平均水平至今仅为北京望京地区的一半。

旧宫不仅经济发展水平较低，区域人口数量少，户籍人口 4 万人，流动人口 16 万人，大部分为外来务工人员。

住总万科中心落足的区域存在诸多缺陷，项目本身也有先天不足。首先是项目面积规模不大，旧宫万科项目购物中心部分面积 4.8 万平方米，小体量面积很难打动商户。

区域内居民数量少、收入水平不高；商圈内大型商业项目和大型连锁零售商都较缺乏，商业气氛较单薄，中低端消费活跃，品牌商家多以街铺为主。在周边，大峡谷、华联力宝购物中心及新开业的荟聚都已对周边居民形成了稳定的吸引力。

如果困在调研中，会很容易做出这样的判断，旧宫区域住宅发展前景要好于商业开发。但看到的未必一定是趋势，判断需要结合对这一区域发展的综合分析进行。

从区域发展来看，政府已将旧宫镇定位为亦庄新城重要的配套服务功能区与商业商务服务区；而在交通方面，项目位于亦庄线旧宫站；而北京轨道线网中规划的 L5 线，将呈东西走向通过旧宫镇，并与亦庄线旧宫站实现换乘。项目周边现有公交线路 13 条；同时，项目北侧是建设中的公交枢纽。项目自带 600 个车位的地下停车场，自驾前往同样方便。总体上说，项目的交通是非常便利的，这将会大大带动和提升这个区域的商业氛围。

C 战略定位"北京·中城"

站在区域未来发展的角度，我们能看到，旧宫其重要的地理属性就是

"中间位置"，旧宫处于成熟市中心与亦庄新城中间位置，未来可以承载更多的人流、物流汇集角色，将在未来区域发展进程中承担独特的区域商业中心的作用。

借鉴世界知名城市的规划理念，基于旧宫发展的特殊背景以及区域价值，我们建议项目的战略定位提升为：北京·中城（Midtown，Beijing）。

项目借鉴国外中城（Midtown）的经验，如曼哈顿中城、东京中城，旧宫地理位置与它们有相似性。以"中城"概念，突出旧宫项目在北京独有的区域优势，在国外城市中的地位，演绎项目板块的潜力价值，以推动项目土地价值大幅溢价。

综合考虑各方面因素，基于旧宫城乡结合发展之现状，从北京·中城的长远发展眼光审视项目整体规划，兼顾本地消费群体以及深挖周边消费，在与周边经济形成良性互动的前提下，我们对旧宫项目的整体功能定位明确了方向：

首先，借鉴国际先进城市建设理念，全面提升旧宫宜居环境；其中，建设极具活力的商业设施，聚拢周边高端消费群，提升区域商业氛围，是极为重要的一点。

其次，在提升居住、商业的同时，旧宫区域还应优化产业结构，创造性开拓商务办公；并利用旧宫独特的位置优势，依托亦庄产业基础，与亦庄形成有机联动，将旧宫建设为吸引力强的区域商业及高品质生活中心。

根据睿意德总体规划建议，万科广场项目所在的 A3-2 区域规划为低碳商业消费区。低碳商业消费区在产业升级、拉动旧宫第三产业、增加就业人口中扮演着关键角色。其中将核心商业区规划安排在距离地铁站最近的地点，方便吸引更远的人群。

明确了战略定位，住总万科广场的雏形呼之欲出。商业建筑面积近 10 万平方米，项目位置紧邻地铁亦庄线旧宫站。所在片区居住氛围浓厚，家庭需求旺盛。而在区域总体规划下，新商业项目与传统旧宫西路的商业可得到有效顺延，通过旧宫西路可以方便快捷地与亦庄连接。

（2）现实困境下的招商突围

住总万科广场开业之时，进驻 111 家品牌商家，其中中外知名品牌达 95%，近 50% 品牌首进京东南，包括：GAP Factory Store、NEW LOOK、卢米埃影城、Bravo YH 超市、配备新式点餐系统的麦当劳、星巴克旗舰店、绫致集团北欧风情馆、奥力健身、Adidas Original 形象店、云海肴、炊二哥、玛雅铁板烧、千纸鹤日本料理、nordic by nature、汉唐小馆、好孩子集合店、纽约国际儿童俱乐部、识博教育、爱 TA 洗车等品牌。能取得这样的招商成绩，是与清晰的招商思路分不开的。

A　重新梳理区域消费者价值

万科旧宫项目招商难，难就难在商户对区域客群流量缺乏信心。在项目招商过程中，区域人群数量是商户关注最多的话题。而商户印象普遍源自对过去的感知：旧宫给人的一贯印象是偏远荒凉，人口少，收入低，消费能力弱。如果不能重新梳理区域消费者价值，项目招商将陷入被动。

因此招商前期的重要准备就是对未来项目消费基础人群的定位。通常评价商业价值时，人们往往基于静态判断，但正确的逻辑应是着眼于动态发展。

旧宫自 2009 年开始，住宅开发进入高峰期，截至 2015 年新导入人口近 10 万，区域未来人口理论上将达到 36 万左右。人数增加且更高收入人群的更新，将成为驱动旧宫区域消费力的最核心因素。

目标人群的筛选是项目定位的另一重要工作，它决定了未来招商对象的选择。

从人群结构方面，项目将目标锁定在两类：一是原住民的新一代，他们有强烈的消费升级意愿；二是后进入的新居民，这部分消费者收入水平普遍较高，追求更高级的商业设施。项目锁定此部分较高素质人群，也会增强目标商户的开店信心。

外部人流的导入也为项目增加了新势能。地铁亦庄线以及德贤路对外开通，使旧宫的对外交通联系得到很大改善，有利于项目快速导入更远的消费人群。同时，区域内近期没有新的大型现代商业项目规划，独占的优势也会提升商户对项目的重视度。

B　主力店攻略

作为首次进驻北京城南地区的大型城市综合体，住总万科广场首先要满足的就是该区域居民的消费升级需求，提升旧宫区域的生活配套品质。这些需求首先体现在对于主力店的招商上。

主力店作为购物中心的主要业态之一，不但具有巨大的"磁场"吸引力、良好的集客效应和极强的品牌号召力和影响力，同时能够达到提升购物中心的整体商业价值，增强业主的投资信心，推动其他业态和品牌招商进程的作用。

超市作为高频的消费热点，是绝大部分区域商业都要争取的对象，住总万科广场也不例外。但本项目超市招商的过程却一波三折：开始选择 BHG 精品超市作为目标，但由于内部原因 BHG 中途放弃入驻项目，而外资品牌在中国全线后退难以再开新店。

项目招商团队在反复衡量后认为选定超市的策略仍不能改变，不能因为执行难就放弃。招商团队最终将目标锁定在旧宫开业多年的永辉超市，一方面以其对区域市场的熟知优势可以缩短决策周期，另一方面因为客群固定而使经营有保障。

团队与永辉较快地达成了合作意向，并且为配合项目的客群与形象，其以精品 Bravo YH 店入驻项目，之后在不到 3 月的时间里，Bravo YH 配合项目完成了从设计到开业的艰巨任务。

另一家主力店卢米埃影院也签约入驻，影院能带来大量目标性客群，也能延长顾客在商场内的停留时间，从而延伸出更为丰富多元的业态。

C 市场不好，如何招商"快时尚"？

项目招商过程恰逢电商影响力快速增长时期，也是传统零售业业绩受冲击最多的阶段。如何打消商户开实体店的顾虑，也是摆在招商团队面前的难题。

自 2007 年作为快时尚代表的 ZARA 进入中国大陆以来，大部分此类品牌一直保持高速增长，但到 2014 年，快时尚业绩集体滑坡，销售增长放缓，利润下滑甚至负增长。

H&M 的 2016 财年一季度净利润同比缩水 29.6%；美国服饰零售商 GAP 的 2015 年 4 季度净利润同比下降 33%；Forever21 也经历着财政危机；Mango 将其 2017 年收入目标下调了约 1/3。

行业整体下滑为招商增加了不小的难度。但为了建立区域商业新标签，项目仍然需要有影响力的快时尚品牌，以带动其他品牌的进驻。否则，很多品牌可能会陷入观望。

被 H&M 和 ZARA 婉拒之后，调整招商策略成为项目紧迫的任务。相比欧洲快时尚，来自日本的 UNIQLO（优衣库）在应对中国市场方面似乎更适应且有信心，即使在整体市场疲软的情况下，UNIQLO 并没有放慢开店速度，经多次沟通使其与项目取得了入驻开店的共识。

另一个快时尚品牌 GAP 虽然积极看待中国市场，却对旧宫区域一直犹豫不决。而之前万科的两个商业项目都没有与之建立合作，使得沟通推动困难，招商团队也经历了多次开店申报但被拒绝的情况。

为了争取 GAP，睿意德团队不断调整应对方案，包括深溯市场以打消 GAP 顾虑，甚至将《旧宫志》挖掘出来以取材说明。最终双方共识选择一个折中方案，GAP 开设一家基于正价店与 Outlets 之间的城市 Factory 店（工厂店），这也将是 GAP 在华北的第一家 Factory 店。

在 UNIQLO 与 GAP Factory 作为龙头的签约刺激下，与北京万科未曾合作过的另一家英国时装品牌 New Look 很快确立了开店意向。有了这几家主力快时尚品牌加入，其他品牌也受到激励，较快进入深度洽商阶段。

GAP 在华北的第一家 Factory 店开设于住总万科中心

同时，考虑旧宫消费力整体稍弱的阶段特点，项目特别筛选如心悦、TOPFEELIN 等活力、品质且低价的精品店作为特色组合。以心悦买手型小百货为例，凭借对潮流货品的大规模采购，使得单价远低于其他同类品牌，这样的定价非常吸引年轻人。而 MJ Style 的精品迷你店 TOPFEELING 价格甚至低于网上价格，能够很好地吸引顾客在线下购买。

Ⓓ 用流量思维进行业态规划

因为电商发展速度极快，实体购物中心将更多面积规划为餐饮、休闲娱乐、儿童等体验消费的业态。住总万科广场最终确定的业态比例，餐饮占30%，其他体验类业态近 40%，这些与电商实现错位的业态总体达到了70%的比重，在此组合下，能保障客户愿意花更长时间到达消费。如表 4-1 所示，万科广场各楼层业态规划鲜明。

表4-1 住总万科广场楼层业态规划

楼层	主题	业态
B2	缤纷天地	生活服务
B1		生活零售、服务、快餐、精品超市
L1	潮流时尚	国际快消、潮流服饰、休闲餐饮
L2	大众流行	潮流服饰、品质生活、休闲餐饮
L3	童真童趣	儿童服饰、儿童娱乐、儿童教育、个人保健、美容护理
L4	餐鬖美食	特色餐饮、潮流美食、休闲餐饮
L5		大型餐饮、主题餐饮
L6	运动天地	特色餐饮、影院、屋顶花园

在餐饮业态方面，住总万科广场口味多样，菜系齐全，星巴克、必胜客、玛雅铁板烧、西贝莜面村、一麻一辣、醉湘等近50家餐饮店分布在不同的楼层。在品牌选择上，为匹配区域客群消费水平，主动放弃了档次太高的商户。高端日料赤坂亭曾有意向进入项目，因其客单价高至250~300元，无法匹配区域主流客群，最后只好选择放弃。

项目中，儿童业态也是一大主题，这一定位巧妙地填补了周围商业的空白。除了必不可少的亲子游乐、早教、艺术培训，位于6层的体验式空中生态动物乐园令人耳目一新，设有亲子游乐中心、小型动物园、植物认养等，让家长与孩子在多种融合的项目中就可以体验到原本只有在远郊才可实现的互动。室内布置也着力创造出家庭游乐空间的氛围，将具有童趣的装置艺术应用到互动空间中，成为一个为儿童精心准备的"疯狂动物城"。

为最大化应对电商对实体的负面影响，项目团队不仅重视体验类业态的引入，更筛选有更强吸引力的业态品牌，以使项目尽快形成消费者黏性。

一位美女模特老板是典型例子。之前她一直做微电商，在经营过程积累了大量粉丝，此类品牌若能够落地到项目便能够自带客流，但没有开过线下店的她顾虑较多。

针对她的担心，招商团队以深度的市场分析和对未来收益的精细测算答疑解惑，最终促使她在项目开出了第一家实体店"阁仔王子"。几个月后她开心地表示，线下收益已经远高于线上。

充满童趣的"动物园"

选择零售连锁品牌时，亦优先选择线下体验更佳的新概念店，nordic by nature—Vero Moda 生活美学馆是其中的一家，它时尚极简的北欧风情结合绿色基调的装修格调，为客户创造了电商无法比拟的异域游逛感。

nordic by nature—Vero Moda 生活美学馆

知名媒体人罗振宇在 2015 跨年演讲中称"匠人"是导流入口。凭借独特价值观将某件事做到极致特色的从业者，不仅因出色的产品赢得认同，更因为他们身上焕发的某种精神而形成了一个"部落"，店铺就成为部落人的汇集地。

住总万科广场项目中不乏这样的"匠人"店铺，Pizza Semola 匹萨店即是这样的典型代表：由北京知名老莫西餐厅的厨师长创立，有大批长期追随他的顾客。这家新店在开业当天上午面粉就被使用一空，当同行提出友情赞助面粉确保运营时，也被他谢绝，理由是为确保品质——即使歇业也不能出售非自采原料制作的食物。

（3）如何在小空间做出"大文章"

A 以小见大，增强商业吸引力

住总万科广场地上面积仅 5 万平方米，这是业内运营中最尴尬的体量。这种体量的商业，不能规划太多用于店铺出租，否则会因缺失公共空间而影响游逛舒适度，而太多公共空间会导致出租面积太少而影响品牌丰富性。

为了应对小体量所带来的困扰，项目从产品设计到业态规划都不可懈怠，始终要思考的问题是：如何让客户在游逛过程中，即使再小的空间也有新奇发现。

住总万科广场总共有 120 个品牌，品牌数仅为其他大型购物中心 1/2 或 1/3。项目单个平层品牌数明显不足，为了延长顾客在场所的停留时间，招商时特别优选品类丰富的集合店。

虽然店铺数减少，但在单个店铺消遣的时间有了明显增加。号称小微买手店百货的"心悦"集合店，以不到 300 平方米的店，陈列了上千种各式小百货，每天吸引大量年轻人在其中淘货。

作为小体量的商业项目，要面对容纳店铺数量有限的现实，所以要尽可能将零售商铺划小以增强丰富性。睿意德招商团队在执行工作中，将多个原有大店铺分割成了两家小店，例如，小勇士与莫莉幻想、苏松府与阁仔王子原本是一家店，之后做出了动态调整，将原来的一个大店铺分割成了两家小店。

选择差异化品牌，也是增加小体量商业吸引力的有效解决办法。本项目招商团队在选择品牌时，优先考虑在其他区域被验证红火但在本区域没有店的品牌，其中包括一家一直活跃在传统商务区的广东餐饮品牌"表妹"，这家店开业即成为区域人群的热点正餐聚会地。

B　场景营造创造新鲜体验

在移动互联网时代，场景体验是黏住顾客的新武器。住总万科广场项目通过故事化的内容导入，使硬件设施成为各种奇思妙想的微景观，为功能赋予了吸引人的目的性，为顾客创造了新鲜体验。

项目外观建筑设计灵感来自16世纪画家彼得·勃鲁盖尔的名作《巴别塔》，室内装修设计灵感来自刘易斯·卡罗尔的传世之作《爱丽丝梦游仙境》，商场中庭打破了常规化的上下均匀对称化做法，以逐层收缩的视觉创造了另一种感受，加之层层可见的植物装点，犹如绿色洞穴向人昭示即将开启一段奇幻的探索之旅。

住总万科广场摒弃了传统的"盒子式"设计，打造village风的垂直"街巷"氛围。身处这样的设计中，即便在四、五层，也能得到如同在室外逛街的感受。除此之外，下沉式广场、屋顶露台花园、Village共享中庭空间，都具有体验式Shopping Mall的开放气质。住总万科广场的建筑设计从2014年起便屡获大奖，囊括了被誉为英国"建筑界奥斯卡"的"2014MIPIM建筑未来项目奖"、《建筑评论》戛纳国际房地产博览会"未来工程奖综合体类金奖"等奖项。

与睿意德早期对旧宫区域规划的低碳发展策略相契合，住总万科广场以绿色生态为理念，创新性地引进了新风除霾系统，确保室内空气常年处于优良状态，不声张地为顾客提供关怀与舒适服务。

商场中庭打破了常规化的上下均匀对称化做法，以逐层收缩的视觉创造了另一种感受

在内部的空间营造上，团队充分融入生态与绿色元素：以绿色玻璃让洁白空间有了传神的纽带串联感，而垂直绿墙为顾客创造着室外的自然感。与此同时，顾客沿动线行走的每个空间节点，都设计有移步换景的绿色效果，这样的微场景时时触发消费者的感性末梢，让其在场所有更长时间的停留。

为了让消费者在高层商业项目中减少压迫感，项目在四层设置了挑高空间的空中街区，汇聚了美食与娱乐，创造出只能在低密度街区才有的开放式消费体验。

商业的外延空间也是商场场景的重点着墨之处。项目外部设置独立景观扶梯，将外部空间直接延伸至室内，避免小体量商业因空间过小而产生局促感，提升了消费者游逛时的心理舒适度。

五层与屋顶间设计了盘旋的木质步梯配合绿植，为顾客继续探索屋顶花园空间提供特别诱因。而创造性打造的空中动物园"V-ZOO"，则使来逛街的顾客可以在购物中心与羊驼、孔雀、兔子等动物近距离接触。

场景的体验不只在公共空间，从公共区域延伸到商户内部也是关键。本项目在招商时特别附带条件，要求所有品牌商户选择最新一代店铺设计装修方案，如 Babela's Kitchen、Vero Moda 生活美学馆、心悦、Mybaby 等都不乏精彩的室内空间表达，这些内在令人感到熟悉但装扮一新的店铺，会让新老客户都颇感欣喜。

住总万科广场从概念、规划、建筑、招商到客群服务，始终坚持根植旧宫，其中每个体验细节都释放出与区域为伴的决心，而这一项目的成功，也为万科商业地产的前进提供了充沛动能。

截至 2021 年年底，万科累计开业 211 个商业项目（含 113 个社区商业项目），建筑面积 1 139.16 万平方米。

如果说住宅工业化使万科领跑行业，那么具有硅谷创新精神的定制化商业实践则打开了人们对万科商业未来的想象。

"未来万科的每一个购物中心都会打造属于自己的标签，有鲜明的主题，以客户为导向，分析消费者需求，与客户积极互动、反馈，做消费者最想要的体验商业。"北京万科商管公司董事总经理张媛女士表示。

4　案例启示

（1）定位在前

商业地产的成败首先取决于它的定位。如果定位不准确，后期的运营就一定会出问题。所谓定位，首先是大方向问题：商业做还是不做？在哪个位置做？在哪个阶段做？然后是技术性问题：根据项目地块的具体情况判断到底做多大合适；通过周边人口分析，确定有一定规模、有支付能力、有成长性的目标客群；通过目标客群分析如何做差异化经营。最后要思考如何实现线上线下的结合。只有把这些问题理清楚了，才能在商场规划招商和运营的各环节胸有成竹。

（2）业态配置：体验式消费 + 差异化品牌

住总万科广场在业态和品牌组合上十分强调创新，同时引入更多与电商实现错位的业态。如加大餐饮、休闲娱乐、儿童等体验消费的业态；更多选择差异化品牌，优先考虑在其他区域被验证红火但在南部区域没有店的品牌；优选品类丰富的集合店，提高业态的丰富性，打造更多元的消费空间。

（3）人性化服务为商场增值

人性化细节的问题做好了能带给客户好的体验，做不好很容易影响客户对商场的看法。住总万科广场打造了区域内最"绿色"的生态购物中心与首家无霾商场。新风除霾系统覆盖了整个商场，雾霾天市民可以到商场呼吸新鲜空气。住总万科广场还利用屋顶花园和B2层安排多种便民设施，实现社区服务一体化。

三　辅助阅读 ◀

（一）如何解决三四线城市商业的招商困局

过去三年间，很多地产开发企业减缓了开发商业的步伐，但很多开发企业对原有物业变现的需求更加迫切。变现方式主要有两种，一种是大宗资产交易、低价整体销售，但在目前的市场情况下，实现周期相对来说比较长；另一种是以空置物业进行租赁，收取租金收益。大家似乎陷入了一个思维漩涡，认为只要租出去就能有长期的收益，但招商真的是万能的吗？招商的灵魂到底是什么？为什么三四线城市的商业陷入了招商循环？我们从造成这些问题的原因出发，找到破局之法。

结合睿意德服务的项目来看，目前三四线城市商业普遍存在的三大问题是：开业即巅峰、大体量空置、陷入招商循环。其根本的原因是不匹配：工程先行导致的定位与产品不匹配，目标客群与品牌客群的不匹配。

1　"工程先行"是造成三四线城市商业空置最根本的原因

近年来我们操盘的商业项目中竣工或者即将竣工的项目占招商委托业务的50%以上，而这些项目基本都坐落在三四线城市，诉求基本都是："你们能招商吗？"

纯粹站在不动产开发的角度考虑，有了商业空间的载体后，就自然而然进入了"装内容的环节"，于是有了先盖楼招商再定位的"奉子成婚"的逻辑，致使很多商业在没有做好前期策划的情况下进入了开发环节；但在目前市场同质化严重的情况下，不找准自己的定位，就容易出现开业即巅峰的现象，或者完全无法达到当时的变现目标。

2　只着眼在招商的环节，才致使项目进入"招不到商"死循环

招商是在商业地产的开发或者后期经营过程中不可或缺的环节，但这个招商环节并不是独立存在的，它关联着众多的环节，如招商定位、规划、品牌属性档次等。而很多商场空场的原因是把目标定为招商完成，而不是长效的经营，从而导致商业客群与商户客群不匹配，使商场进入后期持续的招商循环中。

要从根本上解决三四线城市商业的招商困局，我们需要先梳理明白招商的本质是什么。

我们常把招商比喻成相亲，讲究门当户对，只有势能与品牌匹配，才能实现长期双赢的局面。所谓双赢就是双方都有盈利，商家层面会考虑客流量、提袋率、周边品牌是否能实现互补等，而商业地产在招商之初，需要积累与之对等的势能，尽最大可能地吸引流量，而这个势能就是找到项目的唯一性、权威性。

引用 Philip Kotler《营销管理》里的一句名言："谋定而后动才能决胜长远。"定位就是对公司产品进行设计，从而使其在目标客户的心智阶梯中占据最有利的位置，也是招商工作执行的行动指南，因此招商定位要解决以下四个问题。

（1）找准价值站位，错位发展

现在三四线城市商业发展水平处于百货向购物中心转变的阶段，万达、

新城吾悦广场也在加快三四线城市布局的节奏，商业已经从原来的填空式发展转向更精细化的发展，而随着城市化进程的深入，在满足基础性消费需求的基础上，城市商业逐渐向非标化、人性化转变。从站在未来看现在的角度考虑，本土开发企业可以依据其地价的优势或者当地资源的优势打造稀缺性高价值物业来承载城市活化功能。

睿意德服务过的一个案例是北京尚街购物中心，虽然这个项目并非处在三四线城市，但其不利条件是距离北京知名城市级商业朝阳大悦城仅 1.7 公里，大量客流会被大悦城吸引。

接手项目后，团队创新性地采取"相斥论"作为定位的关键出发点，打造"城市运动奥莱"的新概念，通过引入时尚运动品牌工厂店、折扣店的方式，盘活了商业建筑面积仅 2.8 万平方米的项目，既服务了附近居民，又能和朝阳大悦城保持错位的竞争与互补关系。如今，尚街购物中心正以折扣商品以及特色折扣商店而在市内小有名气。

（2）理清业态组合，凝聚合力

上文说到：招商的本质不是引入商家，而是基于对区域消费者消费需求的预判，对商业资源进行科学系统的组合安排。要带着营运的思想去布局业态，最终实现效益最大化。

在长期的实践中，我们总结出业态布局的三大原则：

大做全，小做精

大体量商业要把业态品类做全，且同一品类也要尽可能丰富。比如儿童业态尽可能把零售、服饰、玩具、餐饮等做全面，这样既可以形成聚合效应，又能带来整体租金的收益。另外就是业态品类要齐全，尽可能形成关联性，形成消费黏性。小体量商业一定要找准自己的目标客群，围绕目标客群把某一品类做到极致，形成项目鲜明的标签。

店铺价值与品牌价值要适配

招商本质其实就是解决匹配度问题，让高价值商铺匹配高价值品牌。招商业态落位就如排兵布阵，明星品牌就是项目前头军，给人初步印象。但一个项目能否长久生存下去，首先要找到这个项目的主力军，那些能产生高租金贡献的品牌或者高频消费的品牌；其次要找到项目生力军，保证项目新鲜血液加入，及时替换无效用的品牌。

深耕品牌本质，适得其所

根据项目的定位方向，筛选品牌档次以及经营商户；抖音、小红书、快手的崛起加速提升了三四线城市客群的消费认知，激发了对新品牌、新模式的消费热潮。三四线城市品牌以及经营商户主要有以下两类：

一类是网红品牌加盟。三四线城市因其人口及经济发展的限制，国际或国内连锁性品牌的直营店开设进驻成本较高，因此除个别主力店外，商场的主力品牌主要以当期的网红加盟品牌为主。而经营者主要为新一代城市中坚力量，在一线或二线城市生活过，见过世面，可将一二线城市项目的商业模式快速复制过来，收割市场红利。

另一类是本地品牌升级及本土网红品牌孵化。除了城市新生力量之外，还有一类是城市老店或者城市特色店。随着城市化进程的深入，从前经营的店铺因为不好停车或者物业形象不佳的原因，需要寻找稀缺性的优质物业进行品牌和店面的升级，而项目自身其实是本土品牌孵化器的平台。

（3）设计空间适配，量体裁衣

针对已经建成的物业，根据定位进行空间改造和动线梳理是必不可少的工作。动线、空间改造的目的既要满足商业可视可达的效果，又要满足不同商家对不同面积的需求，建筑设计的适配性也是至关重要的问题，项目势能够了，最后没有满足品牌的空间也只能望洋兴叹。如表4-2所示。

表 4-2　常见品牌标准店铺的面积参考

类别	业态	品牌	套内需求面积（平方米）
主次力店	快时尚	ZARA、H&M	1 500~2 000
	大型餐饮	海底捞、巴奴	800~1 500
零售	服饰	欧时力、卡宾、热风	150~300
	精品	萱子、阿吉豆、AMAS	50~100
餐饮	西餐	必胜客、KFC	300~500
	中餐	诱麻诱辣、绿茶	300~500
儿童	儿童零售	拉比童装、Mothercare	200~500
	儿童培训	番茄田艺术、乐高活动中心	300~500
其他配套	休闲餐饮、水吧、甜品店	芒果捞、DQ	30~100

3　小结

招商是商业项目运作过程中的一个重要环节，但也不可以单就招商而谈招商。招商的基础是有了正确的前置条件，即合理的项目定位，定位就类似一个项目的顶层设计和战略方向。如果战略对了，策略出点偏差还可挽回；但如果战略错了，策略越对方向越偏，可能导致全盘皆输。而从目前现实情况来看，未能实现成功招商的项目不少都位于城市的核心地段，其招商失败的原因大多是因为定位偏差，因此好的地段并非是项目招商成功的充分条件，项目定位的合理性也是十分重要的。

（二）应对空置率的七个破局新思路

随着客户将消费的重心从实体店转向了电商，并且越来越追求体验而不是商品，商场奇招迭出。动物园、博物馆、网红 DTC，无论是公共场所还是流量明星，都开始和商场达成了越来越多的合作。在存量时代里，一方面是流量的争夺，一方面是优质商户的承揽。商场如何通过业态调整找到最优解，成了新问题。

熟悉商业地产的人都知道，把握住晕轮效应，是招商工作最为重要的工作原则之一。的确，往往一场商业盛宴，都是以其"头羊"商户为起点的。在很长的一段时间里，主力店都是商业地产业内备受关注的话题。但在如今的存量时代，快速调改反倒成了新的话题。

我国二十多年来的商业地产发展基本可以分为以百货为主导的零售时代和以购物中心为主导的体验消费时代。伴随着国内经济快速发展，主力店选型策略一变再变，在如今排名前 100 的购物中心中，75% 的购物中心都有苹果商店。越来越多的公共空间也跨界而来，他们让客户在商场内停留更长的时间，创造出更多成交的可能性，动物园、博物馆、图书馆、亲子乐园纷纷在商场里亮相。这反映的是商业地产行业在百货式微背后的深层焦虑：无法形成差异化，难以招到曾经对商场租金贡献最大的服饰、鞋包、珠宝、钟表等品牌，创新品牌与业态进场超长的免租期以及狮子大开口般漫天要价的装补，都成了招商工作不得不面对的现实问题。

良好的商户组合所能营造出的客户体验，可以最大限度地提高人流量，增加商户和商场管理收入。在现时的存量背景之下，对商户组合的管理，就是对项目的收益管理，未来的购物中心必定是一个能促进消费，同时延长顾客访问时间的商户组合，而并非单纯是零售和非零售商户之间的比例权衡。落位几个大牌"主力店"就以为能够解决存量时代的流量争夺问题，显然是不现实的。

这为商场运营带来了两大行业挑战。

1 招商挑战

诚如前文所言，越来越多的跨界组合会和商业地产摩擦出火花。滑雪、冲浪、动物园、水族馆等越来越多独具特色体验感、追求停留时间的业态开始进入商场，这令原本盒子式的商业开始变得包罗万象、别有洞天。

纯粹意义上的"主力店"的概念也正在发生明显的变化，吸引人流的任务往往被多个体验业态同时承担，而非单纯的一个巨大的零售商店。在消费趋势上，我们也可以发现消费者追求个性表达的趋势越来越明显，wowcolour、调色师等新兴美妆零售品牌的兴起无疑佐证了这一点，这导致了越来越多的专业集合店的出现以及同业态商户抱团策略的兴起。相比一个巨大的包罗万象的供应商，消费者越来越倾向于个性化单元集合。

在商场中引入动物园、水族馆，这已经不是新鲜事了。2008 年 11 月开幕的迪拜水族馆正位于迪拜购物中心（DUBAI MALL），水族馆观光廊长 51 米、宽 20 米、高 11 米，蓄水量在 11 220 升左右，养着包括鲨鱼、黄貂鱼等大约 3.3 万种水生物，已成为迪拜游客的打卡必经地。

以往的经验教训证明，有些时候潜在的"消费引擎"并非来自于想象中的商户，泡泡玛特正是绝佳的证明。由于无法客观地直接获悉人流数据，一个品牌或业态的重要性大多数情况下都来自招商人员的经验与直觉。在一个供给全面过剩的时代，品牌方及其联系方式已经不再是什么秘密，一个同城头部商场的调改，往往在围挡还没有摘下来之前就已经在同城圈子里人尽皆知。

目前的商业环境，对招商工作的及时性以及定位契合度判断的效率提出了新的挑战。在一个效率至上的商业体系之下，谁能先人一步洞悉消费趋势，及时供给，谁就更有核心竞争力。这种调改工作的效率竞赛将成为商场运营工作的常态，对二三线城市的商业运营也构成了新的考验，这种考验也将会长期与商场伴生。

2 租赁规划挑战

尽管极具创新性的招商组合为商场带来了有足够时间游逛的大量人流，但遗憾的是这并不意味着收入的提升。和十年前的商场相比，拥有大量公共空间的商场往往空间利用率较低，导致零售商户数量下滑，产生牺牲了坪效的体验业态。这造成了效率的下降，对商场的租赁规划工作提出了挑战，精益运营成了每个商场都不得不面对的难关。

这里的精益运营体现在了两个方面：交叉销售提升与最佳位置匹配。

两者都直指线下消费的特点因素，也就是位置的规划。根据以往的工作习惯，我们通过业态位置划分与人流动线规划的方式来进行优化提升。但很显然，这种做法正在显得过时，智能客服引导消费路线的做法与强制动线等低体验的工作方法导致的差评口碑正让越来越多的商场陷入犹豫。

在需要更科学的租赁管理背景之下，特定商店之间的交叉销售与组合的位置匹配开始成为一个需要投入和思考研究的问题。经研究显示，服装密集型主力店往往会使周围服装店的销售量减少，但是会增加附近配饰店和化妆品店的销售。这样的基于位置的商业洞察力对于优化商户选择和位置安置意义非凡。对于下位市场的商场，如果能够及时洞悉一线市场头部商场的落位安排调改，就可以识别出可能需要调整规模、重新定位、重新定价、拆除或给予销售支持的店铺。

例如，一个坪效过低的商户，但是其交叉转换成交率较高，就完全可以调整规模或搬到一个更小的铺位，这对商场和商户无疑是一种共赢的。因此开展对商场商户落位排列组合的专项工作就显得很重要，对商场商户落位排列组合的研究有助于帮助现有商户取得更好的业绩表现，也可以在商户可接受范围内，帮助商户获得更合理的租金。对商场来说，可以通过这一途径找到最佳的商户组合方式，提升综合效益；可以通过租赁面积的调整规划，增加可租赁面积，找到最优租赁方案，比如在不影响现有商户业绩的前提下增加 10 个商铺。同时，这项研究还有利于为顾客营造整体式、差异化的场内区域消费体验。

3　直面挑战的"七步成诗法"

针对以上挑战，睿意德结合海外市场的案例教训与国内的市场现状思考出了调改优化的"七步成诗法"。

第一步，建立数据驱动的观念与团队。

建立由新观念驱动的团队，始终是打开一项新工作局面的基础工作。尊重数据就是尊重事实，实事求是是通过工作开展获取真实成果的最重要的原则。

第二步，建立采集策略与商场数据量化标准。

不比资产运营，调改运营涉及的指标相对较少，以商户、面积、业绩、租金、交叉转化购买率等少数几个纬度为主。

第三步，寻找内场数据的内在关联。

由于调改的数据量并不大，在采集内场数据后，不需要急于对数据做清洗、打标签，分析人员应与业务部门联起手来，结合实际工作经验，完成建模工作。

第四步，从与外场数据的对比中洞悉解决思路。

由于行业的特殊性，分析工作不能孤立于项目场内，应结合同城、同商圈、同类型、同定位的外场数据，进行双向对比，结合业务部门的实际工作经验，找到问题的关键。

第五步，价值关系的可视化表达。

充分发挥数据的可量化优势，通过数据与数据之间的内在关联设计可视化方案，确保科学性和直观性，力求上通下达。

第六步，结合项目实际诊断问题。

通过结合实际的工作经验，进行科学的聚类分析、归因分析，确保切实有效地击中要害，以一定节奏逐步进行科学调改工作。

第七步，复盘与总结。调改优化是周期性的工作，一定节奏的复盘与总结可带来更深刻的时间洞见与趋势把握。随着市场的自我调节，不断寻求更好的解决方案，是优化调改工作的根本所在。

所谓优化调改，即是寻找租金与坪效能力的最优解，达到"合适的商户，合适的位置"的和谐状态。以期实现一方面提高商场的整体销售业绩，一方面直观增加租赁收入的目的。

我们在工作中得到这样的启发：基于科学优化调改思路，可对商户的坪效能力、交叉转化购买能力、业绩能力进行量化分析，从而可以将商户划分为 A、B、C、D 四类，分别对应着积极开店与更多的营销活动、基于引流效果而租金打折商户的合理定价、调改店铺位置与大小、清退四种基本调改策略。

综合以上数据与商户入场带来的成本，可以得到更加清晰、明确并且可量化的调改工作原则，除了可以提高整体商场销售业绩与坪效水平，更有助于提高租赁收入。坪效、业绩与成本构成了调改优化工作的铁三角，找到其中的内在价值联系成了调改工作的核心。

如何通过科学的调改作业在存量时代立于不败之地？睿意德已经积累了不少心得，很愿意与各方朋友交流分享，共同为商业的高质量发展贡献力量。

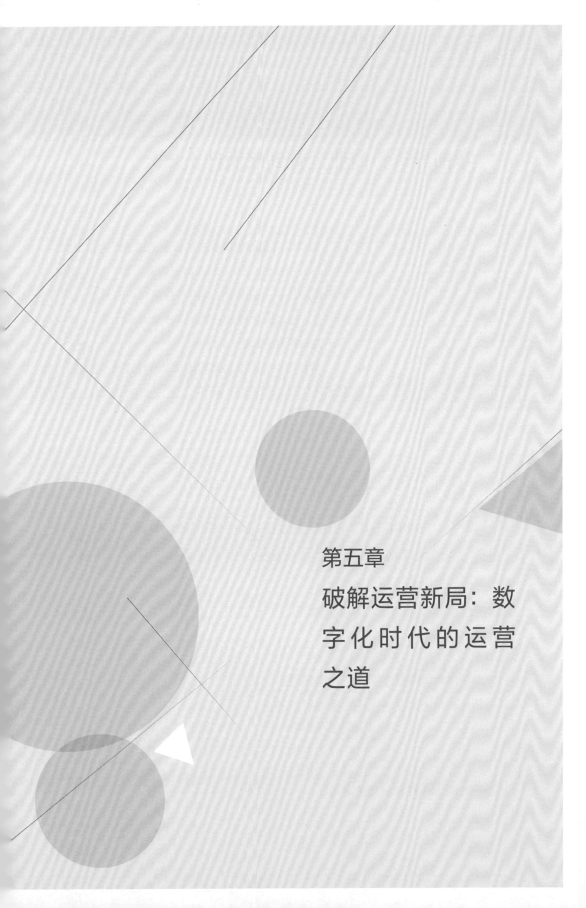

第五章

破解运营新局: 数
字化时代的运营
之道

一　章前导读：商业运营到底做什么 ◀

　　如何以运营力确保资产的保值和增值是持有型商用物业的长期命题，国内渐入商业存量市场，竞争加剧；新开商业往往"开业即巅峰"；存量项目昔日的光环逐渐消散。作为实体经济的中心支柱与消费平台——商业，更是面临着诸多挑战。

　　情势所迫，商业运营的地位越来越重要。那么，商业运营，到底该干些什么？

（一）商业价值稳定与提升是运营的使命

　　购物中心是商用资产，通过运营及土地增值获得稳定收益，从而获得资产溢价，需要的周期较长且需要持续投入。商业如果缺乏有效、持续的运营，价值就会降低。

　　运营具体做些什么？不同的项目、不同的市场内外环境、项目所处的不同阶段，各有差异与侧重。比如：

- 调配合适品牌匹配不同商业空间；
- 维持主力店及特色空间吸客引流作用；
- 主动优化调改经营商家；
- 做拉新活动提升整体商业形象；
- 做线上社群营销促进复购。

　　……

总之，一切有利于提升、放大商业价值的事情，都可以归入"运营"这个大范畴。

（二）用户体验是商业运营的重心

商业场所包括了购物中心、百货商场、商业街等多种形态，其实是一种"空间产业"。商业场所如同一个平台，将商家和用户联系在一起，在这个过程中，商业运营者要组织商家，提供商品与服务；要营销宣传，打响商业场所的知名度；要围绕消费者的体验做好服务；要持续进行用户管理，维持用户黏性……

而在其中，运营的核心是用户体验，尤其是"交付体验"。用户来到商场消费，我们可以把这个过程类比为一次旅行，影响其整场体验积极与否的，有时并不在于单纯的货品交易本身，而在于整场旅行的各个节点。因此，对于各个节点的反馈获得以及反馈改进，用户获得改进的反馈越及时，其交付的积极体验就越强烈，用户留存的概率越高，对外传播的口碑动力也越强。

（三）数字化是精细化运营的抓手

在存量时代，各大购物中心的商家品牌重合趋势更加明显，商业项目的差异化竞争关键在于精细化运营。以精细化运营争夺更多的客流，建立客户忠诚度，增强商场议价能力。以此为核心，各个商业场所在品牌、会员、服务、功能、空间、活动等多个层面展开了激烈角逐。对于细节的把控与经营能力尤其重要，商业地产向"数字化"的转型，正是为了提升精细化运营的能力。以凯德星为例，凯德星是凯德集团面向全场景顾客推出的数字化生态平台，用综合服务平台串起"人"，用跨领域全产业链串起"场"。在人的服务方面，重点是锁定线上线下流量，通过线上销售延伸时间、空间，实现流量变现和客户价值最大化；在场的方面，重点是商户，实现共享系统与数据，全线数据化运营提升消费转化，形成线上线下销售闭环，赋能商户。

未来，每个购物中心都会成为基于数据的服务商，在数字化基础上去重塑自身的业务。

在本章谈到的商业运营案例中，有的项目通过租售调整盘活资金链，有的通过数字化运营帮助提升业绩，希望能从多方面给读者带来对于商业运营的思考。

二　案例 ◀

（一）案例1：郑州汇艺银河里 | 小体量租售综合体的网红之路

1　案例导读：体量小的综合体怎么做

2　案例概况

3　案例解析

（1）大新区里的小综合体，到底如何给自己定位

　　A　区域价值判断：把项目放到未来

　　B　产品创新：物业组合下的价值提升

（2）综合体的角色与任务

　　A　商业：综合体活力担当

　　B　写字楼：综合体形象代言

　　C　酒店和公寓：未来需求旺盛

（3）租售结合：如何兼顾长期和短期利益

　　A　街区商业宜租宜售

　　B　街区商业整体规划：可视度、可达性、可容性

　　C　街区商业铺位规划：展示性、切小铺、均好性

（4）产品力是小体量商业的势能源头

    A　中原商业新代表

    B　天幕之下，艺飨街市

4　案例启示

（二）案例2：龙德广场｜数字化应用到思维升华

1　案例导读：老项目整改需要新思维和新工具

2　案例概况

3　案例解析

（1）龙德广场：亚洲最大社区商业体

（2）食之无味的主力店

    A　主力店牵制商场发展

    B　避免陷入押宝式调改误区

（3）数字化力量破解运营谜题

    A　四维空间定理

    B　从租金贡献看业态

    C　冷区面积大影响了商场效益

    D　客观分析主力店

（4）业态调整切勿操之过急

    A　业态分析查漏补缺

    B　用户访谈发现症结

（5）挖掘龙德广场独特内涵

    A　寻找新鲜血液

    B　新客群喜欢什么样的消费

（6）战略重塑实现突破

    A　发掘土地内在价值

    B　明确定位为调改升级提供方向

    C　项目团队的成功，而非顾问的成功

4　案例启示

（一）案例 1：郑州汇艺银河里 | 小体量租售综合体的网红之路

1 案例导读：体量小的综合体怎么做

郑州汇艺银河里项目已经成为中原商业升级的代表

　　城市综合体是现代城市发展到一定阶段的产物，它以建筑群为基础，融合商业零售、商务办公、酒店餐饮、公寓住宅、综合娱乐等多种核心功能于一体，通过土地集约与功能聚合，形成一个多功能、高效率的"城中之城"。对于所在区域而言，城市综合体常常能有效地聚拢大量人群，造就活力中心，产生聚合效应，提升区域价值。

　　说到城市综合体，人们总会自然联想起大片的建筑森林，超大空间尺度与功能的多样相匹配，成为人流、物流、财富流的集中点。"大"似乎成了综合体的本来面貌；反之，小型城市综合体难以做到功能齐备，也难以为城市释放能量。

　　其实，小地块上建立综合体并非不可行，通过合理平衡物业功能与盈利模式，小型综合体也能实现经济收益与运营效果的两全。郑州汇艺银河里项目即是小地块上建立的城市综合体，占地面积仅 1.5 万平方米。通过租售结合的盈利模式，项目不仅在销售部分成功实现了资金回笼，自持商业、写字楼部分也运营顺利，口碑良好。

在商业部分，汇艺银河里项目已经成为中原商业升级的代表，在短视频平台抖音有超过 50 万次的相关视频播放量，是名副其实的网红打卡点。在商务部分，其甲级智能写字楼出租率 99%，满足了众多国内外 500 强企业的办公、商务等综合需求。

在区域商业氛围还有待培养、发展路径还不清晰的时期，汇艺银河里如何能以小体量释放大势能，撬动新区的商业发展？

在可售物业有限的情况下，怎样的物业组合和租售策略，才能保证项目的短期和长期的收益，使得业主利益最大化呢？

2 案例概况

区域： 郑州汇艺银河里位于郑东新区高铁站片区的核心地段，东风南路和商鼎路交汇处。

名称： 汇艺银河里购物中心

体量： 30 000 平方米时尚街区

开发商： 汇艺集团

定位： 汇艺银河里定位为精品商业，是荟萃美食与艺术的郑东城市会客厅，业态集精品零售、城市客厅、品牌餐饮、时尚轻餐、休闲娱乐于一体的体验式街区，服务区域内高端商务精英，同时满足周边高端消费人群日常生活所需。

3 案例解析

（1）大新区里的小综合体，到底如何给自己定位

2011 年，国家经济发展重心向二线城市倾斜，"中部崛起"战略为河南郑州带来了千载难逢的发展良机。此时，郑州市经济高速发展，消费市场形势大好，人均可支配收入稳健增加。同时，郑州市政府就空间发展提出了

"两轴—两带—多中心"的规划，多个城市副中心凸显，激发出郑州多个区域的活力，优化和分解了城市职能。

郑州汇艺银河里属于小
地块上的城市综合体

　　其中，东侧是城市拓展的核心方向。郑州市中心东侧的郑东新区逐渐形成。郑州市政府以及河南省政府机关将逐步向郑东新区转移，大量的行政资源有助于推动郑东新区区域基础建设，进而实现区域发展"加速度"。如图5-1所示。

图5-1　郑州汇艺银河里项目位置——郑东新区高铁区

也正是在这个时期，郑州市高度重视文化艺术产业发展，积极推动社会主义文化大发展和大繁荣。河南汇艺置业有限公司以"打造具有文化艺术氛围的城市综合体"为目标，获批了一块面积 1.5 万平方米的商业用地，这就是后来的郑州汇艺银河里项目。

此项目是河南汇艺置业进入商业地产领域操盘的第一个项目，拿地后项目团队喜忧参半，在高速发展的郑东新区获得地块实属不易。然而，首次进入商业地产领域，资金紧张。同时小地块上建立综合体势能不足，难以产生规模效应，盈利空间有限。在这样的情况下，项目能生存吗？

Ⓐ　区域价值判断：把项目放到未来

当时，郑东新区只有 30 万人口，而在此前几年，这个超前规划建设的新城甚至因为人流太少而被称为"鬼城"。显然，郑州汇艺银河里的规划如果仅仅着眼于当时的市场环境，那得到的信号很可能是：人流量少，商业氛围不足，项目前景堪忧。这样的结论会是正确的吗？

因此，我们必须把项目放在未来 5 至 10 年的时间段内去思考，它的成败取决于它是否能适应未来的郑东新区。那么未来的郑东新区会是什么样？

郑东新城是一座按照河南省委省政府"高起点、大手笔"要求建设的现代之城、生态之城、宜居之城、繁荣之城。2011 年，《国务院关于支持河南省加快建设中原经济区的指导意见》中明确提出"加快推进郑东新区金融集聚核心功能区建设，适时申请开展电子商务国际结算业务"。此后，郑东新城的发展进入快车道。河南省及郑州市政府的"东移"，更为郑东新城的成长带来历史性机遇。

人口飞速增长。2011 年 30 万人口，几年之后就接近百万。目前，郑东新区已有 142 万人口。

经济蒸蒸日上。2014 年，郑东新区全口径税收完成 135.8 亿元，同比增长 14.5%，其中公共财政预算收入、地方税收收入、新增固定资产投资规模三项数据均位列郑州市第一。

也就是说，区域环境的大格局正处在蓬勃、旺盛的上升期，这为项目带来了广阔的发展前景。

从项目的具体地理位置看，项目在郑东新区的区位也是较为有利的。项目紧临正在建设中的郑州东站，且周边有大量的商务办公楼正在建设，包括郑州最高建筑绿地中央广场。这些地标性场所和建筑未来会给项目带来大量高质量客群。

除此之外，项目交通便利、四面临街，除高铁外，轨道交通、规划公交枢纽也在附近，有利于项目的交通到达。

当然，也应该看到，区域快速发展给项目带来机遇的同时也带来了挑战。周边多为综合体规划，它们的规模普遍较大，如绿地之窗、中央广场、升龙广场等，汇艺银河里项目在其中面积最小，难以产生规模效应，未来将面临较大的竞争压力。

B ***产品创新：物业组合下的价值提升***

如果对于区域发展前景的分析到此为止，地块位置优劣势都比较清晰，像是硬币的正反面，则难以通过单一维度评估项目有无机会，难以对项目操作路径形成指导性意见。

实际上，"站在未来看现在"的商业策划方法论包含几个核心，除去从项目区位、规模排位来看未来机会，还可以用发展的眼光看城市功能布局、商圈关系等方面，以期获得对未来机遇的准确把握。

因此，我们还可以从郑州及郑东新城的现状及未来发展趋势出发，结合城市综合体的常见可选物业，分析哪种物业形态能赢得更多的市场机会。这样的分析方式不仅有利于我们判断项目的发展前景，也可以对综合体的物业组合形态产生直接的指导意义。

（2）综合体的角色与任务

城市综合体是城市进阶过程的产物。由于物业组合丰富、功能多元，城市综合体的存在大大缩小了人们的日常活动范围，提升了人们的生活效率。

同时，城市综合体有着较强的聚合力，比单一物业更能吸引人群。还应看到，与单纯的商业或是写字楼相比，城市综合体可以实现"全时段活跃"：日间有商务办公人群往来，晚间也有商业持续引流。

一般来说，城市综合体的物业多数包括商业、写字楼，其他还涉及酒店、公寓、场馆（体育、文娱等）和会所这几大类，每一类在综合体中承担的角色也不尽相同。

Ⓐ 商业：综合体活力担当

商业在城市综合体中最具活力，外延性最强，是最能提升区域生活感的物业。商业也是综合体中配套能力最强的部分，为综合体内活动的全部客群服务。

一直以来，在中国的商业环境下，商铺的租金被低估，售价反而较高。在城市综合体中，商业通常位于办公物业底层，一般来看，商铺的单价通常是办公物业的 2~3 倍。综合体商业部分如规划为销售型商铺，可较快为项目实现资金回流，但容易出现买家在后期经营中各自为政的局面，不利于统一管理。而商铺租赁虽有助于业主对商业的整体把控，但资金回收周期长，会沉淀大量资产。

随着郑州城市化进程的加速，郑州商圈已呈现多中心格局，商业由传统商圈逐步向城市边缘发展；而城市重心东移也加快了商圈的东移。郑东新区商业项目近年来增长迅速，对本地及外地零售商的吸引力在逐步加强。

在当时，郑东新区商业项目以销售为主，均价在 2 万~3 万元每平方米，且由于需求旺盛，消化速度较快。而在 2012 年，郑州东站建成启用，京广高铁郑州至武汉段开通运营，郑东新区搭上了高铁的快车，这将为新区引入更多外来消费者。因此，我们预计未来郑东新区的商业价格将会有较大涨幅。在汇艺银河里综合体中，规划一部分销售型商铺，对快速回笼资金、减轻业主压力是很有好处的。

B 写字楼：综合体形象代言

办公物业在综合体中是形象产品，是综合体档次与气质的体现，可租可售。不同的租售策略对后期运营有不同的影响。若办公物业全部售卖，业主则无法把控进驻企业的质量，从而难以进行办公物业的形象管理。

郑东新区当时是写字楼发展的热点区域，高端纯写字楼供应量约为130万平方米，以金融、房地产等企业为主要客户。当时郑东新区写字楼租金水平相对较低，在1.2~3元每平方米每天，因此大部分写字楼以散售为主，且售价有上涨趋势。

团队认为这些商务氛围较为浓厚的高端办公物业是未来写字楼市场发展的主流，但由于整体租金不高，所以写字楼销售将会使项目获得更多资金优势。

C 酒店和公寓：未来需求旺盛

酒店展示性较好，其档次可以在很大程度上影响综合体的形象，但可售机会较小，且后期盈利能力不强。公寓则相对独立，对综合体整体影响不大，但因其面积小等因素，可售性无法与住宅相比。

郑州市当时大型高端连锁品牌酒店市场占有率相对较少，郑东新区中仅有一家五星级酒店及两家大型连锁酒店，分布在CBD商务区。汇艺银河里项目周边酒店不多，以商务快捷和公寓式酒店为主流产品，硬件较新且配套设施基本齐备，入住率较高，平均在60%~70%，客群主要为商务办公人群和旅游散客，市场需求较为旺盛。

由于郑东新区的商务需求逐渐显现，且高端酒店供应少，因此，团队认为郑东新区未来新增酒店项目将以大型国际酒店连锁五星级品牌为主流产品，供应面积至少在40万平方米，城市高端星级酒店进入快速发展期。我们整理了项目周边部分最近投入市场的酒店，见表5-1。

表 5-1 项目周边新入市酒店（部分）

编号	酒店名称	星级	区域位置
1	兴亚建国酒店	五星	金水路
2	郑州索菲特	五星	金水路
3	中州皇冠假日酒店	五星	金水路
4	中州快捷假日酒店	四星	金水路
5	德亿大酒店	四星	金水路
6	未来大酒店	四星	金水路
7	中州国际酒店	四星	金水路
8	郑州中油花园酒店	五星	郑东新区
9	金融大酒店	四星	郑东新区
10	中亚精品酒店	四星	郑东新区
11	豫鹰酒店	四星	郑东新区
12	格拉姆瑞玺大酒店	精品公寓酒店	郑东新区
13	中州商务酒店	商务快捷酒店	郑东新区
14	盛希商务酒店	商务快捷酒店	郑东新区
15	麦肯商务酒店	商务快捷酒店	郑东新区
16	锦江之星	商务快捷酒店	郑东新区
17	汉庭	商务快捷酒店	郑东新区

郑州的公寓市场以传统小户型为主，在 50~70 平方米。在郑东新区，现有公寓主要集中在 CBD 以及金水东路两侧。随着高铁的投入运营，预计高铁商圈的公寓仍将保持较快的增长速度。我们整理了郑州各区域公寓市场的租金状况，详见表 5-2。

表 5-2 郑州公寓市场

区域	形成时间	主要形式	租金状况
泛 CBD 公寓区	2002 年以后	住宅及酒店式公寓	1 000~1 500 元 / 月
高铁商圈公寓区	2010 年以后	公寓、小户型住宅	800~1 200 元 / 月
金水公寓区	2007 年以后	小户型住宅	800~1 100 元 / 月
管城回族公寓区	2008 年以后	小户型住宅	800~1 100 元 / 月
老城区公寓区	2002 年以前	小户型为主的住宅	800~1 000 元 / 月、60~100 元 / 天

各物业类型的特性和现状表明郑东新区充满了机遇。通过对各类物业市场状况及发展前景的考评，规划汇艺银河里以中高端商业、办公和酒店等物业为核心，满足未来商务人群的办公和消费升级需求；以企业会所和剧场展现文化艺术产业发展方向，提升项目档次。

（3）租售结合：如何兼顾长期和短期利益

汇艺银河里虽以回笼资金为较紧迫的短期目标，但从长期看来，一个商业体的可持续发展更为重要，在顾及短期利益的同时，要兼顾长期利益。一般来说，国内的商业地产开发盈利模式有两种，即租赁和销售，不同的物业组合利用，导致这两种方式的收益不同。那么，这些物业应该卖哪个？怎样将其可售价值最大化？

从各物业在综合体中的角色来看，办公物业和商业是最易售卖的，且后者价值更高。基于这一点考虑，团队认为应售卖这二者以实现资金回笼。同时，团队也考虑到项目的长期发展与运营状况，认为不适宜将办公物业和商业全部售卖，以免引发后续运营管理风险，而应适宜采取租售结合的盈利模式。这意味着办公物业和商业的规划要同时以可售性和易租赁为目标。

A 街区商业宜租宜售

对于办公物业来说，打造一个定位合理、品质能够满足区域需求的产品，配合巧妙的营销方式，无论是租是售都是可行的。因为无论租售，用户对办公物业的品质要求是一致的。

然而，租赁和销售对于商铺的规划要求则不同。一般来说，街区式商业要比大盒子式的封闭商业可售性强。街区式商业的店铺形象较为独立，个体的经营状况对周边商铺影响不大，适宜售卖给多个不同的小业主。而大盒子式商业的店铺处于同一屋檐下，整体性强，相互之间的影响较大；如果某个店铺经营状况不佳，会给整个商业体带来冷清的感觉。因此，基于整体可售性考虑，团队将汇艺银河里的商业部分规划为 Block 街区。

那么，什么样的街区商业能够使业主收益最大化？这要从街区商业的整体规划和铺位规划两方面入手。

Ⓑ 可视度、可达性、可容性

整体来看，街区商业的可视度、可达性和可容性三个因素决定着其价值。

可视度指的是商铺整体的展示性，包括展示面、动线、入口、广场等元素的引导。汇艺银河里项目四面临街，对商业展示极为有利。除此之外，到达本项目主要有两个落客点，根据两个落客点形成未来商业的主动线，将人流主动引入商业内部，是最佳的引导客流方式。

我们将两个落位点之间的动线拉成曲线，一是提升小地块的游逛性，二是曲线比直线更长，能规划更多店铺以进行售卖盈利。

可达性指的是顾客触达商铺的便利程度，可达性较高的街区商业从各个方向都可达，包括水平方向和垂直方向。因此，团队认为应该着重考虑容易被忽略的地下空间，特别是让它在未来与郑州东站广场的地下空间互通，连接项目与重要的公共场所。

可容性指的是街区商业容纳多业态的能力，使商铺在未来售卖时不受限制，商户在进行调整时也较为容易。在所有业态中，餐饮业态由于要考虑排水、排风等因素，对店铺的物理空间要求比其他业态高。为了保证日后商户进驻的灵活性，汇艺银河里街区商业应多设置符合餐饮业态标准的铺位，以避免后续餐饮铺位不够用而导致的调改投入，因为一般店铺改为餐饮店铺较为麻烦，反之则较为容易。

Ⓒ 展示性、切小铺、均好性

提升商铺的展示性，可以扩大单店展示价值。考虑整体价值提升的同时，团队同样关注单个铺位的价值提升。对于可售街铺来说，展示价值直接决定了其价格。即使位于同一个街区，但其中所有店铺所拥有的展示价值也是有区别的。应从地块特性入手，尽量最大化地提升不同位置店铺的展示性。

对于汇艺银河里项目来说，虽然四面临街，但展示性仍有差异。商鼎路与东风东路是主要街道，展示价值更高。因此，在商业规划时应差别对待，如将临商鼎路与东风东路一侧的商业进深加大，增强其高溢价能力。

"切小铺"，为的是降低投资门槛。商铺可售性与其价格有着重要的关联。销售型商铺单店面积不宜过大，而应尽量切小铺，以降低单店铺总价，从而降低投资门槛。

切小铺的另一优点在于，小店铺在日后的调整中相对灵活，可较为容易地打通，打造出大店铺。团队因此建议适当缩小单个店铺面积，控制面积区间。

规划销售型街铺，很重要的一点就是保证铺位均好性。铺位均好性指的是最大化所有铺位的价值，不放弃任何一个铺位。街区式商业对店铺均好性的要求格外高，这一点与大盒子式商业有诸多不同。销售型街区商业若不能保证均好性，则会导致价值低的商铺难以售卖，造成资源浪费；大盒子式商业则有取舍的余地，个别商铺的低租赁价值可被主力店或高价值商铺创造的收益所弥补，因此均好性不是大盒子式商铺规划的首要考虑因素。

由于店铺的售卖价格随着商业建筑层高的增加而降低，所以团队建议地上最多建三层，地下建一层。对于价值低、难以进行售卖的高层商业，团队建议用作目的性业态如剧场，既能充分利用店铺空间价值，也是为商业体引流的有力业态。

（4）产品力是小体量商业的势能源头

2012年，汇艺银河里项目的办公物业——汇艺文化产业大厦建成，且在团队的营销方案下开始销售，半年之内卖出了6~7层，这部分的销售资金解了河南汇艺置业有限公司的燃眉之急。当一部分资金需要被消解后，业主开始调整租售策略，着眼商业的日后运营与管理，为项目的可持续发展做好铺垫。

最终，汇艺银河里的商业部分全部自持。2017 年年底，汇艺银河里商业街开业，集精品零售、品牌 / 时尚餐饮、休闲娱乐于一体，加之精美的建筑设计，迅速成为中原商业升级的代表。因为最初规划时，我们从顾客视角和商户视角进行了多重考察，做到了业态布置精准、动线设计合理、店铺展示效果突出、商业整体形象良好。即使改售为租，商业街的风采丝毫未受影响，反而因统一招商、统一管理、统一服务呈现出更高的商业价值。

Ⓐ　中原商业新代表

汇艺银河里定位为精品商业、时尚街区，半户外的商业空间，突破区域内商业群楼或商场 MALL 的封闭形态，户户临街，多入口聚拢人流，带来更丰富的体验感。

招商以餐饮为核心，融汇精品零售、品牌餐饮、休闲生活，集美食、艺术、娱乐于一体，成为区域商业的重要组成部分，打造郑东城市会客厅，目前入驻的商家有嘿糖、COCO 奶茶、太平洋咖啡、成都小龙坎火锅、港轩茶餐厅、山葵精致日式料理、外婆印象餐厅、花布川菜馆、小背篓菌汤火锅、同仁四季音乐餐厅等，同时辅以万怡酒店、贝黎诗 SPA 美容机构、奢尚国际名品店、互乐堂童星学院、刘老根大舞台等配套业态。

Ⓑ　天幕之下，艺飨街市

汇艺银河里建筑设计的一个亮点是拥有近 2 000 平方米的双曲面巨型天幕，穹顶之上，超逼真 3D 效果，拥有极具震撼力的视听效果。不仅通过视听感觉加强了项目的吸引力，还通过天幕覆顶打造街区的半户外性质，不惧天气变化。兼具休闲、娱乐、休憩功能，有效地留住了人气。

2018 年 5 月 20 日，一场浪漫的求婚把郑州汇艺银河里推到了公众的视野之中，也成功将郑州这个网红城市的热度推向了高潮。汇艺银河里的天幕播放了两位恋人从相识到相爱的照片，并直播了求婚的全过程，引发了众多

"吃瓜群众"的强势围观。

美轮美奂的天幕

在围观的人群中，有人将这一幕感人瞬间发在了抖音上，结果一发不可收拾，视频播放量在随后的两天内达到千万级别，郑州一个新的网红打卡地就此诞生，接下来一周里只要刷抖音基本都能看到有人来到这里拍摄的视频，还有很多人争相模仿，在天幕下对心爱的伴侣表白。

目前，汇艺银河里已成为郑州网红打卡点，在短视频平台抖音有超过 50 万次的相关视频播放量。其写字楼目前出租率已达到 99%，租户中包括众多世界 500 强企业。

4 案例启示

（1）产品力是小体量商业的势能源头

小地块上打造综合体首要考虑提升势能，在难以发展规模效应的情况下，产品力的提升最有助于烘托势能，提升整体溢价。理想的盈利模式是既能估计短期收益，也能兼顾后期运营，这样的项目在盈利与可持续发展方面可算作成功的项目。

（2）规划城市新区商业项目需站在未来看现在

当区域释放的信号还不明确时，应把时间线拉长，从其未来发展前景反推当下策划。对未来的判断可根据城市功能布局、商圈关系、项目位置规模等因素进行。

（3）销售型商业的核心是通过规划技巧提升可售性

街区式商业的可售性比大盒子式商业高，规划时应意识到个体铺位的价值，通过拉长动线、切小店铺面积、加强展示性等技巧提升商铺价值。

（二）案例 2：龙德广场：数字化应用到思维升华

1 案例导读：老项目整改需要新思维和新工具

2017 年，中国商业地产进入存量时代，整体增量占存量比率降到 20% 以下。受传统品牌拓展速度放缓，新兴网红品牌尚未呈现主流担当，技术在行业的应用加持等因素影响，导致购物中心焦灼分化。主力店面积过大，人群辐射力度不足，品牌形象缺乏整体规划等因素，制约了购物中心的发展。

睿意德的众多调改升级案例中，龙德广场带来的挑战最大。不是龙德广场做得不好，而是已经做得很好，再进一步的难度反而更高。早期资源有限的情况下，龙德广场年客流量超过 1 800 万人次，成为贯穿北京南北的 5 号线地铁沿途的"店王"，运营团队功不可没。

为期三个月的调改策划是一场盛大的数字化实践盛宴。运营团队和睿意德以数字化方法为基础，以数字化思维为指导，共同推进龙德广场的快速发展。年客流量超过两位数百分比的增长印证了数字化的力量。相信龙德广场的案例能够为存量项目的调改升级，以及数字化应用和思维升华带来更多的启示。

2 案例概况

区域：本项目位于昌平区东小口镇，东至立水桥北路，南至中滩村大街，西至安立路，北至天通苑二期住宅南侧。

名称：龙德广场

体量：现规划用地 8.6 万平方米，总建筑规模约 31.2 万平方米。

开发商：项目由北京粮食集团与大连一方集团有限公司共同组建的龙德置地有限公司投资开发。

定位：龙德广场是京北天通苑区域最大的购物中心，在"亚洲最大社区"天通苑的繁华映衬之下，作为实体经济蓬勃发展的有力代表，代表着城市形象名片和经济发展窗口。

3 案例解析

（1）龙德广场：亚洲最大的社区商业体

2007 年 8 月 16 日，随着主力店家乐福超市的开业，集百货、超市、家居建材、星级影院、零售餐饮于一身的超大体量商业体龙德广场像一个包罗万象的巨大礼盒，为人口稠密却商业欠发达的天通苑社区的居民带来了消费需求的瞬间释放。

开业当天，家乐福的人流量达到 7 万人次，销售额达到 238 万元，刷新了家乐福中国开业当天客流量和销售额两项纪录。

十余年间，运营团队的精心打造使龙德广场的人气逐步攀升。2017 年，龙德广场全年客流量已经达到 1 800 万人次。除此之外，龙德广场快速发展的原因还包括周边人口基数庞大、交通便利、体量优势明显和区域整体竞争较弱四个方面。

从人口基数上看，龙德广场所在的天通苑素有"亚洲最大社区"之称，位于北京北部奥林匹克公园北侧的核心区域。以天通苑为核心，奥北商圈构成了龙德广场的中心区域。龙德广场周边 3 公里范围内的常住人口达 51 万。

龙德广场交通位置非常便利。龙德广场周边有近 20 条公交线路，每日公交载客量超过了 80 万人次，日均车流量约 30 万辆。龙德广场紧邻两条地铁路交会处，其中 5 号线地铁日均客流约 100 万人次，13 号线日均客流量约 70 万人次。

从体量规模上看，龙德广场的优势也是明显的。龙德广场 24 万平方米的体量是北京北部地区最大的购物中心。除了 20 万平方米的华润五彩城，其他购物中心体量均在 16 万平方米以下。即使将对标范围扩大到整个北京地区，20 万平方米以上的购物中心也屈指可数。

北京北部地区虽然购物中心林立，但却始终没有标志性的购物中心出现。随着经济的发展和政策的引导，北京北部地区的人口逐年增加，居民消费能力日趋增强，人们需要一个标志性的购物中心，不仅能满足生活消费体验的综合需求，还能够呈现蕴藏在北部地区的独特内涵。

（2）食之无味的主力店

经过十年的发展，龙德广场的增长势头逐渐放缓，项目早期埋下的隐患开始显露。

龙德广场主力店面积占比接近 60%

在发展初期，为了迅速填充 24 万平方米的空间，龙德广场招商时引入了大批主力店，主力店面积占比接近 60%，并以较低的租金签署了 15~20 年的租约。尽管早期引流作用明显，但随着品牌的丰富和业态的成熟，主力店的重要性逐渐衰减，最终成为限制龙德广场发展的桎梏。

Ⓐ 主力店牵制商场发展

主力店对龙德广场的牵制主要体现在三个方面：

首先，所占面积过大导致其他品牌拓展空间有限。

其次，翠微百货等主力店除自己经营外，还将部分铺位转租给品牌商家，他们自主引入品牌与场内其他品牌产生无差异竞争，品牌难以形成群聚效应。

最后，主力店布局不合理，不仅造成空间浪费，还切割场内动线，阻碍了客群的有效流动和转化。

2017 年 1 月，北京华联商厦股份有限公司（简称"华联"）完成了对龙德广场的收购。华联认为，龙德广场的体量、地理位置和投资量巨大，且从区域经济发展和竞争格局来看未来可期。尽管十年老店存在诸多问题，华联还是希望龙德广场能够直面挑战，将自身打造成华联体系下的购物中心旗舰店，甚至成为北京地区的城市级购物中心。

龙德战车滚滚前行，锋利的长戟将为运营团队撕开防线，取得调改升级的最终胜利。睿意德为中粮、华润、龙湖、万科等国内一线企业提供的数字化创新服务引起了龙德广场的注意。数字化方法和思维就是最锋利的长戟，在龙德广场和睿意德的手中，共同刺向问题的核心。

Ⓑ 避免陷入押宝式调改误区

存量改造项目经常会陷入押宝式调改的误区，即基于对标杆购物中心各个维度的对标分析，盲目地进行空间改造和业态调整，以求突破发展瓶颈。这种调改方式缺乏数据支撑，难以形成精准的问题诊断和决策。对标杆购物中心的盲目跟从，更是难以形成自己的特色，超越标杆购物中心当然无从谈起。

成为地标型购物中心是龙德广场调整升级的长期目标，短期则要求三年内租金收益能够翻倍。虽然有大数据的精准导航，但对龙德广场运营情况的初步分析结果让睿意德倍感压力。20 年的长期租约使得占据近六成面积的主力店难以为龙德广场贡献更高的收益。其他业态的租售大都维持在 30% 左右，不仅无法提高租金，甚至连细微的销售波动都可能导致店铺大面积退租。如何在有限的时间和空间内扩大龙德广场的收益呢？

（3）数字化力量破解运营谜题

可视化和模型化能够直观地揭示问题本质，也是数字化思维的主要特征。睿意德不断创新，投入大量精力研发并沉淀了众多可视化和模型化的工具以及丰富的指数体系。在龙德广场的调改过程中，大数据的应用取得了丰硕的成果，具体有哪些做法呢？

A　四维空间定理

从四维空间法则分析，增加购物中心营收的维度分为时间维度、空间维度、流量维度和效率维度，睿意德称之为四维空间定理：

- 其他变量恒定，消费者在场内时间越长，购物中心收益越高。
- 其他变量恒定，场内可租售面积越大，购物中心收益越高。
- 其他变量恒定，购物中心的流量越大，购物中心收益越高。
- 其他变量恒定，各环节转换率越高，购物中心收益越高。

购物中心收益增加的原因都可以归纳到四维空间中。不同维度变量的变化又分为绝对变化和相对变化。例如，压缩主力店面积对其他品牌就属于面积绝对增加，而缩小同业态店铺面积来扩充品牌数量就属于相对面积增加。

以四维空间法则为基础，通过数字化创新服务，龙德广场和睿意德不仅精准地诊断出运营问题，还清晰地呈现并指明调改路径。

B 从租金贡献看业态

为迅速了解各业态租金对场内收益的贡献，睿意德创新性地研发了租金贡献指数。通过租金贡献指数既可以清楚地看到主力店与次主力店的问题，也可以反映珠宝、化妆品等品类的优异表现。而采用传统数据分析方法则无法直观体现珠宝、化妆品等品类的潜力，因为其场内面积占比仅为1%，整体销售贡献率并不突出。

租金贡献指数是通过各业态的租金占比除以面积占比计算得出的，各业态面积比重及租金比重对比详见图5-2，各业态租金贡献指数详见图5-3。

图5-2 各业态面积比重及租金比重对比

进一步将租金贡献指数可视化，在下面的图5-4、图5-5中，通过颜色由浅到深对租金贡献指数进行区分，并在各个楼层对店铺进行标注后，发现龙德广场的客流主要集中于中部区域，与场内关联性较弱的店铺经营情况较差，是场内的冷区。另外，配合租售比发现，租售比超80%的商铺主要集中在冷区位置，商铺经营压力较大。

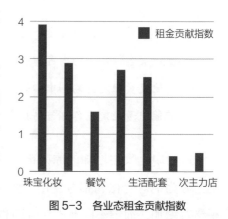

图5-3 各业态租金贡献指数

C 冷区面积大影响了商场效益

睿意德布置的场内大数据采集设备显示，停留 2 小时以上客群占比方面，朝阳大悦城几乎是龙德广场的两倍。将冷区品牌可视化模型与客流大数据监测结果结合起来，发现冷区面积过大的主要原因是平面动线较多，整体动线多达四条。这也导致客群主要在中部热区流动，与冷区的交流和转化较弱，导致客群停留时间不足，最终影响销售转化。图 5-4、图 5-5 比较了龙德广场各楼层冷区面积以及它们与主力店的关系。

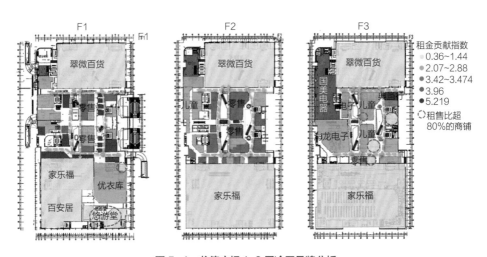

图 5-4 龙德广场 1~3 层冷区品牌分析

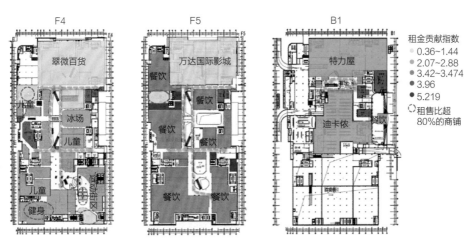

图 5-5 龙德广场 4、5、B1 层冷区品牌分析

D 客观分析主力店

在众多存量改造项目中，主力店撤场或缩减几乎成了标配。在主力店占比近六成的龙德广场，主力店调改策略将直接决定升级改造的成败。大多项目方会考虑在保证主力店引流作用的前提下，尽量释放面积提升租金收益，但却难以精准地对主力店进行综合评估。

基于对商业的深度理解，睿意德对主力店的评估分为客流转化、经营状况、辐射力等多方面，并采用场内场外大数据结合的方式进行精准分析。场内客群大数据显示，翠微百货对场内业态的整体引流能力最强。家乐福的客流贡献度仅次于翠微，但对负一层的客流转化率略低于迪卡侬。场外大数据则清楚地反映了各主力店对周边客群的吸引力，与场内客群转化率结合，更精准地评估客流转化维度的作用，图5-6标示了主力店对各楼层业态的客流转化量；图5-7则分析了主力店对各楼层业态的客流转化占比。

多维度盘点之后，睿意德将综合评估指数化、模型化，整合多维评估结果给出各主力店对场内的正向拉动力与负向牵制力。如图5-8、图5-9所示，百安居正向拉动力最低，负向牵制力第三，是主力店调改的重点。

图5-6 主力店对各楼层业态的客流转化量

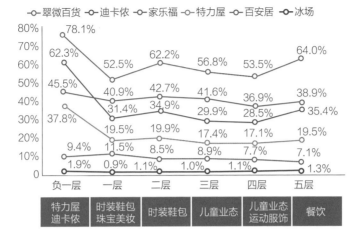

图 5-7　主力店对各楼层业态的客流转化占比

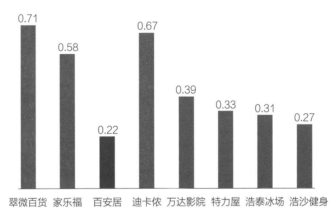

图 5-8　各主力店对项目发展的正向拉动力

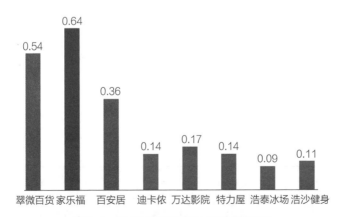

图 5-9　各主力店对项目发展的负向牵制力

    绝大多数购物中心在面对主力店是否调整这个问题时的回答都是肯定的。难点在于对主力店作用的综合评估以及优先级的调整等问题。没有大数据的精确指引，主力店调整决策难免出现错误。实践中，在大数据的帮助下，我们得出了各主力店对于龙德广场的正向拉动力和负向牵制力综合系数，如表 5-3、表 5-4 所示。

表 5-3　各主力店对项目发展的正向拉动力综合系数

	经营坪效指数	客流贡献度	业态贡献度	平均停留时间	租金贡献指数	综合系数
系数权重	0.3	0.3	0.2	0.1	0.1	1
翠微百货	0.8	0.8	0.6	0.7	0.4	0.71
家乐福	0.6	0.5	0.7	0.6	0.4	0.58
百安居	0.2	0.1	0.3	0.4	0.4	0.22
迪卡侬	0.8	0.5	0.8	0.7	0.6	0.67
万达影院	0.3	0.3	0.7	0.4	0.4	0.39
特力屋	0.3	0.3	0.3	0.5	0.6	0.33
浩泰冰场	0.1	0.01	0.8	0.7	0.6	0.31
浩沙健身	0.1	0.04	0.7	0.5	0.6	0.27

    注：通过经营坪效 ×0.3，客流贡献指数 ×0.3，业态贡献度 ×0.2，平均停留时间 ×0.1，租金贡献指数 ×0.1 计算得到，其中对经营坪效指数、客流贡献度、平均停留时间、租金贡献指数进行标准化折算，对业态贡献度采用打分制。

表 5-4　各主力店对项目发展的负向牵制力综合系数

	空间价值占用指数	动线阻碍指数	品牌重合度	后期调整难度	形象影响度	面积不合理度	综合系数
系数权重	0.3	0.25	0.15	0.1	0.1	0.1	
翠微百货	0.7	0.1	0.9	0.6	0.7	0.3	0.54
家乐福	0.7	0.9	0.2	0.8	0.7	0.3	0.64
百安居	0.6	0.2	0.01	0.3	0.8	0.4	0.36
迪卡侬	0.2	0.1	0.01	0.3	0.1	0.05	0.14
万达影院	0.3	0.1	0.01	0.3	0.1	0.05	0.17
特力屋	0.2	0.1	0.01	0.3	0.1	0.05	0.14
浩泰冰场	0.1	0.1	0.01	0.3	0.1	0.05	0.09
浩沙健身	0.1	0.1	0.01	0.3	0.1	0.05	0.11

    注：通过空间价值占用指数×0.3，动线阻碍指数×0.25，品牌重合度×0.15，后期调整难度×0.1，形象影响度×0.1，面积不合理度×0.1计算得到，其中对空间价值占用指数、动线阻碍指数、面积不合理度进行标准化折算，品牌重合度、后期调整难度、形象影响度采用打分制。

（4）业态调整切勿操之过急

随着主力店释放空间的敲定和品牌调研的结果，龙德广场的业态调整方案相继出炉。在业态调整方案的制定过程中，睿意德采用了行业研究、场内数据分析和专家访谈三种方法。

A　业态分析查漏补缺

行业研究显示，零售、儿童、生活服务这三种业态在非核心商圈购物中心的比重高于核心商圈。大体量购物中心中，非主城区商圈的餐饮、儿童、生活服务业态上调趋势明显，其中儿童业态的趋势最为显著。随着国内"三孩"政策的推行，儿童市场的缺口使得新兴品牌大量涌入，儿童业态也被称为"流量发动机"。龙德广场的位置既属于非核心商圈，也属于非主城区商圈，应增加儿童业态、餐饮和生活服务业态，并对零售等业态进行升级调整。

场内数据方面，珠宝化妆的租金贡献指数高达 4 分，餐饮业态仅为 1.6 分。结合消费者调研结果，56% 的人群到访龙德广场是为了餐饮，而 31% 的客群也是因为餐饮外溢其他区域。虽然租金贡献率较低，但龙德广场餐饮业态的主要问题是面积在 1 000 平方米以上的餐厅过多，导致餐饮品牌占比不足 15%，其他大体量购物中心餐饮品牌比例均在 24% 以上。

龙德广场面积较小和租金贡献较高的小食甜品业态处于缺失状态。例如，龙德广场的小吃快餐较大悦城少了 10 家，水吧甜品少了 27 家。因此，建议餐饮业态提升水吧、甜品、小吃等小面积铺位的品牌丰富度，同时应将品牌稀缺性和口碑传播力纳入品牌选取维度，保障此类细分业态的客流量，并将品牌分散在各个楼层，为各个楼层分流，提高各层的坪效。

B　用户访谈发现症结

睿意德在介入龙德广场初期便采用了专家访谈法对用户进行调研，包括龙德广场的运营团队、招商团队、品牌商和消费者，全方位了解不同用户维度的需求。有别于传统仅从消费者角度调研的方式，睿意德认为长期在一线工作的品牌商、运营团队均是各个领域的专家。尤其是对龙德广场感情深厚的品牌商，他们的真知灼见为业态调整带来了很多启发。例如，一个儿童服装店主说："我有一个客户来这买儿童服装，他还想买玩具；但出门后却找不到玩具，他可能就不买了。所以我建议你们把儿童店铺集聚在一起。我相信他原来只想花一百元，但是聚集后他可能就花三百元。我也希望我的客户在这个场子里能够买到其他东西，而不是只买我家的东西。"

由于主力店对空间的切割，新进品牌在龙德广场几乎没有选择余地，往往哪里有空缺就直接塞进去，导致业态品牌难以形成群聚效应。儿童品牌就散落在各个楼层，且动线设计不合理，导致寻找目标店铺较为困难。例如，伊家宝贝位于运动品牌区域，而悠游堂孤零零地位于一层，美吉姆却在二层的一个角落。

化妆品品牌丝芙兰的店长发现儿童业态对护肤彩妆的引流作用很大："现在'80后''90后''辣妈'越来越多，护肤彩妆与儿童业态的联系也越来越紧密。"丝芙兰还敏锐地发现场内客群的变化："此前消费者以中年女性为主，而这两年购买彩妆的年轻女性日趋增多，所以我们在店里加大了彩妆的比重。"因此，龙德广场应该将儿童品牌聚集，且尝试与化妆品牌形成互动。

多维度分析为业态调整方案提供了诸多论据。但是，在客群分析和战略定位前就提出业态调整方案显得有些操之过急。标杆管理能够学习先进理念，认识到自身的不足，但却限制了龙德广场的进一步提升。

（5）挖掘龙德广场独特内涵

"如果龙德广场的业态做得跟朝阳大悦城一样好，你会选择龙德广场还是朝阳大悦城？"面对这个问题，睿意德项目成员的答案出奇的一致，几乎所有人还是会选择去朝阳大悦城。只有挖掘龙德广场的独特内涵，将现有和未来客群的需求结合起来，才能凝聚业态调整方案的灵魂。

Ⓐ　寻找新鲜血液

龙德广场覆盖的客群可以分为四个区域：天通苑等社区组成的中心区域，人口约51万；以中关村、望京为主的南部区域，人口约145万；回龙观、西三旗所在的西部区域，人口约45万；北七家镇所在的北部区域，人口约16万。一方面，龙德广场要保持在中心区域继续渗透，巩固运营基础。另一方面，龙德广场需要定位未来客群。未来客群如新鲜血液般源源不断地流入，在流量维度方面不断拓展，才能使龙德广场实现质的变化。图5-10指出了龙德广场周边各区域居民的年龄特征。

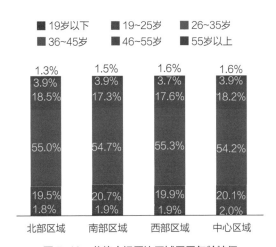

图5-10　龙德广场周边区域居民年龄特征

数据分析发现，龙德广场到访客群中有娃人群达39%，40%有私家车，超半数人群年龄在26~35岁之间。访客群想要消费却最终未消费的服务或商品中，服装鞋包以61%的比例高居榜首，主要原因在于品牌和种类偏少、价格偏贵、不够潮流时尚等。

辐射力方面，龙德广场在中关村和望京为主的南部区域覆盖率最低。但是，南部区域人口数量最大，常住居民达到145万，其他三个区域总计约120万。龙德广场在中心、西部、北部区域居民最多光顾的商场中排名前五，而在南部区域却仅排第十二位。所以，中关村和望京为主的南部区域潜在市场空间巨大，是未来客群的主要来源。

B 新客群喜欢什么样的消费

南部客群整体消费偏向中高档，具备较强消费意愿和实力。在奢侈品消费偏好方面，南部客群远大于其他区域客群。

未来客群研究是对商业地产大数据公司的一次巨大考验。

首先，为了精准描绘用户画像，需要大量场外数据。从数据采集、清洗，再到数据分析，场外数据的处理难度均大于场内数据。

其次，大数据团队需要对商业的深度理解才能挖掘项目所需的特有价值。

在寻找未来客群之前，睿意德先定义了潜在客群，即在 2017 年 5 月到 10 月间未曾到访过，却在近 5 个月才开始出现的客群。如果没有明确的界定和精准的指向，数据挖掘和分析工作如同大海捞针。也只有像睿意德这样纵深研究商业地产，又具备互联网思维和创新基因的团队，才能将大数据上升至思维层面，进而真正呈现数据的价值。

（6）战略重塑实现突破

A 发掘土地内在价值

只有深刻理解龙德广场周边土地所蕴含的内在价值，才能实现城市地标的战略目标。跳出场内俯瞰北京地区发现，IT 人群多住在龙德广场西北部的上地区域。随着百度、新浪等科技企业先后迁入，该区域的租金、房价持续上升，很多 IT 人士选择迁离，移居到 6 站地铁之隔的天通苑社区。

IT 人群聚集让睿意德想到科技的主题。进一步研究发现，龙德广场所在的昌平区作为北京重要的高新技术研发产业基地，承担着引导发展高科技研发与生产、旅游服务和教育等功能。

根据北京城市总体规划，北京中部核心区以政治、文化、国际交流为主题，南部则承担着首都核心功能保障的重任。龙德广场位于中心城区东北和西北功能区的交汇处，同时毗邻城市公园环，区域内还包含北大、清华等一批重点院校，未来以科技创新、文化中心、生态涵养为主导的城市功能属性将继续放大。

纵观北京的商场，朝阳大悦城的主题是"年轻""时尚"和"潮流"，宜家荟聚是"家庭"，世纪金源是"文化"与"学院"，三里屯太古里是"新潮"和"前卫"，SKP则是"高端"和"奢侈"。"科技""文化"和"生态"三大主题为战略，不仅符合北部地区的地域特点，填补了市场空白，还符合社会发展趋势。

科技与商业地产的结合日趋紧密，并逐渐成为购物中心的重要元素。例如，龙湖在素有"杭州硅谷"之称的杭州滨江区做的天街项目定位为"乐享潮生活"，以商务白领和年轻时尚家庭为主要目标客群，在业态搭配及品牌甄选上保持高标准，以迎合主流客群对时尚生活的追求。除了快时尚潮牌，更有CHIC BUS、外星人、数字化KFC、华为体验店等黑科技店和潮玩实验室，定义了杭城科技潮人的时尚风向标。

随着供给侧改革和经济转型，人们的消费追求已经从最初的物质满足转向了精神满足。传统文化商业的复苏，知识付费的兴起，以及IP内容的爆发都印证了人们对文化需求的日益激增。在当今钢筋水泥建造的城市中，面对环境污染和绿地缩减，生态能够激发人们对自然环境最本能的需求，是提升幸福快乐感的有效方式。

B　明确定位为调改升级提供方向

科技、生态、人文为主题的战略定位，使得龙德广场的调改升级有了明确的方向，连难度最大的厕所的调改方向都明晰了。龙德广场和睿意德不断斟酌三大主题所蕴含的深意及实施方案令人耳目一新。

例如，"科技"并不是一个业态或一个门店，更不是一类商品，而是前沿与现代的一种呈现，可以在智慧升级、科技体验场景和科技快闪业态等方面体现科技元素，从而实现科技主题的定位。

首先，通过硬件的升级整合，将天眼系统、毫米级室内导航系统、情绪感知声场系统等尖端科技结合起来，用于优化客户体验，例如情绪感知声场系统可以通过人工智能技术打通面部识别和音乐资源，个性化定制场内音乐。其次，富有科技感的空间场景也可以体现科技元素，例如打造太空舱等科技属性鲜明的空间，在节点处设计科技场景体验等。再次，品牌方面可以从女性角度出发，使购物和科技相融合，比如口红的色号、服装的搭配都可以通过触摸屏幕去实现，解决科技对业态的二次赋能和实施路径。最后，将科技打造成快闪元素，通过快闪店的形式不断引进和更新资源，成为项目持续的亮点。

空间设计方案的确定和对主题内涵的不断挖掘，让龙德广场和睿意德对整体规划越来越有信心。在共同拟定策略的指导下，运营团队的超强执行力再次体现，2018年龙德广场客流量首次突破两千万人次，同比增长11%。虽然国美和海龙电子两个主力店铺清理后有近一年空铺期，但龙德广场的收入依旧保持小幅增长，刨除两个铺位后的租金增长率高达20%。

龙德广场新开设的"辣街"赢得大批食客

从增量市场到存量市场，商业项目自我升级开始成为新常态，尤其是位处城市核心商圈的标杆项目。除了龙德广场，睿意德还以大数据服务为支撑，凭借丰富的商业地产创新运营经验，为上海永安百货、北京方恒购物中心、石家庄北国商城等多个存量改造项目提供策略顾问服务，均取得了良好的效果。

C 客户项目团队的成功，而非顾问的成功

数字化层层刺破表层，直指问题的核心，让龙德广场和睿意德对项目成功充满了信心。睿意德的研究和调研得到了龙德广场团队的积极配合，后者主动提出各主力店调整的可行方案，甚至承担了品牌商调研的工作。

"我们干了十几年招商了，对主力店谈判和品牌调研我们没有问题。因为时间紧张，你们就开展其他研究吧。有什么能配合你们的尽管开口。"龙德广场团队如是说，使得睿意德项目团队非常感动。

在龙德广场的推进下，贯穿三层，占地1.5万平方米的百安居整体迁入地下二层。首层外租区也从家乐福手中返租回来，与场内整体进行重新规划以提升空间价值。此外，在龙德广场的要求下，睿意德以朝阳大悦城等购物中心为标杆，通过大数据方法，从品牌沉淀、主力店、活动推广等维度进行对标分析。根据对标分析的结果，龙德广场针对品牌提出了特有、少有、独有的概念，迅速完成了对各类品牌商的调研，推动了调改的进度。

可以说，顾问参与的调改升级策划的顺利实施，都是项目团队的成功，而非顾问的成功。方法论和策略思维是宝剑，但宝剑只有在英雄手中才能将其威力发挥得淋漓尽致。如果没有龙德广场超强的执行力，调改升级项目的策划和落地很难如此顺利。

4 案例启示

（1）数字化工具是存量改造项目的必需品

城市发展红利消逝，存量项目运营压力激增，没有数字化工具带来的精准分析，任何决策都是盲目的。

（2）思维优于工具

大数据是基于低价值密度的算法科学。算法模型和可视化的呈现不仅适用于大数据，同样适用于"小数据"。对指数模型的优化有助于提高各个维度的数据价值，数字化思维将大幅提升创新效率。

（3）所有的成功都是业主的成功

睿意德的策略分析离不开业主的支持。如果没有完整详细的资料搜集，没有高效的执行团队，所有策划方案都仅仅是沙盘演练。

（4）好的策略源于用心

对数据多一层思考，对问题进一步解剖，对消费者多一点关爱，都是用心的体现。"用心"不仅意味着努力，更代表拥有同理心。只有站在伙伴和消费者的角度去思考，探寻深层次的需求，才能形成与之匹配的策略。

三　辅助阅读 ◀

（一）一位资深产品经理眼中的购物中心运营

随着移动互联网的发展，许多商业概念开始蔓延至异域，许多概念也自此不再区分线上线下，用户体验便是其中代表。在当前的市场环境中，用户体验意味着购物中心的客户黏性与留存，更是吸引到场的根本手段。那么如果我们将购物中心视为一款互联网产品，用户体验又会令人有怎样的期待？

1 "人货场"关系演进

近两年，商业地产运营的核心关注点在讨论"人货场"的匹配关系，由此衍生出很多运营范式，但从商业发展史来看，这三者可能并不是一个混合交织的关系，而是一个线性发展、快速提升交易及消费效率的历史进程，每一段历史进程中都有其商业模式的核心支点。

铁路时代的商场，以"货"为中心。在交通设施不完善及货品供给不充足的背景下，因为铁路的大范围铺设及通达网络的建立，产生了以邮寄为主的商品买卖方式，使货与人的交易效率有了第一次超越空间限制的提升，即"我有什么，你买什么"。

公路时代的商场，以场为核心。在高速公路、城市道路以及城市地铁为主的网络背景下，产生了提供人与货品匹配的交易场所，继续缩短人与货的距离，即"我在哪里，你来哪里"。

互联网时代的商场，以人为核心。时代更迭至互联网时代，时间和空间的限制被打破，线上交易和配送可以说消弭了人与货的距离，初步实现了以人为核心的"人在哪里，我们去哪里""需要什么，我们提供什么"。

从上述的商业模式是围绕人货效率的提高的规律来看，由此必然会产生一个疑问：实体商业的发展方向要如何演进？其自身的效率该如何提升？

2　数字化的应用是客观发展规律，聚焦何处才是关键

从历史角度来看，人类社会生产力的每一次革命性的突破和效率的跃迁，都源于革命性的技术突破和实际应用，从而实现了对效率天花板的一次又一次突破。

在步入智能化时代后，商品供给端的难题基本已经突破，更重要是以数字化技术为底层，实现供需端的双向交互，对于需求端的挖掘则成为数字技术发展的关键。

亚马逊是全球数字技术聚焦需求挖掘的典范企业，他们是如何做的呢？

亚马逊的数字化坚持以客户为中心，公司以"建立全球最以客户为中心的公司"为使命，目前在美国拥有 1.05 亿名 Prime 用户，约占美国总人口数的 31.82%。

"技术赋能"和"线下整合"齐头并进。凭借其高效的供应链体系建立竞争优势；并着力打造 AWS 云服务和专注 Prime 会员体系的"飞轮计划"。2017 年，亚马逊收购全食超市，拓展线下实体零售渠道，并推出无人便利店 Amazon go，利用数字技术全面赋能业务增长。

亚马逊市值早已突破 1 万亿美元，收购 KIVA 机器人和游戏视频 Twitch 等，以资本的驱动力推动业务版图进一步扩张。

我们大致可以看到，亚马逊的数字化技术是围绕客户体验为核心全面铺设和应用的，并实现了效率的全面提升和市场估值的突破。

如果数字化理应成为实体商业发展的应有之义，那么，数字化技术的应用和发展应聚焦何处呢？要问答这个问题，我们就需要进一步解剖实体商业的模式本身及本质。

如果比较以亚马逊为代表的互联网商业和传统实体商业，我们会发现：实体商业与互联网商业在生产资料、生产工具以及生产关系层面有着全方位的差异。如表 5-5 所示。

表 5-5　亚马逊与传统商业差异所在

生产力跃迁	生产资料	生产工具	生产关系
亚马逊	用户数据	数字化技术	To B：供应链支持 To C：商品折扣 + 高效物流
传统商业	货品	建筑空间	To B：租赁 + 销售扣点 To C：商品服务

以亚马逊为代表的互联网商业以用户需求数据为生产资料，凭借数字化技术，对于商户端和客户端均是赋能的关系。而实体商业其实是以建筑空间及位置为核心生产工具，依赖货品内容的供给，在生产关系层面整体依然是服务关系。

与互联网商业相比，实体商业面临全方位的可能性变革。效率的突破也就是生产力的极大突破。但是，实体商业的变革，哪个才是关键的变量，哪个能成为核心的抓手呢？

3 商业场所作为空间产业，运营应聚焦于围绕用户为核心的交付体验

商业场所包括商业街、商场、百货等多种形态，是一种"空间产业"，其产业逻辑大致遵循着"商品组织 – 营销宣传 – 消费者到达 – 行为消费"的产业路径。而且，在整个产业链条中，商业场所更聚焦于"交付"这一端，那么在这一环节中，影响交付效率的核心因素主要是：商品与需求的匹配效率、消费者的交付体验。也就是说，消费者的需求、消费者的体验正是影响商场交付效率的核心要素。

如果重新审视实体商业的运营本质，理应将商业场所本身当作产品，消费者和商户都可视为端到端的用户，两者间的交互体验是否正向则直接影响用户数量及质量。在这一模型下，用户的数量、质量及黏性则成为商业效率提升的基石。

因此，如果商业地产的运营以用户的交付体验为核心，那么，本质上说，商业地产的运营者就是产品经理。和其他产品经理一样，商业地产的运营者也要围绕用户的需求及体验开发及优化产品，因此如何洞察用户需求的动态反馈就成为关键。

（1）蔚来汽车怎样做

这里我们以实体商业中的蔚来汽车作为案例研究其以用户为核心的商业运营。

A　放弃传统的客户漏斗运营模式，以运营用户为核心抓手

蔚来汽车摒弃了消费客户的定义基础，直接以用户为核心，围绕用户逐渐建立对于蔚来品牌的认可，且搭建用户与品牌之间的纽带联系，无形中扩大了用户的概念外延，进而通过运营用户社群，扩大品牌营销影响力和口碑影响力。

B　以赋权用户为核心，构建线上线下的全面体验，促进转化

蔚来汽车以用户为核心，将线上的 NIO House 和线下的 NIO App 作为与

用户交流的场所，围绕着蔚来积分和蔚来值的获取和使用建立会员体系。

NIO Life 商城以低于市场价格的产品吸引用户，通过线上线下全覆盖的用户服务打造社群，最终以社群为核心，强化用户之间的联系，以集体的力量对社群内的非车主用户进行转化。如图 5-11 所示。

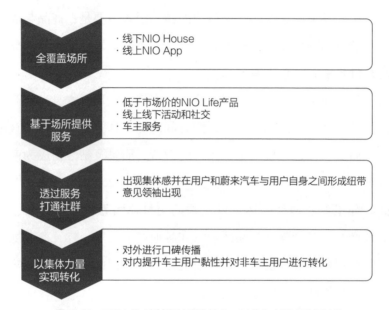

图 5-11　NIO Life 商城以社群为核心，对非车主用户进行转化

C　以用户反馈需求为基础，以用户权益为核心实现会员转化，实现品牌的口碑传播

通过线上线下全面体验，蔚来汽车获得了用户全面的动态反馈，以此为基础，设置多元的积分体系，以物质和精神奖励鼓励用户参与不同程度的社群维护和建设；透过积分，在用户内部形成层级，形成意见领袖及口碑传播。

总结而言，以用户为核心关注点，关注用户与产品的交互反馈，以反馈数据为基础是了解用户的最优途径，而在数据之外，建立以用户为中心的服务者心态，为用户提供从"权益"到"权利"的专属服务，成为用户向黏性会员转化的关键。

（2）以用户为核心的商业运营，获得用户动态的交互反馈成为首要动作

从上面的分析可以看出，实体商业长久以来是以服务最终消费者为运营的抓手，但其运营本质是为"交付体验"提供综合服务的，因此将整体商业场所视作"产品"，将消费者视为"用户"，关注"用户端到端"的体验则成为关键，其服务逻辑则变为以用户为核心，关注用户体验的交互反馈，以此为抓手优化整体的运营交付体验。

A　用户的交互反馈，并不是定期的调研总结

商业运营者往往有一个误区：他们常常将交互反馈理解为定期的消费者调研总结，会定期安排针对消费者的线上或线下的调研，以获得总结性的结论和反馈。但这种调研本质上是一种后置性的反馈总结，而且，如果消费者已经产生负面的反馈，负面影响有可能已经传播出去，用户已经流失，即使再做优化，流失的结果已经无法挽回，只能重新进行流量运营，却可能又一次重蹈覆辙。

B　将用户的体验当作一场旅程，重点关注体验旅程的节点动态反馈

既然商业运营的支点在于"交付体验"，那么商业运营就要极度关注用户在场内各个体验节点的动态反馈，动态反馈越及时，优化动作跟进就越及时。

用户在商业场所内的体验相当于一场旅行，这场旅行的体验是否愉悦，有时并不在单纯的货品交易本身，而在于整场旅行的各个节点。对于旅行各个节点的反馈获得越及时，对于反馈的改进越充分，用户获得的积极体验就越强烈，用户留存的概率和对外传播的口碑动力也就越强。

将用户在场所内的体验旅程分为吸引、到场、购买、离场四个环节，每个环节内多个节点均关系到用户对于商业场所这一产品的综合体验，每一个环节的体验是否积极直接关系到用户的留存和黏性。如图 5-12 所示。

图 5-12　用户在场所内的体验旅程分为吸引、到场、购买、离场四个环节

4　小结

总结而言，实体商业的运营面对效率继续提升这一命题，如果将商业场所当作"产品"，商业运营者作为"产品经理"的话，那么将面临三个层面的聚焦思考：

首先，就商业模式而言，以人为核心，已成为线上及线下商业的共识。如何服务好"人"成为提高效率的理论基石。

其次，数字化本身应成为服务好"人"的技术工具也已成为共识，但数字化庞杂的技术体系，应择其哪点为核心需要运营者深度思考，这其中将商业场所作为"产品"，关注"用户的交付体验"则成为关键。

最后，在关注用户的交付体验方面，商业运营者更应关注用户体验的动态反馈以及旅程的节点反馈，从而建立用户体验优化的及时反馈，从而优化用户的交付体验，提升运营效率。

（二）购物中心数据分析如何设置关键指标

购物中心数据分析工作的基点是什么？如何设置关键性的数据指标？这些指标又如何帮助购物中心解决核心问题？让我们结合实例，一起梳理购物中心数据分析工作的目标、关键数据指标设置及数据分析趋势。

1　建立购物中心分析的核心议题

购物中心的数据分析旨在通过对商场与店铺之间的关系进行量化，以数据可视化的方式呈现出来，从而对实际商场运营工作进行指导优化。

在主流的购物中心分析方法中，我们往往从以下的关键数据来构建购物中心的数据分析模型：

- 商场客流量
- 场内位置分析
- 场内位置营销
- 商店邻近流量
- 商店捕获率
- 店铺销售转化

......

通过有效地使用人员追踪技术，获取以上数据，使得购物中心的业主能够直观、可视地洞察到不同的租户组合的获益方式，购物中心的商户也可以增加销售机会的数量和质量。

如今，零售商和购物中心业主都面临着激烈的市场竞争，这些数据的衡量标准也常常随之调整。但无论如何调整，购物中心数据分析的基本原则是恒定不变的，所有对数据的解读与应用，都是对以下三个直击本质的问题进行作答：

- 购物中心的存在意义是什么？基于地理位置，购物中心的价值应该有哪些方面的调整？
- 人们多久去一次购物中心？为什么？
- 如何衡量购物中心的绩效？

在购物中心的数据分析工作中，我们面临的现实挑战往往是人们不能有效地使用这些数据。而这正是我们为什么要在展开分析之前提前设置核心议题。

就购物中心数据分析而言，三个最重要的核心问题是：

（1）社交功能

成功的购物中心往往是社群或社区的活动中心。借助人工智能之类的技术，你将能够确定人们是一起来的还是作为群体的一部分来的。购物群体可以是一对母子、两个闺蜜或是几代同堂的家庭。这足以表明人们为什么会来到他们的社区购物中心。

（2）服务体验

客户体验的本质是人们在逛商场时能被记住的事情。

服务型零售不仅仅是电影院和美食广场。它涉及沉浸式技术，例如 AR 和 3D 人体扫描。该技术将"触摸"的概念融入了"共同创造"。

（3）领地意识

不同年代的人有不同的需求，对购物中心的看法也不同。

市场细分不仅可以在线上应用，在购物中心的实体零售中也同样奏效。老年人喜欢在安全而又宽敞的购物中心里散步，有时只是为了在孙子孙女上课时的等待时间里锻炼身体。在数字世界中长大的"Z 世代"享受着购物中心里的实体商业属性和内置的边界与速度。对于年轻人来说，WI-FI 不是一种选择，而是必需品。

基于顾客的需求特征，提供完善的环境体验，是使顾客增加游逛时间的有效保证。

2 六大购物中心关键指标

围绕核心议题，从关键的数据指标出发，经过反复优化，解决购物中心的本质问题，这正是数据分析工作的过程。在此过程中，数据指标成了撬动一切的杠杆支点。数据指标的设置与解读，是数据分析工作的科学性与合理性的基础。通常购物中心的关键指标由六大指标构筑。

（1）商场客流量（访客）

客流量反映了购物中心产生成交的机会，是反映"商场到商店"的渠道作用的第一步。店铺的访客是必然包含在商场的客流量中的，所以我们以相同的方式计算购物中心的客流量与门店的人流量。计算商场客流量时，应注意计数指标至少要包括每个时间段的到达和离开。

在当下技术发展迅速的今天，多重传感器在计算客户到访时，往往还可以支持"购买群体"和"体表特征"的属性采集，从而获悉到访者的组成与消费特征。

（2）场内位置分析

在购物中心里，运营者运营的是门店与客流，而非商品与顾客。所以，我们要通过具体数据，分析购物中心的客流量与商店位置之间的相关性，从而对购物中心的业态布局与空间规划提出优化意见。比如，在购物中心的入口处和美食广场附近，往往是人流集中的地方，这些人流去了哪些门店，这些门店的位置又是怎样的？与购物中心的门、通道、电梯或其他设施的关系如何？

有些购物中心很大。比如，南佛罗里达的 Sawgrass 购物中心是美国最大的购物中心之一，横穿购物中心就需花费一个小时。如果访客进入 Target 商店，他们不太可能去另一端的 Marshall 商店。

掌握场内位置与门店的关系，可以帮助购物中心迅速搭建一个完善的空间与商业的关系系统。

（3）商场内位置营销

位置分析和位置营销之间的区别在于是否建立与客户的联系。通常，我们可以使用一整套解决方案同时做到这两点。

由于商场内营销对流量有影响，所以我们应该考虑提前设置好营销指标。例如，数字标牌在商场中很常见，但它只有在大门口才会有最佳效果吗？活动通常在周末举行，但大量人群有时会使真正的购物者望而却步。

在考虑位置营销时，一定不要忘记同时考虑地理位置和基于时间的指标，比如停留时间的百分比等，大量经验表明，时间指标就能极大地提升客户购买旅程的有效性。

（4）商店邻近流量

邻近流量即商店附近经过的人数，是商场对商店的价值最常见的量化指标。

与哪些店铺相邻有利于吸引客流？这与商店的性质有关，咖啡店与玩具店的顾客通常就很少交叉。

商铺出入口对客流有什么影响？有些商铺只有一个入口，有些则有两个出入口甚至更多。有些只能通到商场内部，有些则可以通往商场外的通道或停车场。各种不同的情况，对于客流的影响和牵制又是怎样的？

当我们考虑"邻近距离"时，到底多近的距离算近？巴塞罗那一家购物中心的三楼新开业了一家苹果商店，它改变了商场内部的交通流量。以前很少有人逛商场的三楼。但在苹果商店开业之后，因为苹果商店带来的客流量，三楼邻近的店铺租金和销售额都有了相当的增长。

（5）商店捕获率

捕获率衡量的是该商店或店铺通过品牌、促销活动和橱窗设计吸引流量到店铺的能力。比如，数字化技术可以捕捉顾客在店铺橱窗前停留的时间，有人说，唯一的"成功"因素是当人们驻足去看橱窗里的陈设。陈设有潜意识上的吸引力，橱窗、人体服装模型和展示柜都是如此。

再比如，大数据还可以比较商店的营销标牌对于客户起到了什么样的作用。商店将标牌放置在商店外时，其目的是吸引人们进入。陈列内容会影响商店外的人流。但有时它也会阻碍客流进入店内。各类标牌对客户的吸引力到底如何呢？

某个购物中心里有一家珠宝店，位于购物中心人流动线的两条主要干道之间的拐角处，店铺有两个入口通向两条主干道，每个入口附近经过的人数相同。客流数据显示，大多数顾客通过一个入口进入，第二个入口有许多人在附近经过，但几乎没有访客。

为什么？路径数据分析的结果是，人流少的入口正对着美食广场，而有许多人经过的入口在购物中心的主干道上。两个入口处的邻近交通量相似，但"捕获率"区分出了两者的不同，店铺随即对第二个入口的人流采用了新的营销策略。

（6）商店销售转化

一旦数据分析工作进入了商店的范畴，就会马上发现最关键的指标是销售转换。店内的购买渠道涵盖了客户参与度、号召性用语、商品价值传达和店员等多维度的考虑。这就开启了另一个数据分析的世界，但往往不被购物中心所考虑。

3　数据分析帮助购物中心看到未来

当下，购物中心正在演变为"体验社区中心"。所谓"体验社区中心"，由三个重要的维度所支撑：地区需求、品牌和品牌的组合。一个购物中心的运营管理者，首要的工作即是通过地点来确定定位，通过思考顾客来到购物中心目的与动机，最终实现对商户组合的优化。

购物行为本身充满了目的性，但由于如今购物中心不再是唯一的购物渠道，人们可以很容易地在网上购买自己喜欢的品牌或者产品，购物中心的角色正在渐渐地脱离购物的场所。尽管趋势如此，但令人惊奇的是，购物中心本身已经演变成了一个新的场所。

更确切地说，商场变成了当地人在生活中的聚集地。电影院、餐馆以及其他服务业态的增加改变了人们到购物中心游逛的动机，同时也彻底地改变了对顾客体验的关注点。

值得注意的是，在客户成交路径的数据分析中，"购买意向"在设计购买旅程图中起着重要作用。通过需求、地理营销和人口统计分析，可以更好地定义购物中心的潜在收入。

美国一家购物中心现在的名字和外立面仍然保持着十年前的样子，但事实上已经摇摇欲坠多年，一直到五年前，它才开始重新绽放，焕发新生。

五年前发生了什么呢？

业主翻修了购物中心内的美食广场，从而吸引了许多家庭在周末的时候光顾；增加了一家电影院，吸引了青少年；零售品牌组合也为了吸引隔壁大学的学生做出了改变。如今，这样的业态布局已经是很多购物中心的标配了，而这个过程在过去的一段时间里，在全球范围内的购物中心反复上演了成千上万次。

在香港、迪拜和纽约这样的大城市，同样可以看到购物中心的角色转变。这背后反映的是对市场需求变化趋势的洞察，那么如何根据市场的趋势，完成购物中心向"生活中的聚集地"这类场所的定位转型？

商场面临的关键挑战之一，是如何吸引有支付能力的顾客。青少年可能会想要做美甲，但她的母亲才是付钱的人，儿童业态、情侣约会业态也是如此。因此深挖客群、客群属性以及业态对标客群的相关研究就显得尤为重要。另一个例子是超市业态，超市能够吸引很大的流量，可问题是超市买家是否适合你的商场定位，从而将客流转化为更多的消费。

不同的业态往往对标着不同的客群，添加弹球竞技场和电影院可以吸引青少年，星巴克吸引职场客群。零售商和服务机构的多样性和邻近性增加了顾客前往当地社区购物中心的动机，而如何形成有机的商业组合是购物中心运营的核心能力。

思考基于此位置的最佳商业场所定位，以此定位匹配相关业态，最终形成最佳商户组合，是此能力的标准链路。不管是生活时尚购物中心、品牌直销店还是高街（High Street），都是如此。

大多数业主往往被困在匹配相关业态的工作层面上，的确，洞见诸多品牌与业态的工作信息量大而杂。在近些年"去主力店"的大形势下，什么样的店会吸引人们来到商场成了从业人员每天都要思考的问题。

但事实上，不仅购物中心本身在发生变化，品牌与商户的定义也在发生变化。百货公司正在积极思考如何引入更多的独立品牌，大卖场在思考如何取得更大的规模化效应以降低定价，数码产品甚至是新能源汽车业正在走进购物中心。

所以购物中心的转型往往与零售商同步，生态成员所面临的共同问题是为新的合作方式提供了契机。

在美国，零售界的全渠道变革正在开始影响购物中心的转型，亚马逊正在尝试以购物中心作为区域零售配送中心；李维斯业正在为购物中心的店铺引入前置仓的概念，这使得购物中心因其地理属性而具有了零售商区域配送中心的地位。

部分品牌与商户转型成为产品零售和服务的混合体，Ulta Beauty 在放弃了与亚马逊在产品和价格上的竞争后，转型成为多种产品和全套服务的水疗中心，如今正在美国购物中心开枝散叶。

伴随着市场竞争的加剧，品牌与商户开始了在碎片化场景中的市场争夺，越来越多的快闪店出现在美国的购物中心，它们有时是季节性的，有时是为了特定活动而举办的促销活动。与此接近的是售货亭，它们分布在走廊与过道之上，通常他们为服务单一品类的商品而存在，比如包、手机或者美容产品。而两者的区别在于一个占据着碎片化的时间，另一个则瞄准碎片化的空间，但在本质上都是精益运营精神的体现。

对购物中心而言，如何将商户的精益运营能力匹配到消费端从而促进成交，是构建良好品牌与商户组合的基本思路，而数据分析则是最有效的实现方法之一。通过对品牌与不同店型的理解，基于前文中的关键问题，进行快速的品牌与商户调整，从而实现关键指标上的优化，这正是数据分析对于当代购物中心的真正意义。

本文部分内容参考转译自美国科技博客 Ronny Max

后 记

"新商业人"该长成什么样

张家鹏（RET 睿意德创始人）

与年轻朋友们聊天时，经常被问到的问题是：在如今数字化时代，商业地产咨询分析师到底需要怎样的素质？一支商业咨询团队又该如何搭建？

这问题太大，实在不知从哪里说起。偶然听说最近一档综艺节目里有支新组建的五人偶像乐团——一个鼓手，四个主唱。每个主唱都有自己司职的乐器，如键盘、吉他等，但每个人也有自己的演唱风格，甚至连人气第一的鼓手，在最新演出里也有开口唱歌。有评论说这支乐队是一个新物种Bandol，即 band（乐团）+idol（偶像），结合二者的优势，既有偶像人气，兼具乐队唱作实力。这支有趣的乐队不由得让我想到数字化新商业环境下的"人才模型"。拥有五个主唱的乐团，实际上就是现代企业的本质。组织不再是一个固定的形态，而是根据具体的市场需求，拥有不同侧重的应对能力。

华为创始人任正非一直强调：公司的财务 BP，要站位好业务伙伴的身份，当"前线战士"下来时，每个 BP 都能上去打几枪。

电影《夺冠》中，中国女排教练郎平在谈到自己的教练战略时也说：要博采众长，吸纳众多新鲜血液，组建一支"超级国家队"；不再拥有固定阵容，而是根据对手不同的风格，结合场上技术数据分析，变换不同队形，即时应对。

睿意德的数字化升级之路已经走了 5 年，还在变革和试错过程中。回想这一路走来，经历的最大坑之一可能就是对公司后台部门的忽视——因为缺乏有力的组织工作，使公司在变革过程中付出了大量额外成本。

当下，睿意德公司的后台职能部门已经完成了向业务伙伴的升级，每位同事都已经深入和融入业务：财务要参与专题研究，HR 会加入客户洽商，乐铺新到岗的行政要去做电话客服等……这样的做法令很多同事都感到不舒适，甚至产生撕裂感，但我们丝毫没有放松督促和要求。

因为，在一个组织中，所有的角色都是聚焦于客户、服务于业务的，支持岗位如果不深入了解业务，本质上就很难做好对业务的支持。而且，每一个能适应新组织要求的人，都要跨出传统意义上的"狭窄"专业，塑造开阔的视野和深入理性评价事物的能力。

并不是任何人都愿意离开舒适区去尝试新事情，很多人都会执拗于自己的"专业"。但当下只谈专业已不够，我们需要的是既有专业深度，又有思维广度，既能够在一个点上专注，又能接纳不同的视角的人。

甚至，在商业数字化的新时代关口上，我们会特别提防"专业强但不开放"的人。这样的人缺乏开放心态与拥抱变化的能力，像是"单周期生物"，只能用单一能力在一个行业周期内创造价值，与当下加速度的迭变商业节奏已然不符。

在飞速变化的时代，每个企业、每个人都可能经历行业周期变化、原有技能失灵的状况，所以公司的能力绝不再是某一项固定的能力，而是能够应时而变的成长能力，所需要的人也必须心态开放，乐于学习，多维生长。

新时代的"新商业人"，我认为要有三个基本特征：目标感，开放心态，反思能力。

首先是目标感。

大部分人的进步的起点，都是源自一个清晰的目标。这个目标像是一个明亮的灯塔，当一艘船在航行时，水手能够远望到目标灯塔，他就会调动自己所有的思考，选择最高效的路径，用最合适的资源，专注向前。当然，每天向着目标前行的人，也会心无旁骛而更快乐。

目标的本质是论胜负。做成了，获得经验和激励；做不成，获得反思。没有目标就没有胜负，也就没有反思的必要和基础。

成长的重要智慧之一，可能是善于为自己设计目标，哪怕日常经历的小事。因为目标的设立和达成，有助于调校自己的思维模型。如果从小事中得到经验，那么在大事的同类项里就不会犯错误。

无论是上战场，还是创立一家公司，都需要找到有目标感的人。有这样的一众人，才能形成持续成长和进化的基因，成为一家企业发展的力量源头。

其次是开放心态。

拥有开放心态的人，以吸收别人的能量为自己的力量，并获得成就感，他们在解决问题时不会囿于自我的思维，可以向外求教、寻找资源。

世界上我们所知道的东西，一种是已知的未知，一种是未知的未知。每个人不论认为自己有多天才，在每个领域想要跑赢"已知的未知，概率都极低"。像我们思考人生很多问题一样，其实早在千百年前，其本质就被先人说透了，与其自我苦思，不如读先哲的经典，更容易获得方向。作为有开放思维的创业公司，如果要进入一项新业务，要先找到市场上已经取得经验和成果的公司进行对标研究，而不是自己闭门苦思，也是这个道理。

乐于接纳别人是一项重要能力。很多人虽然说自己在追求成长，但其做事情的逻辑却是不断在进行"自我证明"的闭环——不愿看到和接受别人优于自己，回避自己的不知和问题。这可能是影响一个人成长的最大魔咒。如果能换个角度鲜活地想，吸纳他人的智慧营养，可以帮自己省下很长的探索之路，把时间和精力不花费在对"已知的未知"的琢磨判断上，而是站在先知者的肩膀上，更快地进入探索"未知的未知"领域。这样的人，能以海纳百川的胸怀，更快和更早地收获更多。

最后是反思能力。

很多人都会有一个误区，认为自己的经验是独特的经历。但真相其实是，我们的经历本质上是基本相同的。我们大多数人的家庭背景、父母基因、所经历的成长环境，决定了我们可能没有那么多天赋异禀，只不过是一个庸常的人而已。

既然我们大多数人并非超人类或者天才，我们每个人遇到的事情也并不独特，那么我们每个人的成长进化就应该沿着一条朴素的道路，在探索实践的过程中不断理解、陪伴并亲近自己。

遇到挑战和失败是人生不可避免的状态，有人因此创伤，有人因此成长。虽常说"吃一堑，长一智"，但真相是人并不能直接从失败里获得经验，而是在对失败的反思中获得经验和成长。在难事中保持反思，可能是最朴素和最快捷的成长之路。

当一个人面对世界的方式，是不断在困难和挑战前进行反思，积极地寻找方法，那么他就会成为一个进步快速的人。如果抱怨困难，不但失去了反思进步的机会，而且即使换了环境，也可能还会遇到同样的情境，甚至更加剧烈。

总结一下，新商业时代的人应该拥有这样的三种特质：目标清晰，这是他的成长内驱力；心态开放，这是他的进化方法论；拥有反思习惯，这是他不断修正的工具。拥有了这三种特质，这样的人就处于一种不断进化的状态中，面对再复杂的情境和挑战，他也可以迅速地找到方向，理清思路，不断优化路径，找到破局之道。

人的行为是由一套看不见的极为精密的程式而设定并不断循环的。当一个人的进化设定是单维的，或者说是扁平僵化的，那么就容易遇到成长的天花板。如果没有意识去修正自己想问题的逻辑，谁都难以对其做出改变，他也必然成为不能应时而变的落伍者。而当一个人处于自进化状态中，他便不再是如当年福特所言，只是汽车流水线上的一双手，而是一个具有独立思维的人，他有一套精密完整的进化程序，能够以智能的方式不断优化算法和路径，应对当下和未来的挑战。

愿与所有"新商业人"共勉。